U0599982

现代高校体育理论与发展实践

孙雪翰 ◎ 著

吉林出版集团股份有限公司

图书在版编目（CIP）数据

现代高校体育理论与发展实践 / 孙雪翰著. — 长春：
吉林出版集团股份有限公司，2023.7

ISBN 978-7-5731-3985-6

Ⅰ. ①现… Ⅱ. ①孙… Ⅲ. ①体育教学－教学研究－
高等学校 Ⅳ. ①G807.4

中国国家版本馆CIP数据核字（2023）第142195号

现代高校体育理论与发展实践

XIANDAI GAOXIAO TIYU LILUN YU FAZHAN SHIJIAN

著　　者	孙雪翰
责任编辑	齐　琳
封面设计	林　吉
开　　本	787mm×1092mm　　1/16
字　　数	221千
印　　张	12
版　　次	2023年7月第1版
印　　次	2024年1月第1次印刷
出版发行	吉林出版集团股份有限公司
电　　话	总编办：010-63109269
	发行部：010-63109269
印　　刷	廊坊市广阳区九洲印刷厂

ISBN 978-7-5731-3985-6　　　　　　　　　　定价：78.00元

前　言

　　学校教育是实施素质教育、人才强国战略的必然要求。高校体育教育是我国教育事业的重要组成部分，是提高大学生身体素质的重要途径，在推动现代教育发展与创新人才培养方面发挥着不可替代的作用。随着我国社会的进一步发展，为了响应国家"人才强国"的总目标，高校教育必须要进一步改革创新，这样才能实现我国"人才强国"和全面素质教育的目标。

　　高校体育教学是我国现代高等教育的重要组成部分。高校体育教学是对广大高校大学生进行以身体锻炼为主要形式的教育方法，以期达到促进其身心均衡发展的教育手段。我国体育教育改革进程的加快以及新形势下社会对全面型人才需求量的日益增多这些契机进一步推动了高校体育教学实践，并提升了科学管理水平，在体育教师全面贯彻体育教育方针、促进学生身心的健康发展方面具有十分重要的意义。

　　本书从高校体育的相关理论入手，先是介绍了高校体育锻炼的科学基础、高校体育基本运动能力的提升与锻炼，接着详细地梳理了高校体育教育理念及发展、高校体育教学内容的发展与改革、高校体育教学方法的建设与发展以及高校体育教育教学模式发展与创新，最后在高校课外体育教育管理与创新发展方面做出重要探讨，希望阅读本书的广大读者受众能有一定的收获。

　　笔者在撰写本书过程中参考了一些专家、学者的研究成果和著作，在此表示衷心的感谢。由于时间仓促，水平有限，书中不足之处在所难免，恳切希望广大读者、专家批评指正。

目　录

第一章　高校体育的相关理论

第一节　体育的基础认知

一、体育的概念

体育是随着人类社会的发展而产生和发展的。原始人类在为生存同自然界进行的斗争中，发展了走、跑、跳、投掷、攀登、游泳以及其他各种技能。这些原始人类的生产和生活技能与现代人的体育活动都是身体的活动，其区别在于前者主要用于谋生，后者主要用以锻炼身体。体育作为一个专门的学科领域，是在人类社会长期的实践中，随着社会生活和生产的不断发展而逐步建立和发展起来的，它受一定的社会政治、经济的影响。

体育虽然有着悠久的历史，然而"体育"一词却出现得较晚。在"体育"一词出现前，世界各国对体育这一活动过程的称谓并不相同。"体育"一词，其英文是 Physical Education，指的是以身体活动为手段的教育，直译为"身体的教育"，简称为"体育"。

"体育"一词在含义上也有一个演化过程。它刚传入我国时，是指身体的教育，作为教育的一部分出现，是一种与维持和发展身体的各种活动有关联的一种教育过程，与国际上理解的"体育"（Physical Education）是一致的。随着社会的进步和体育事业的不断发展，其目的和内容都大大超出了原来"体育"的范畴，体育的概念也出现了"广义"与"狭义"的解释。当其用于广义时，一般是指体育运动，其中包括了体育教育、竞技运动和身体锻炼三个方面；其用于狭义时，一般是指体育教育。近年来，不少学者对"体育"的概念提出了一些解释，但比较趋于一致的解释为："体育是以身体活动为媒介，以谋求个体身心健康、全面发展为直接目的，并以培养完善的社会公民为终极目标的一种社会文化现象或教育过程。"[①] 体育的这一定义既说明了它的本质属性，又指出了它的归属范畴，同时也把体育自身从与其邻近或相似的社会文化现象中区别出来。但是，体育的概念并非一成不变，随着社会的发展和进步，人们对体育的认识也将有所发展。

---

① 李翠兰. 试论体育的教育本质 [J]. 松辽学刊（自然科学版），2000.DOI:CNKI:SUN:SLXK.0.2000-03-021.

二、体育的功能

体育的功能是指体育以自身特点作用于人和社会所能产生的良好影响和效益。体育如果不具备自身固有的特点,就不可能产生任何功能。如果体育功能不为人们和社会所接受、利用,那么它的功能也不可能得到发挥并产生效益。千百年来,体育之所以能得到不断发展,而且越来越受到世界各国的重视,正是人们对体育功能认识和利用的结果。随着社会发展和人们对体育功能认识的进一步深入和提高,体育的功能将会越来越多地被发现和发挥,体育能更好地为人类的物质文明和精神文明建设服务。

体育的功能包括教育功能、健身娱乐功能、培养竞争意识功能、经济功能和交往功能等。

(一)教育功能

体育具有教育的功能,这也是它最本质的功能。从原始社会出现体育的萌芽时期起,体育就一直作为教育的手段之一流传下来,至今现代竞技体育中的跑、跳、投等项目仍留下了原始社会教育的痕迹。现代体育教育不仅需要促进人体生长发育,增强学生体质,使学生掌握运动技能,还需要培养人们终身体育的兴趣和习惯,改善人们生活方式,提高人们生活质量,以适应现代社会的需要。体育的教育功能也不只限于学校体育,在竞技体育和群众体育中也无不显示出体育的教育功能。在竞技体育中,运动员在"更高、更快、更强"的奥林匹克口号下所表现出来的无私奉献、顽强拼搏的精神,深深地打动着观众的心,这也是一种教育。在群众锻炼中,无论是完善身体机能、改善身心健康或是促进人际交往、培养顽强精神等方面,都含有教育的作用。如果把上述功能置于人的社会化培养体系之中,体育的实质就是个体为求社会生存的教育,是为谋取社会生计的教育,是为适应现代社会生活的教育,是为创造未来生命的教育。基于这一普遍意义的客观存在,学校体育教育必须以"终身教育"作为主要的奋斗方向。具体地说,即在体育的施教过程中,通过身体锻炼及适应能力的培养,培养学生运动兴趣,使学生养成运动习惯,以便为青少年的就业谋生及适应现代生活节奏做好准备。只有这样,人类才能保存自己,继续生命,创造文化,延续文明。

(二)健身娱乐功能

体育的健身娱乐功能已为大家所公认。人们通过体育锻炼来增强体质、促进健康、防病治病、调节生活,以享受自然界的乐趣。现代社会人们的工作和生活节奏加快,对人体的健康就有了更高的要求。不能认为没有疾病就是健康,事实上存在着一大批处于亚健康状态的人,他们需要通过体育锻炼来改变自己、增进健康。

体育的重要目标是要教会人们合理有效地保护身体健康和促进身体发展,它是一种利用身体锻炼去完善自身的活动过程。人体的发展遵循着"用进废退"的生物学规律,合理且科学的身体锻炼，是保障人体健康、发挥其极限效能的有效途径。身体锻炼会引起神经肌肉的活动，而神经肌肉的有效活动，既可保证人体的运动器官和其他有关器官的良好功能，又会引起多重反应。健康快乐的一生，除了仰仗于身体锻炼以外，还需有热衷于身体娱乐活动的兴趣和情绪。现代文明社会在时间、财力和营养方面，为人类的身体娱乐活动提供了越来越优越的条件，体育的健康娱乐功能在未来社会将会越来越受到重视。

（三）培养竞争意识功能

体育运动中的竞技体育的一个突出特点是激烈的竞争，这种竞争一旦扩大到世界舞台上，就具有广泛的国际性。国际比赛的胜负，关系着一个国家的荣辱和民族的形象，会对人们的思想感情产生强烈反响。

人类的生活就如同在竞技场上的比赛，大到与自然竞争，小到与对手竞争，无一不是在竞争中不断地完善自我和超越自我。无论是观赛还是参赛，运动场无疑为人们在生活中即将发生的竞争提供了极佳的预演场所。许多哲学家（如斯宾塞等人）早就把运动场当作是社会的一个缩影，运动场本身就是一个特殊的社会环境。依据迁移原则，人们在运动场上养成的良好品性和行为变化，可以迁移到日常行为模式之中而成为社会认同、接纳的因素。同运动场上必有胜负一样，在其他社会活动中也有得意之时和失意之处。光荣的胜利者固然值得敬佩，优秀的输家同样也受人尊敬。胜不骄、败不馁、奋发向上、顽强拼搏等绝不是运动员所独有的品质，社会上的每个成员都应具备。从公平竞争的角度来看，运动场是培养人们合理竞争意识的最佳场所。现代奥林匹克运动的创始人顾拜旦是一位教育家而不是竞技家，他曾以极大的热情在法国宣传和提倡英国的竞技体育制度。作为现代奥林匹克运动会的奠基人，他通过奥林匹克运动，把体育同文化教育融为一体。可见，奥林匹克运动能够发展到今天，并对不同国家的人们产生如此重大的影响，关键在于它对于人类具有重大的教育作用。竞技体育通过运用竞技运动中的某些内容和因素，以夺取金牌为手段，最终达到教育人类不断地完善和超越自我的目的，这个意义远远超过夺取金牌。

（四）经济功能

经济学界以为，劳动生产力的提高是社会经济发展的重要标志。特别是在对生产力进行价值评估时，人的素质又成为最主要的衡量标准。一般来说，人的素质包含身体素质、文化素质和道德素质三个方面。但从某种意义上来讲，身体素质作为诸素质的物质基础，对生产力的提高起着至关重要的作用。

由此可见，发展社会经济的功能是由体育的健身作用决定的。因为它在提高身体素质、提高劳动者健康水平方面取得了明显效果，保持和增强了劳动者的劳动能力。因此，体育在体力投资方面所做的贡献，有力地促进了社会经济的发展。

在商品经济的社会里，体育作为第三产业，以劳动的形式向社会提供服务消费品。当前，一些经济发达国家，非常重视发挥体育的经济功能，采取多种途径追求体育经济效益。

对于体育界来说,首先要改变体育仅是福利事业的思想,要树立体育也是产业的观念。若是将体育事业纳入产业运作,则二者的发展就有了广泛前途。作为产业它可以为社会提供健身、观赏、娱乐等综合性特殊消费品,在大型比赛中可以出售比赛的电视转播权、发行纪念币、发行体育彩票、赚取门票收入和广告费、印刷宣传品等。在日常体育活动中提高体育场馆设施利用率,举办热门项目的比赛和娱乐体育、发展体育旅游、举办各种类型的体育训练班、开设体育咨询站等,从中可以得到相当可观的经济效益。

体育与市场正不断地接轨,近几年出现了过渡的形式,如企业赞助、公司集团组建运动队等。在过渡中已出现了劳务市场、体育健康娱乐市场、体育培训咨询市场等。这表明体育转入市场不但是可能实现的,而且是必要的。

(五)交往功能

依据社会学观点,由于传统的教育、宣传舆论及民族习惯等,人们的社会心理总要和他们生活的环境取得一致与平衡,但由于某种特殊原因而导致心理失调的现象也会经常发生。从体育独具的活动性与竞争性特点来分析,这是由可变因素而产生的感性刺激,可使人的心理失去平衡,也能积极调节各种不同心理状态。一场激烈的体育比赛可以牵动亿万人的心,观众出于民族、国家、地区的尊严与自信,往往把胜负看得至关重要。在瞬息万变的竞赛过程中,人们产生的感情变化为其他任何社会活动所不及。由此可见,优秀运动员为祖国荣誉而拼搏的感人精神,已经成为一个民族的精神财富。当然体育运动也会破坏人的心理平衡,引起逆向的感情冲动。因此,为了避免社会感情副作用的发生,体育运动竞赛过程中的组织管理和宣传教育是十分重要的。

体育本身具有的动态特点,决定了人们需要冲破“闭关自守”的生活方式。在体育活动中,只有通过体育交往才能达到人与人、群体与群体之间物质的、精神的、能量的互相影响,达到人际关系中的认识、信任、支持等。实践证明,个体在置身于社会群体之中时,共同产生的运动欲望会成为改善人们相互关系的纽带,在国内群众性体育活动中(尤其是在全国性体育盛会上),更能促进运动员和各民族之间的联系,加强友谊和团结,激发各族人民对祖国炽热的爱。

体育具有超越语言和社会的障碍的特点,可以把不同社会、不同人种、不同民族的人们聚集在一起,通过运动竞赛和体育交往发展国际友好关系,发挥其独特的政治功能。在某些时候体育已经成为外交活动的先行手段,在促进国际交往方面发挥着重要作用。

三、体育锻炼的作用

(一)使人头脑发达,思维敏捷

人的重要生理活动,主要是通过反射的方式进行的。反射可分为条件与非条件反射两类。非条件反射是遗传的，其中枢在大脑皮层下部。条件反射是通过后天学习训练建立起的反射活动的高级形式，其中枢主要在大脑皮层。而体育活动中的各种技术动作和变化莫测的战术配合，是通过感受器不断地对大脑皮层进行复合性的强化刺激，产生刺激效应，使大脑皮层的兴奋与抑制更加深入、更加集中。例如打乒乓球时，在接发球的一瞬间，大脑皮层进行的分析与综合的过程是非常复杂的，如对方发球的姿势、击球部位、声音、球的方向、弧度、旋转和落台地点等所有的刺激由相应的感受器接收后传入大脑皮层，引起皮层不同的细胞活动，依靠暂时的神经联系，把所有的这些活动连成一个整体。接球者对发过来的球进行一个综合的判断：是好球还是坏球，是怎样旋转的球，用什么方法把球击过去等。再如从事竞技体操运动时的肌肉收缩性质，有动力性成分，也有静力性成分。体操运动员既要建立各对抗肌中枢之间兴奋和抑制交替活动的动力定型，又要建立它们之间处于同一神经过程的动力定型，且按动作技能组合安排的需要，神经过程的高低强弱与接替，均需按规定节奏进行。因此大脑皮层与大脑皮层下的运动中枢可因训练而形成全新的协调关系，有时需加强或保持低级中枢的交互抑制，有时又需要改造它们。由此可知，体育锻炼使机体的每一种非条件反射都可能与各种各样的外界刺激结合起来而建立起相应的条件反射，从而使人的头脑发达、思维敏捷，达到提神健脑之功能。

（二）促进血液循环，提高心脏功能

在体育活动时，由于体内能量物质消耗的增强和代谢物的增多，必须加快血液的流通量，及时满足机体各部分能源的供应和代谢物的排泄。如在激烈运动时，运动员每搏输出量要从安静时的100毫升激增到180毫升，每分钟向全身输送的血液高达35000毫升。这就促进了血液循环，增强了血管壁的弹性，同时也提高了血液中高密度脂蛋白的数量，降低和限制了胆固醇在血管壁上的存积。血液循环的加快、血液需求量的激增又促使心脏在形态、机能和功能上产生良好的适应性。如心脏运动性肥大，使心脏面积比一般人大10%以上；心肌发达，收缩力强，一般人每搏只能输出血液113毫升，而优秀运动员每搏输出量高达200毫升；心容量大，心力贮备高，据测试一般人为765～785毫升，而运动员可达1015～1027毫升；窦性心律徐缓，一般人为70～80次/分，经常从事体育锻炼者为50～60次/分，优秀运动员为36～40次/分。同时心脏的调节机能也大为提高，主要表现在：运动开始后，能迅速动员心血管系统的功能，以适应运动的需要；在进行激烈运动的过程中，可发挥心血管系统的最大潜力，充分动员心力贮备；运动结束后能很快地恢复到安静水平。

（三）改善呼吸功能

体育活动对于人体的呼吸系统影响甚大。体内的一切活动都需要能量，而这些能量都来源于体内营养物质的氧化。人们要借助不停的呼吸运动，及时排出二氧化碳，吸进新鲜空气。经常参加体育锻炼，能使呼吸肌增强，肺通气量提高，每分钟可达80～100升或

更多，长跑者为 180 ~ 200 升；肺活量增大，一般的男子为 3000 ~ 3500 毫升，女子为 2500 ~ 3000 毫升，而锻炼者为 4000 ~ 5000 毫升；氧利用率提高，如正常人在安静时利用率为 25%，在较剧烈运动时可达 65%，比安静时提高 2.6 倍。在剧烈运动时，足部血流量增加 3 倍，而氧利用率也提高 3 倍以上。因此，毛细血管与细胞间的氧分压增加更多，而氧气供应率可以比安静时高出 9 倍以上，氧利用率可接近 100%。安静时每分钟呼吸次数减少，一般人约 18 次，而经常锻炼的人只有 12 次左右。以上这些都充分证明体育锻炼能有效地提高人体的有氧工作能力，充分改善呼吸系统的功能。

（四）促进骨骼、肌肉结实有力

体育锻炼能促进机体的生长发育，提高运动器官的机能，使管状骨变粗，骨密质加厚，骨小梁排列密集，骨结节粗隆增大等。如坚持参加体育活动的人，骨密质可增厚 8 ~ 15 毫米。所有的变化均赋予骨骼坚固密实、抗压性强等特性。体育锻炼时，肌肉工作的加强，血液工作的增加，使得原有的肌肉纤维增粗，肌肉块增大。通过锻炼，臂围、腿围等，男子可增长 4 厘米以上，女子可增长 6 厘米以上，肌肉的重量可占体重的 50% 以上，而不锻炼者肌肉只占体重的 35% ~ 40%。因此，体育锻炼能使肌肉更加结实有力，并具有高度的兴奋性和灵活性。

（五）使人心情舒畅、精神愉快

在现实生活中一个人的身体和精神是密不可分的。从体育锻炼的内涵来说，它不仅能发展身体，增强体质，延年益寿，还是一种高尚的文化娱乐活动。它既能满足人们精神生活上的需要，又能使人们在精神上得到一种乐趣和享受，故具有炼意志、调感情之功效。

体育锻炼多属室外运动，故它能把人们带进大自然的怀抱之中。在阳光灿烂、空气新鲜的环境下进行锻炼，充分享受大自然赋予人们的无穷乐趣，这一切更使人们感到心情舒畅，精神愉快。

总之，体育锻炼对人体发展的作用是巨大的，但是只有按照人体生长发育的规律，坚持不懈地去进行科学锻炼，才能达到上述之目的。

第二节　高校学生体质与健康

一、体质与健康的含义

（一）体质的定义

体质是人体的质量，它是在遗传性和获得性的基础上表现出来的人体形态结构、生理功能和心理因素的综合性的、相对稳定的特征。

体质是人生命活动和工作能力的物质基础。它在形成和发展的过程中，具有明显的个体差异和阶段性。在生命活动的各个阶段，从儿童、青少年到中老年，人的体质状况不但有某些不同的特征，而且是不断变化的。

一个人体质的好坏，既受先天因素影响，又受后天因素影响。遗传是人体发展变化的先天条件，对体质的强弱有很大影响，但它只是提供了可能性，而体质的强弱，主要依赖于后天的环境条件，即生活环境、营养卫生、身体锻炼等因素。人们可通过改善物质生活条件增强健身意识，并有目的、有计划、科学地锻炼身体，保持良好的体质状况，并使体质不断地增强，减少疾病，对各种自然环境也就有了较强的抵抗力和适应力，能精力旺盛、体力充沛地投入到学习中去。

（二）体质的范畴

体质的范畴包括身体形态发育水平、生理功能水平、身体素质和运动能力发展水平、心理发育水平、适应能力五个方面。一个人体质的强弱，也是从这几个方面综合反映出来的：

第一，身体形态发育水平，即体格、体形、营养状况及身体组成成分等方面的综合水平；

第二，生理功能水平，即机体的代谢水平和器官系统的工作效能；

第三，身体素质和运动能力发展水平，即速度、力量、耐力、灵敏性、柔韧性等素质，以及走、跑、投、攀登等身体活动能力；

第四，心理发育水平，即智力、情感、行为、感知、个性、意志等；

第五，适应能力，即对各种环境（自然环境和社会环境）的适应能力、应急能力和对疾病的抵抗力。

上述五个方面的状况，决定着人们不同的体质水平。所以在进行体质测量和评价，检查增强体质的实际效果时，应用以上几个方面的测定指标来进行衡量和评价。

（三）健康的含义

世界卫生保健组织在宪章中明确提出了健康的概念：健康是身体的、精神的，以及社会的完全良好的状态，不能说没有病、不虚弱，就是健康。这一概念表明，健康不仅仅是身体没有伤病，而且还包括精神的完满状态和良好的社会适应力，明确地将人体的健康与生物学、心理学和社会学的因素联系在了一起。

21世纪，世界卫生组织拓宽了健康的含义，健康的标志如下：

第一，有足够充沛的精力，能从容不迫地应付日常生活和学习压力，而不感到过分紧张；

第二，态度积极，乐于承担责任，不论事情大小都不挑剔；

第三，改善休息，睡眠良好；

第四，能适应外界环境变化，应变能力强；

第五，能够抵御一般性的疾病和传染病；

第五，体重得当，身体均匀，站立时头、肩、臂位置协调；

第七，反应敏锐，眼睛明亮，眼睑不发炎；

第八，牙齿清洁、无空洞、无痛感、无出血现象，齿龈色正常；

第九，头发光泽，无头屑；

第十，肌肉和皮肤富有弹性，走路轻松。

"健康"一词含有强壮、结实、完整和安宁之意。

（四）健康的分类

1. 躯体健康

躯体健康是指没有需要医治的疾病，且每天的生活都充满热情和活力。为了达到最理想的健康状态，我们应当积极采取措施摆脱疾病，走向健康。我们必须满足身体对营养的需要，经常锻炼，避免不良行为，警惕疾病的早期信号，并且要注意防止事故发生。

2. 社会健康

社会健康指的是能与他人及社会环境相互作用，培育满意的人际关系并实现社会角色。社会健康包括参与社会、为社会做出贡献、与人和睦相处、建立起积极的相互依靠的关系，以及健康的性行为。

3. 智力健康

头脑是唯一有自知力的器官。我们每天利用大脑收集、处理信息，并根据这些信息进行行动，利用大脑思索自己的价值，做出决定，制定目标，计划如何应付问题或者应对挑战。智力健康包括拥有思考和在生活经验中学习的能力，思想对新事物保持开放以及对信息提出疑问、进行评估的能力。在一生中，每一个人都要借助思维的能力，这其中包括评估健康信息以保证个人健康的能力。

智力健康的另一项重要内容是"情感智力"，情感智力对个人生活及事业的成功也有很大影响。情感智力包括自知力、利他主义、个人动机、移情、爱以及为朋友、伴侣和家人所爱。

4. 环境健康

我们生活在物质和社会的环境中，环境能影响健康的各个方面。环境健康指的是周围环境对个人健康的影响。环境健康意味着要防护空气、水和土壤污染以及使用的产品带来的对健康的危害，保护自己，同时要为保护环境本身而努力。健康的环境不但是我们需要的，更是我们的义务。政府、企业、社会和个人都有责任维护健康的环境。

5. 心理健康

心理健康有时又称精神健康，指的是人能积极调节自己的心理状态，顺应环境（包括自身环境、自然环境与社会环境），有效地、富有建设性地发展和完善个人生活的和谐状态。

体育的基本任务在于增强人的体质，促进人的健康。人体的健康不仅是指躯体上、生理上的健全，还包括正常的心理和健康的人格。世界卫生组织把健康定义为"不仅没有身体的缺陷和疾病，还要有生理、心理和社会适应能力的完满状态"。因此，心理健康对人有着十分重要的意义。

躯体健康是心理健康的基础和前提，心理健康是躯体健康的保证和动力。如果人的心理不健康（或不正常），一方面会因心理障碍而影响生理功能，对人的躯体健康造成危害，导致疾病，特别是各种常见的慢性病，如高血压、冠心病、糖尿病、溃疡病，严重的会导致癌症的发生；另一方面，人的心理一旦失常（轻者如神经官能症或病态人格，重者如各种精神疾病），人的社会适应能力就会遭到破坏，严重者甚至无法进行正常的学习和生活，这不仅会给个人和家庭带来极大的痛苦和不幸，还会对社会造成危害。

二、影响高校学生体质与健康的主要因素

（一）遗传对体质的影响

遗传是人体身心发育和发展的先天条件，对体质的强弱会产生十分重要的影响。研究表明，人体的形态结构、神经类型、有氧代谢能力和最大摄氧量等，很大程度上都取决于遗传因素。身体素质和运动能力与遗传也有密切的关系。据报道，形态受遗传因素的影响占75%，人体的有氧代谢能力和最大摄氧能力有75%～95%是受遗传因素影响的。

我们在认识到遗传对人体体质发育发展产生重要影响的同时，也应从遗传与变异的客观规律角度，进一步认识锻炼身体的积极意义。

（二）环境对体质的影响

自然环境和社会环境，不但是人类赖以生存的基本条件，而且对人体体质的发育、发展有着直接或间接的影响。国民经济与社会发展水平是决定人体体质发育、发展水平或体质强弱的主要因素。从人体的形态、机能以及身体素质和运动能力的发展水平来看，一般规律是经济发达国家比不发达国家高，城市比农村高，现代比近代、古代高。不同自然地理环境对人体体质的发育、发展也会产生不同的影响。例如，生活在高原地区与平原地区的人体体质有明显差异，在极地生活的因纽特人与在热带居住的非洲人形态结构上有明显不同，这正是各自长期适应自然环境的结果。

（三）锻炼对体质的影响

生命在于运动，运动增强体质。科学的体育锻炼是增强体质最积极、最有效的途径。

当代社会由于生产力的提高，使得体力劳动减少，脑力劳动比重增加；物质生活丰富，较普遍地伴有人体肥胖和心血管疾病等"文明病"。这些"文明病"仅用药物治疗很难奏效，还必须进行体育锻炼。学生时期的合理营养与科学锻炼，比成年时期锻炼更具有奠定体质

基础的重要意义。

坚持长期体育锻炼，心脏会逐渐发达，兴奋性、收缩能力提高，搏动有力，容量加大，使每次搏动输出的血量增加，在 1 分钟搏动次数较少的情况下，心脏输出的血量就可满足人体的需要，从而使心脏有较多的休息时间，增加其功能储备，有利于健康。体育锻炼时需要更多的氧气，促使呼吸系统加强工作，提高生理功能，不仅能大大提高肺通气量，还能不断提高人体的供氧能力。

经常进行体育锻炼能促进骨的生长，使骨骼长长，横径变粗，而且会使骨密度增高、骨重量增加；也能使肌纤维变粗，肌肉横断面积加大，肌肉收缩能力和舒张能力增强，从而不断提高肌肉的力量、速度和耐力。此外，结合日光、空气和水的锻炼，能提高人体对外界环境的适应能力和对各种疾病的抵抗能力等。体育锻炼使大脑的兴奋与抑制过程合理交替，避免神经系统过度紧张，可消除疲劳，使头脑清醒、思维敏捷。随着神经系统机能的改善，人体各器官系统的控制和可调节能力也得到不断的提高和完善。

第三节　高校体育目标与途径

一、高校体育的目标

（一）高校体育的总体目标

现代社会正朝着自动化、电子化、信息化的方向高速发展，21 世纪要培养合格的人才则必须用战略的眼光来进行规划与培养。伟大祖国正处在建设的新时期，急需大批人才为之奋斗。每一个立志成才的大学生，都应该在政治上严格要求自己，在学习上发扬精益求精和顽强拼搏的精神，并刻苦锻炼，使身体强健，争取为祖国、为人民健康地工作与服务，为祖国建设做出贡献。可见，高校体育的总体目标应是使大学生身心健康成长，增强体质，促进德、智、体等的全面发展，成为有理想、有道德、有文化、有纪律的建设人才。

（二）高校体育的具体目标

为了完成对大学生的全面培养，高校体育的具体目标如下：

1.促进学生身体全面发展

要促进学生身体全面发展，就要促进学生身体健康，增强学生体质，提高学生抵抗疾病与适应环境变化的能力。我国大学生年龄在 17 ~ 22 岁，处于身体发育的后期，我国城市男女青年在 22 岁时身高均值最高。这说明在大学阶段的学生的身高仍在逐年增长。坚持体育锻炼，就能促进身体各器官、系统的正常生长发育。经常锻炼的青少年比一般青少年高 4 厘米以上，体重增加 2 千克以上，胸围增加 2 ~ 3 厘米，尤其是大脑皮质对全身各器官、系统的调节功能比一般青少年更完善。大学生的身体素质中，最基本的是力量和耐力两种素质。一个人具有丰满结实的肌肉，就能保持正确的姿势和健美的体形，就能进行持久的体力和脑力劳动。力量素质是人们生产生活和体形健美的基础，耐力素质是人体长时间进行工作的一种能力的体现，而呼吸和心血管系统的机能又是耐力素质的基础。人们日常生活和工作对肌肉的力量和耐力的要求是基本的。在体育锻炼中发展力量和耐力素质，对日常生活、学习和工作有着积极的影响。因此，在全面增强身体素质的同时，大学生应着重发展力量素质和耐力素质。为了使身体适应外界环境的变化，提高免疫能力以及对各种病毒、病菌的抵抗能力，大学生平时还应注重利用日光、空气、水等自然因素来锻炼身体。

2. 培养学生锻炼身体的良好习惯

激发学生参加体育锻炼的兴趣，使学生掌握体育卫生的基本知识和科学锻炼身体的方法，提高学生的体育文化素养与能力，培养学生良好的锻炼习惯和卫生习惯，为学生终身参加体育锻炼奠定良好的基础。现代体育综合了生理、解剖、生物化学、医学、力学、哲学、心理学、教育学等自然科学和社会科学知识，内容极其丰富。只有深刻认识锻炼身体的意义和作用，才能激发学生锻炼身体的热情和自觉性。人体的结构是一个复杂的整体，在大学阶段，要加深学习运动生理知识，掌握运动技术和技能，以及科学锻炼身体的方法，并且把锻炼的自觉性和科学方法结合起来，这样才能得到良好的锻炼效果。

3. 提高运动技术水平

提高部分学生的体育运动技术水平，为国家培养优秀的体育运动后备人才是高校体育的又一个具体目标。

现代大学生的国际交往活动频繁，应努力提高运动技术水平以适应参加各种国际体育竞赛的需要。世界青年体育运动交往和比赛，不仅是身体素质和运动技术水平高低的比赛，在某种意义上也是各国的经济、科技、文化教育发展水平和民族精神面貌的一种体现。组织运动队训练，提高运动技术水平，对发展我国体育运动，实现我国体育的宏伟目标有深远的意义。在广大青年学生中，有许多具备运动才能的体育人才，高校又具备较好的训练条件，完全有可能把我国大学生的运动能力提高到国际先进水平，使其在国际体育竞赛中获得优异成绩。所以，高校应努力提高学生运动技术水平，为祖国争取荣誉、为振兴中华做出更大的贡献。

4. 提高学生的思想品质

体育锻炼能陶冶学生的情操，锻炼学生的意志，培养学生的爱国主义和集体主义精神，增强学生的组织性、纪律性，提高学生的思想品质。

体育对实现党的教育目标有着重要意义，体育由于自身的特点，在完成教育的使命中可以发挥特殊的作用。高校体育的教育任务主要有：①进行爱国主义和集体主义教育，使学生热爱党、热爱祖国、热爱社会主义，培养学生热爱集体、团结互助的集体主义精神；

②进行组织纪律性教育，培养严格的组织纪律性和优良的作风；③进行优良的体育道德作风的教育，培养学生遵守规则，服从裁判，胜不骄、败不馁、追求胜利、敢于拼搏的精神；④进行共产主义道德品质的教育，培养勇敢、顽强、刚毅、果断的意志品质。通过体育运动过程的教育，发展学生个性，激励、鼓舞学生勤奋学习、勇攀高峰、报效祖国，为祖国"四化"建设献身。

二、实现高校体育目标的要求与途径

（一）实现高校体育目标的要求

我国高校体育在培养德、智、体等全面发展的社会主义事业的建设者和接班人的工作中已做出了巨大的贡献。在社会主义改革开放和现代化建设的新时期，为了使高校体育能更好地为经济建设服务，深化高校体育改革势在必行。

1. 全面贯彻党的教育方针，摆正高校体育的位置

体育是党的教育方针的重要组成部分，也是高等教育的重要方面之一。因此，对体育必须给予足够的重视，摆正其应有的位置。实践证明，只有端正高校体育工作的指导思想，摆正它的位置，体育活动才能广泛开展，校园内才能生机勃勃，大学生才能身心健康地进行学习和生活。因此，必须转变观念，端正指导思想，采取有力措施，保证全面贯彻党的教育方针，切实开展和做好高校体育工作，促进大学生德、智、体等全面发展。

2. 从整体的观点开展高校体育工作

高校体育工作是一项系统工程，高校体育目标的实现有赖于高校体育的整体效益。

（1）高校体育要坚持课内与课外相结合

上好体育课是实现高校体育目标的基本途径，但是单靠每周两节课是远远不够的，还必须开展早操、班级体育锻炼、课余体育训练、体育竞赛等多种体育活动，以保证大学生每天有1小时以上的体育活动时间。

（2）高校体育要坚持普及与提高相结合

学校体育工作要做到以普及为主，在普及的基础上提高，在提高的指导下普及。学校要在上好体育课、提高教学质量的基础上，积极开展群众性的课外体育活动。它们是互相联系、互为影响的。搞好体育课教学，为学生在知识、技能、体质等多方面打好基础，这样就会涌现出一批体育积极分子和运动技术水平较高的体育尖子。同时，对体育基础较好的学生施以课余体育训练，可使其运动技术水平得到进一步提高，从而有利于指导和进一步推动学校群众性体育活动的蓬勃开展。

（3）高校体育要与卫生保健工作相结合

高校体育工作与卫生保健工作是促进和保证大学生身心健康的非常重要的两个方面，必须统筹安排，紧密结合。为了获得高校体育的整体效益，高校一方面要对学生进行科学

锻炼身体的知识和方法的指导，另一方面要重视向学生传授体育卫生、保健养护以及安全健康等知识，结合贯彻教育部卫生部 1990 年颁发的《学校卫生工作条例》，建立学生体质健康卡片，并对学生的体质健康状况进行分析研究，找出存在的问题，采取必要措施。对体弱和病残学生，学校应根据他们的身体状况，区别对待，组织安排给他们适当的体育活动。严格地讲，以更高层次的整体观点来开展高校的体育工作，还应包括合理安排作息制度，减轻学生学习负担，改善营养、卫生条件等，并与高校教育改革的其他方面结合进行。

3. 加强体育科研，坚持改革，不断创新

随着我国社会政治、经济、科学、文化、教育、体育事业的不断发展，高校体育必须坚持改革，在改革中发展和提高，以适应社会主义现代化建设的需要。要重视体育科学研究，充分利用高校自身的优势与条件，有目标、有计划、有组织地开展体育科学研究。在内容上，要与教育改革挂钩，加强对体育过程中的教育思想、教育内容、教育方法的研究，不断探索我国高校体育规律。按照建设中国特色社会主义的文化的要求来开展高校体育工作，使高校体育为培养更多更好的高级专业人才服务。

4. 加强教师队伍建设，不断提高教师素质

体育教师是高校体育工作的组织者和执行者，体育教师队伍素质的好坏，直接影响高校体育工作的开展与质量的提高。为了适应教育改革的发展，高校在增加体育教师数量的同时，要着重提高质量。在新形势下要提高对体育教师在师德、知识、能力等方面的要求。体育教师要热爱本职工作、教书育人、洁身自爱、坚持改革、勇于创新，发扬献身精神，从而形成一支奋发向上、生机勃勃的体育教师队伍，使高校体育工作有一个质的飞跃。

5. 加强领导，实施科学管理

高校体育工作是高校整体工作的一部分，必须健全组织领导机构，形成自上而下的组织管理指挥系统，实施科学管理。在校内，体育部（系、室）必须在主管体育的校长的领导下，积极与各级行政部门密切配合，统一认识、统一步调，共同对体育工作进行规划、检查和总结，以便获得学校各级领导对体育工作的支持。另外要建立学校体育的规章制度和体育工作的评价标准，包括关于大学生的体质健康测试和评价。要努力创造条件，多方面筹集体育经费，保证体育场地、器材设施等物质条件能满足高校体育的实际需要。

（二）实现高校体育目标的途径

要成功地完成高校体育任务，实现高校体育目标，除了要在深化改革的过程中解决好高校在招生、培养和分配等方面的问题之外，关键要认真贯彻执行党的全面发展的教育方针，解决小学、中学、大学在体育教育工作方面的衔接问题，避免在大学出现中学体育教育的重复现象。

高校体育工作包括体育课、课外体育活动、运动队训练、运动竞赛等。

1. 体育课的组织与实施

高校体育课是实现高校体育目标的基本途径,是高校教育计划中所规定的必修基础课。

体育课是师生教与学的双边形式,教师要充分发挥主导作用,学生要最大限度地发挥主观能动性。通过体育教学,学生既能发展身体、增强体质,又能学到技术、提高技能,磨炼意志、振奋精神。

体育课分为理论课与实践课两种形式,按课的不同任务,又可分为普通体育课、专项提高课、保健体育课等,对三年级以上的学生(含研究生),可开设体育选修课。体育课应严格要求,缺勤超过学校规定的 1/3 学时的,体育成绩不予评定;体育成绩不及格者学校不予毕业,不授予学位,按结业或肄业处理。学生因病、残免修体育课或免于体育考试者,须有医生诊断和医院证明,经体育部(室)审核同意,报学校教务部门备案。

2. 课外体育活动的组织与实施

课外体育活动是高校体育的重要形式,其目的在于增强学生体质,培养学生锻炼身体的习惯,丰富学生文化生活,陶冶学生情操,发展学生个性。开展课外体育活动应从实际出发,形式多样,生动活泼,持之以恒,讲求实效。

3. 运动队训练的组织与实施

组织高校运动队训练,是贯彻普及与提高相结合方针的一项重要措施。学校应在普及的基础上积极开展运动队训练,努力提高运动员的技术水平。有条件的学校,可根据有关规定开展培养高水平运动员的体育专项训练,为国家培养体育人才。

4. 运动竞赛的组织与实施

体育运动竞赛是高校体育的重要组织形式。运动竞赛应体现教育的特点,这有助于检验学校的体育工作,有助于推动群众性体育活动的开展,有助于培养学生顽强进取的精神和良好的体育道德风尚,有助于发现体育运动的优秀人才。

组织学生参加体育运动竞赛,应执行国家有关体育竞赛的制度和规定,在赛场要树立良好的赛风,对于违反纪律、弄虚作假者,应依照竞赛制度和规定严肃处理。

学校体育竞赛应贯彻小型多样、单项分散、基层为主的原则。可以开展在班级之间、小组之间的球类竞赛活动,可以举行全校范围的以田径项目为主的运动会。同时也提倡举行以本地区为主的校际体育竞赛活动,以增强校际友谊,共同提高运动技术水平。

第二章　高校体育锻炼的科学基础

第一节　高校体育锻炼的生物学基础

一、影响人体发展的生物过程

为了说明体育锻炼能增强体质、增进健康的机理，为了探索体育锻炼定性和定量的标准，也为了科学地进行体育锻炼，需要研究有关人体的科学，了解人体发展的过程和特点，探讨人体的生物属性，即研究作用于人体发展的各种生物运动形式，这里包括进化、遗传变异、生长发育、生理生化，以及对人体发展产生不良影响的因素——疾病。

进化过程发生在不同物种之间，如从猿到人的进化，也发生在人类的长期变化之中，如尾巴的消退、手功能的增长。进化过程常以几万年、几十万年，甚至更长的时间为一个阶段，这个阶段人类会出现某些性状上的缓慢的变化。然而，每一个人都是人类进化过程中不可缺少的一个点，每个人又无时无刻不受到进化规律的支配。

遗传过程发生在亲代与子代之间的衔接关系上，它被进化规律左右，但以一代人为周期，较进化过程变化得快。遗传过程的累积变异可能造成人种、民族在体质上的某些进化特征。

人体的生理生化过程是生命这个耗散结构与外界进行物质、能量、信息三方面交换的基本运动形式。它是保证生命体存在的生物过程。人体生理生化所进行的新陈代谢的个体特点，取决于先天遗传素质，也受后天环境的影响，同时人体生理生化过程也通过各种酶的变化对遗传物质产生影响。这一生物过程变化十分迅速，常以小时、分钟、秒、毫秒做计算单位，而且大多生理生化的变化呈可逆的形式。

从本质上讲，正是这些过程都具有可塑性，体育锻炼才有存在的价值。正因为体育锻炼对这些过程都具有改造功能，人们才十分重视体育锻炼在现实生活和长期进化（增强民族体质）中的意义。

除了上述过程外，还有一种人体生物过程，即一种非正常的生物过程——疾病。疾病的发生对个体来说可能具有偶然性，它限制了人类的生命自由，改变和恶化了人体的各种生物过程。疾病过程与体育锻炼过程是两种十分对立的过程。体育锻炼的一个重要的目的就在于减少、抵御疾病，提高免疫功能、适应能力以及加速病后的康复。体育锻炼对各生物过程的加强是可以有效地防治疾病的。

二、体育锻炼的生物进化论机制

不言而喻，体育锻炼对人类的进化过程起着积极有效的作用。体育锻炼不但可以使人们有目的地医治直立姿势带来的种种身体缺欠，弥补生产劳动给身体造成的片面发展，补充现代生产方式和生活方式造成的运动不足，使那些处于"饥饿"状态的肌肉得到营养和活力，使人的机体能力得到扩展，而且可以帮助人类进一步实现自己的进化，控制自己的进化和发展自己的进化。

关于进化论的理论有达尔文和拉马克两个学派，即自然选择和用进废退两种进化理论。体育锻炼与人类进化的关系在这两种理论中都可以得到合理的解释。

第一，对人类总体而言，体育锻炼是提供了一种"自然选择"的方式。它为人类身体的优胜劣汰、发展进化、遗传变异提供了外部条件，使人类能逐代健康地繁衍下去。

第二，对每个发育着的个体而言，根据"用进废退"的原理，体育锻炼能使个体的运动器官及辅助运动器官、工作器官和其他器官得到相应的发展，如肌肉体积、重量的增长，骨髓的增长，皮肤的加厚等。器官的用进废退是生物进化过程中的一种保护性反应，它能使生物和人有效地适应外界环境。

三、体育锻炼的人体遗传学机制

人类的进化过程是靠世代之间的遗传过程来实现的。生命的一个显著的基本特征就是自我生殖和自我复制。因为只有具备这种能力，生命才能延续。人体自我生殖和自我复制的主要方式是细胞的分裂：在分裂过程中，细胞核中出现了一种物质，叫染色体，人共有23对，染色体内包含的遗传物质，由脱氧核糖核酸（DNA）、核糖核酸（RNA）和蛋白质构成，DNA、RNA是联系亲代和子代之间的连接物质，而各种核酸必须和蛋白质紧紧配合在一起才能真正起到遗传物质基础的作用。

从20世纪40年代到60年代，遗传学从细胞水平发展到了分子水平，证明了DNA长链上的一个片段排列着遗传密码，人们通过翻译、转录等一系列过程，把各种生物性状传给了后代。

如果在向后代遗传过程中，后代体内蛋白质在合成氨基酸时顺序同亲代基本上一致，就体现了遗传性。如果在翻译、转录的过程中，DNA在数目、顺序和排列方式上发生了变化，组成了各种新的蛋白质，形成了人体形态、生理、生活、行为上的许多新的特点，就体现出了变异性。人体的变异有两种，即环境变异和遗传变异（突变）。变异是大量存在的，变异的方向是不定的。变异的存在为生物的自然选择提供了条件，为生物的进化提供了内因。

体育锻炼可以适当地调节人体遗传的过程，对于人体来说，体育锻炼就是要合理地运用环境变异和遗传变异的规律，既要在后天加强锻炼，使人在后天环境的影响下实现一些新的良好的环境变异，以增强体质、增进健康；同时也要注重父母一代的体育锻炼，提高父母的健康水平，以求将最好的遗传品质传给下一代。

人体遗传学中大量研究各种遗传性状受遗传、环境影响比例的实验证明，人在形态结构、生理机能和运动能力等方面都受到遗传和环境影响，但受影响的比例各不相同：其中形态特征所受的影响大于机能特征，如身高、坐高、四肢比例、脏器大小等在后天环境中都不易改变，而脉搏、血压、肺活量、血糖含量、心输出量则受后天环境的影响较大，有的性状在某些年龄阶段变化幅度还相当大，这就为通过体育锻炼增强体质提供了可能性。

四、体育锻炼的生理生化基础

人体是由物质组成的，包括现今世界上最发达、最精密的能产生思维活动的物质——人的大脑都是由物质组成的。组成人体的化学元素共有 62 种，其中十几种是宏量元素，如碳、氢、氧、氮、硫、磷等。人体中目前已经发现了近 50 种微量元素，其总和还不到人体重量的 0.2%。无论是宏量元素还是微量元素在人体内必须保持最适量的营养浓度，缺少时人就会丧失健康，乃至不能成活；过量时就会中毒，甚至可能造成死亡。

各种化学元素又组成了研究人体的各种层次，如大分子、细胞、器官、系统和整体。在每一个研究层次上，有效物质的准确构成是衡量身体发展和体质水平的重要标志，在任何层次上有害物质的侵入、有效物质的不足或过量都会导致体质水平下降，甚至发生严重的病变。

人作为一个有机体，要对周围环境做出各种应答，同时要做出各种反应动作。作为一个社会的人，人还要有许多有目的有意识的主动行为，这些都需要不断地消耗大量的肌肉能量和神经能量。人在完成各种机械运动时，还要消耗热能、声能等，这些能量的摄取也是人体在进行物质代谢过程中同时实现的。

除此以外，人体还要与周围世界进行信息的交换——只有不断地交换信息，才能保持有机体的有序性，维持生命的价值。这种信息的交换也是通过人体的感觉器官、神经中枢、肌肉的生理生化功能来实现的。

总之，人体这个耗散结构在物质、能量和信息三方面进行的与外界的交换，是有赖于人体的新陈代谢，即靠同化异化运动来实现的。

那么，人体内的新陈代谢运动具有哪些特点呢？

第一，人的有机体及其各器官和机能系统对一定的负荷刺激具有适应能力。当有机体受到一些异乎寻常的刺激，诸如创伤、剧痛、冷冻、缺氧、中毒、感染及强烈的情绪刺激时，会引起一种紧张状态，叫应激。应激伴有一系列的神经和体液的变化，包括交感神经兴奋，肾上腺激素分泌增加，胰岛高糖素和生长素升高，胰岛素分泌减少。如果人体经常受到这类刺激，应激的水平就会提高，人的适应能力会加强，体内的能量和物质的储备会增加，并处在一种容易动员的状态中。如果这些刺激是良性的，那么这种应激水平的提高是有利于健康的。体育锻炼就是运用了这个原理来增进健康的。

第二，有机体在新陈代谢过程中可以出现能量和有效物质的超量恢复。人的机体对运动负荷刺激的适应过程分为三个阶段，即负荷、恢复和超量恢复。

在负荷时，细胞结构、酶的含量会发生变化，能量化合物被消耗，物质代谢的中间产物和最终产物被堆积起来，这些都会阻碍人的机体能力的提高，形成疲劳。这就是异化过程。

而进入恢复和超量恢复阶段，人体的内环境会逐渐正常化，沉积物被排除出去，能量储备得到补充，并超过原来水平，细胞和纤维增生，中枢神经的疲劳得到消除，精神上得到恢复。这就是同化过程。同化过程的超量恢复是体育锻炼产生价值的基本原理。

五、体育锻炼的生长发育机制

个体的生长发育发展过程同时受到遗传过程的制约。人在发育过程中，在形态结构、生理机能、运动能力、个性心理特点，甚至寿命等各方面都受到遗传的影响，这种影响是靠遗传程序来制约的。这种程序常为个体的生长发育发展确定一个大致的方向和水平，但这种程序不是一成不变的，后天环境可以使这种程序发生一定程度的改变。体育锻炼就是调节、控制这一改变的基本手段，通过这一调节和控制手段可以影响人体发育的快慢、体质的强弱和寿命的长短。个体的生长发育发展过程不同于遗传的过程，它是发生在个体身上，而不是发生在世代的衔接上的。每一个生长发育过程都是人类生命史上的一个周期，而每一个周期都为遗传变异做了累积性的变化，因而促进了人类的进化过程。

人体的生长发育发展过程具有以下的特点：

第一，波浪性和阶段性。不同种族、地区、性别、时代的人，在身高、体重及各个部分的长度、围径、宽度的年增率、年增长值等方面，都随年龄增加而发生变化，变化曲线呈波浪形，并有明显的阶段性。

第二，人体生长发育的非等比性。人体是统一完整的有机体，因而人体各部分的生长发育有相应的比例，但各部分在同一时期及整个发育过程中，并不按等比例生长发育。

第三，生长发育的统一性。同一种族、同一地区的人在形态机能、运动能力、生长发育速度、寿命长短等方面具有比较相近的共同规律。

人体的生长发育发展的规律对指导体育锻炼具有重要意义，它为体育锻炼的经常性、全面性和个体差异性提供了科学根据。

六、体育锻炼的防治疾病机制

人体的生命活动过程、机体与外界环境、体内各系统器官间的活动既对立又统一，不断地维持动态平衡，即中医所说的"阴平阳和""阴阳调和"。然而，在一定的致病因素作用下，人体与外环境的平衡会被破坏，机体的抗损害（如防御屏障、应激反应及代偿适应能力等）与损害之间对立统一的破坏，均可导致"阴阳失调""阴阳偏盛或偏衰"，促使机体出现各系统、器官、组织、细胞，乃至分子发生结构、功能和代谢的病理变化，表现出相应的症状和体征，进而影响健康和劳动能力，这就是发生了疾病。

疾病的发展过程是损伤和抗损伤这一对矛盾的斗争过程。致病因子作用于机体后，引起机能、代谢和形态结构上的各种病理性改变的同时，也引起机体对抗各种损伤的反应。疾病过程中损伤与抗损伤的对比关系决定着疾病的发展方向。如果损伤占优势，则病情会恶化，甚至导致死亡；反之，如果抗损伤反应占优势，则疾病就会向有利于机体恢复正常功能的方向发展，直至痊愈。

第二节　高校体育锻炼的内容

一、体育锻炼内容的分类

分类是根据某一特征，对群体进行一定的区分和归类。在体育锻炼的各种分类中，最基本、最常用的是按体育锻炼的目的进行分类。依据这一分类，体育锻炼的内容可分为以下几种：

（一）健身运动

健身运动主要是指一般健康者（包括体弱无病者）为强健身体而进行的体育锻炼，通过练习增强身体各器官、系统的机能，发展身体素质，提高基本活动能力。健身运动可根据个人特点和爱好，选用各种锻炼手段，可以采用各种竞技体育项目，也可以采用日常生活中一些有锻炼价值的动作，如走、跑、骑自行车等。

（二）健美运动

健美运动是在健身的基础上，为增加身体美感而进行的身体锻炼。通过练习，形成良好的体型和姿态。健美锻炼的针对性较强，如为了发展肌肉，可进行举重和器械体操练习；为养成端庄优美的体姿，增加协调性和韵律感，可进行健美操、艺术体操和舞蹈等练习。

（三）医疗体育

医疗体育又称康复体育，是指病患者为了治愈某些疾病而进行的体育锻炼。医疗体育的内容应根据疾病性质采取相应的手段。一般采用动作轻缓、运动负荷较小的散步、慢跑、太极拳、气功、按摩、保健操等。为提高康复效果，缩短疗程，常与药物治疗相结合，锻炼者要在医生指导下，按运动处方进行定量锻炼。

（四）矫正体育

矫正体育是指某些人为了弥补身体缺陷或克服功能障碍而进行的体育锻炼。练习内容应针对身体的特殊性进行专门的安排。

（五）娱乐体育

娱乐体育是指为了丰富生活、调节精神、欢度余暇而进行的体育活动。娱乐体育以消遣、欢快为目的，内容选择以个人爱好为前提。

二、体育锻炼内容的选择

恰当准确地选择体育锻炼的内容，既可以激发和巩固锻炼的积极性，又是提高锻炼效果，顺利实现锻炼目的的前提。

选择身体锻炼的内容，既要遵循体育锻炼的原则，又要参照锻炼内容的分类，使锻炼者的选择更科学、更合理、更简便。

（一）目的性

体育锻炼的目的是选择锻炼内容的主要依据，选择锻炼内容前，必须首先确定锻炼目的。锻炼目的有直接目的和间接目的之分，首先应考虑直接目的，然后再努力达成直接目的和间接目的的统一。如为了治疗慢性疾病，首先就应从医疗价值较高的体育项目中寻求对症之法，然后再从长计议，考虑如何使身体进一步发达健壮。

锻炼目的应重点突出，尽量具体。多种锻炼目的或抽象的目的将导致项目选择无所适从。如泛泛地讲健身，锻炼内容的选择就有很大的随意性，倘若在健身的前提下，明确着重发展某一方面的素质（如力量），那么，选择锻炼内容就会有的放矢了。

（二）实效性

为提高锻炼实效，确定采用的锻炼内容时，要注意项目的特点、作用和实际价值，力求少而精，而不必追求表面的欣赏价值。

（三）可行性

确定锻炼内容，必须从实际出发，充分考虑锻炼的客观条件，练习场地应以就近为宜。据对锻炼者的调查，锻炼地点在15分钟内可到达对锻炼者有较大的吸引力，其中跑步5～10分钟可达到的人数最多。居住偏远者，可选择对场地要求不高的项目，就近锻炼，如跑步、打拳等。锻炼器材应小型、轻便，便于携带。目前，我国锻炼者多采用徒手项目，对场地器材要求不高，随着物质水平和文化生活水平的不断提高，应逐步增加轻器械练习，这不但可以增加练习兴趣，而且能够提高锻炼质量。此外，确定锻炼内容时，还应考虑到锻炼者的技术基础是否能够适应该项目的难易程度，该项目是否需要、能否找到技术辅导员，该项目锻炼所需时间与本人余暇时间是否矛盾等。

（四）季节性

选择体育锻炼内容时，要注意该项目练习是否有季节、气候要求。采用季节性较强的项目，应随季节的变化做出相应的安排。如夏季游泳、踢足球，冬季锻炼无室内条件，就可以进行长跑、滑冰等项目的锻炼。

确定锻炼内容不必一次确定不再更改，可先初步决定后，试行一段时间，如感到有必要，还可以进行调整或变更，但不宜变更过多。

应该明白，确定体育锻炼的内容并不是只能做一项选择，在确定主项之外，还可以辅之以其他项目。如果以长跑锻炼为主，可以在跑的前后，安排一些器械体操，以弥补锻炼功效之不足。

第三节　高校体育锻炼的方法

体育锻炼的方法是根据人体发展规律，运用各种身体练习和自然因素以发展身体的途径和方式。体育锻炼方法是贯彻体育锻炼原则，达到体育锻炼目的的途径。

一、体育锻炼的基本练习方法

（一）单项重复法

单项重复法是指锻炼者在相对固定的条件下，按照计划和要求（一定负荷）反复练习同一内容的方法。这种方法适用于：第一，运动负荷较小或用时较短的项目，重复练习可增加练习强度和时间，有助于提高练习效果；第二，动作技术比较复杂难于掌握的项目，通过反复练习，有助于学习和巩固技术；第三，运动负荷较大，难以一次完成的练习，如健美锻炼中举哑铃300次，分解6次反复进行，这样，在每次间隔中安排一定的休息，可以保证计划的落实。

采用单项重复法应注意以下几点：

第一，合理确定重复的要素，其中包括重复练习的总次数、每次重复练习的距离或时间、每次重复练习的强度（速度或重量等）、各次重复练习之间的间歇时间等。

第二，切实保证每次重复练习的质量，不能因重复次数多而降低动作要求，也不能由于疲劳的出现而减少计划练习的数量。

第三，单项重复易产生枯燥的感觉，应用时一方面要锻炼意志，克服厌烦情绪，另一方面可采取灵活的调整措施，如在练习前后或每次间歇中穿插安排轻松活泼的辅助练习等。

重复的次数和时间是决定健身效果的关键。确定和调节重复的次数和时间应考虑项目特点。运用重复锻炼法时要注意克服厌倦情绪，防止机械呆板。

（二）群项组合法

群项组合法是指根据锻炼需要，将两个以上具有不同身体发展功能的项目搭配起来，在一次锻炼中依次练习的方法。

这种练习方法可以弥补某些项目对身体发展作用比较单一的不足，使各项目之间功能互为补充，达到全面发展身体的目的。此外，由于锻炼内容多样，经常变化，故此种锻炼生动活泼，易激发和调动锻炼者的积极性。

采用群项组合法锻炼身体，应解决以下几个问题：

第一，要根据体育锻炼的任务，选定组合的各项内容，使之互相配合，取长补短。

第二，要合理确定各项练习的比例和次序。采用群项组合法锻炼，并不一定要求各项练习时间平均分配。在多数情况下，应首先确定一个中心项目，其他项目则围绕这一项目做出适当的安排。如锻炼以长跑为主项，考虑到上肢锻炼的不足，在长跑后，可辅以单杠的引体向上和俯卧撑练习，这样，在时间上可以保证重点项目，在次序上也比较合理。

第三，要灵活掌握换项中的间歇。间歇主要是采取调整性休息，这一短暂过程，既是上一项练习后的休息和体力恢复，又是为下一项练习做准备的过程。故内容安排应注意承上启下，轻缓放松。间歇时间可根据两项内容的强度而定，一般来说，只要呼吸频率比较平稳后，就应开始下一项练习。

第四，根据练习的结构特点，可结合采用循环练习。群项组合为综合运用循环练习提供了可能，如果各项练习的结构允许，可全部或部分采用循环练习。这样，不但可以避免局部肌肉疲劳，而且可以增加练习兴趣，调节练习情绪。

（三）变换锻炼法

变换锻炼法是指在改变锻炼内容、强度和环境的条件下进行锻炼的方法，如变换锻炼项目、提高或降低运动负荷、调整练习要素、变更练习地点等。

采用变换锻炼法能够提高中枢神经系统的灵活性，发展身体的调节能力和适应能力。同时，可以有效地调节生理负荷，激发锻炼情绪，强化锻炼意志，克服疲劳和厌倦情绪。另外，对于修订锻炼计划，活跃锻炼气氛也具有一定意义。应用变换锻炼法，应注意以下几个问题：

第一，变换要以锻炼的实际需要为前提，做出有针对性的安排，在遇到下列情况时，可考虑采用变换锻炼法。其一，要改进和提高技术以尽快掌握技术要领，有必要调整练习要素（如降低练习速度、减小运动负荷等）时。其二，精神饱满、体力充沛或健康欠佳、疲劳积累，欲修改锻炼计划或进行体力调节时。其三，发展新的锻炼内容，对是否符合本人实际感到没有把握，欲进行尝试、体验时。其四，连续采用同一锻炼内容，长期在同一地点锻炼，有单调、乏味感觉时。

第二，灵活掌握变换锻炼的计划，注意材料积累和信息反馈。变换锻炼一般有预定的计划，但由于是改变常规的锻炼，具有尝试性。因此，必须加强锻炼过程中的自我监督，视身体反应，随时进行调整。变换锻炼中，由于接触新的练习内容或条件，身体必然会产生新的感受，应注意记录和总结，以便为调整锻炼计划提供依据。

第三，采用变换锻炼法，应是短期和非经常性的，在达到变换目的之后，应尽快转入常规练习。如变换时间过长、过于频繁，不利于原锻炼计划的执行。如果通过变换练习，认为有必要更改原锻炼方案，则应尽早下决心并施行。

第四，在采用变换锻炼法时，要把注意力集中到所要解决的任务上，不要因为练习内容、条件或环境的改变产生新异刺激，兴奋点就集中到锻炼的形式和环境上，因而忽视了变换锻炼的目的与任务。

（四）竞赛与表演法

竞赛与表演法是指锻炼者面对观众，在互相比较、彼此竞争的情况下进行锻炼的方法。与其他锻炼方法相比，竞赛与表演对锻炼者提出了更高的要求。锻炼者不但要熟练地掌握技术、技巧，而且要兼顾左右，与同伴配合，或整齐协调地完成动作，或随机应变地运用技巧、战术争取战胜对方。因此，应用这种锻炼方法，对于表现锻炼成果，检查评价锻炼水平，激发锻炼热情，巩固锻炼习惯，培养团结合作、顽强果断和自信心等方面都具有特殊价值。

应用竞赛与表演法进行锻炼，要注意以下几个问题：

第一，控制运动负荷和情绪，防止伤害事故。表演和比赛，尤其是比赛，紧张激烈，竞争性强，锻炼者必须善于控制自己的情绪，适度掌握比赛节奏，使身体的运动负荷维持在保健水平。特别是体质欠佳者，尤其应当注意安全，要启发锻炼者认清锻炼性比赛与竞技性比赛的区别，切不可因求胜心切，而无视身体条件。在比赛和表演中，如感到身体有明显不良征兆，应及时加以调整，必要时可中止比赛或表演。

第二，灵活采用比赛和表演规则，使之服从并服务于锻炼任务的完成。体育锻炼者的比赛或表演，不是为了创造成绩或打破纪录，作为一种锻炼身体的方法，其主要目的在于强身健体和娱乐。因此，根据需要，可以采用正式比赛或表演的规则，也可以对正式规则进行简化或调整。如规则对技术要求较高，对场地设施要求严格，可由双方议定修改，不必勉强执行。

第三，虚心学习、认真总结，为今后锻炼提供经验。比赛与表演，增加了与同项目锻炼者的接触机会，是学习借鉴、取长补短的良机。锻炼者应认真观察，详细记录，从中获得更多的启迪。如有可能，借比赛与表演之机，拜师学习或参加锻炼组织，将是提高锻炼效果的途径之一。

（五）利用自然因素锻炼法

利用自然因素锻炼身体的方法，是指人体为了适应外界环境的变化，利用自然条件进行体育锻炼，以提高自身适应能力和增进健康、增强体质的锻炼方法。

1. 日光浴

日光浴好处很多，因为紫外线能刺激人体的造血机能，使血液中的红细胞增多，皮肤里的胆固醇转为维生素 D，促进钙和磷的吸收利用。经常坚持能使人体血管扩张，血流加快，血液循环得到改善，增进机体调节体温的能力。

2. 空气浴

让皮肤广泛接触新鲜空气，利用气温、气流和温度形成对人体的刺激，通过神经反射作用，达到改善体温调节能力的目的，从而提高机体的适应能力。空气中含有带负电荷的"负离子"，而新鲜空气中氧气丰富，负离子浓度高，对身体各器官、系统，特别是神经系统有良好的刺激作用，可改善血液循环，提高新陈代谢，增强机体的抵抗能力，预防呼吸系统的各种疾病，要注意的是遇到恶劣天气时，不要勉强坚持。

3. 冷水浴

这是利用水的温度及机械和化学作用对人体的刺激达到锻炼目的的一种方法，主要是用冷水擦身、冲洗、淋浴和游泳等。由于水的导热性比空气强，水温愈低身体热量散发得愈快，人体对冷水刺激的反应就愈强。

二、当前国内外流行的锻炼方法

（一）有氧锻炼法

有氧锻炼法是指锻炼者通过呼吸能够满足运动对氧气的需要，在不过量耗氧的情况下进行体育锻炼的方法。这种锻炼的运动负荷强度适中，且运动时间较长，可以有效地提高心血管机能和呼吸机能，促进机体的新陈代谢，减少脂肪积累，是国外和国内都比较流行的一种锻炼方法。

采用有氧锻炼法的关键是掌握练习强度，使锻炼强度既在有效健身阈值以上，又不超过无氧阈值。国外比较流行的用心率控制强度的方法有以下两种：

第一，锻炼时，脉搏保持在 130 次 / 分左右，不高于 150 次 / 分。

第二，用 180 减去锻炼者的年龄数，所得的差作为锻炼时每分钟的平均脉搏数。

采用有氧锻炼法的典型项目有：长跑、竞走、游泳、骑自行车、滑雪、耐力体操及韵律操、徒步旅行等。运用其他项目锻炼，只要速度轻慢、距离较长或持续时间保持在 30 分钟左右，均可称为有氧锻炼，都可以得到满意的锻炼效果。

（二）发达肌肉法

发达肌肉法是指根据锻炼者在发展力量素质的同时，以增长肌肉、健美身体为目的的一种锻炼方法，这种锻炼方法在青少年特别是男青年中采用者较多。

肌肉的发达健壮，依赖于负荷状态下的收缩与放松，反复的刺激使肌肉有充分的血液供应，可获得更多的氧气和营养物质，使肌纤维增粗，富于弹性，这样，肌肉体积才会增大，力量才能增强。因此，负担重量、反复练习、适当间歇是增长肌肉的基本要求。

发达肌肉的锻炼内容，可从以下几方面进行选择：

第一，运用体操项目中的单杠、双杠、吊环等器械发展躯体和上肢肌肉，如双杠的支撑屈伸、双臂支撑摆动屈伸，单杠的引体向上、摆动屈伸向上等。

第二，运用哑铃、拉力器、杠铃等器材，促进身体各部位肌肉协调发展。根据发展部位的需要，可自编各种练习动作，并注意负荷重量及次数和配合。

第三，运用克服自身体重的徒手练习。如跳数、蹲起、俯卧撑、仰卧起坐等。这种练习不受器材及场地限制，简便易行，但发达肌肉的效果，不如器械练习明显和迅速。

应用发达肌肉法，特别应当注意的是：第一，要使身体各部位肌肉协调发展，如上肢与下肢的协调、左侧肢与右侧肢的协调、四肢与躯干的协调等；第二，要把发展力量素质与发展柔韧素质结合起来，避免肌肉过于僵硬；第三，要把发达大肌肉群与发展小肌肉群结合起来，使肌肉有力而灵活；第四，发达肌肉的锻炼要坚持长久，须知，肌肉增长快，但消退也快，只有经常反复练习才会使发达的肌肉巩固、持久，并逐渐形成形态学特征。

（三）消遣运动法

消遣运动法是指为了寻求生理和心理上的放松，欢度余暇而进行体育锻炼的一种方法。这种锻炼方法运动强度不大，令人轻松愉快，具有安抚身心、消除疲劳的功效。

采用消遣运动法应注意以下几个方面：

1.情绪放松、专注，暂时忘却和摆脱工作、生活中的困扰；

2.活动内容选择以兴趣爱好为前提，符合个人意愿；

3.运动负荷以小、中强度为主，以运动后能产生惬意的疲劳感为好；

4.为增进情感交流，增添消遣情趣，最好能与亲友结伴而行，共同活动。

三、体育锻炼方法的选择

由于年龄、性别、身体条件和健康状况的不同，锻炼者在进行体育锻炼时应合理选择锻炼方法。体育锻炼者按体质、健康状况等大致划分成 5 种类型，要根据自己的实际情况选择适合自身的锻炼内容和方法，以达到理想的健身效果。

（一）健康型

健康型是指身体健壮，有较强的参加体育锻炼的热情和欲望，并能承受较大的运动负荷者。这类人可根据实际情况选择一两个运动项目作为健身手段，如选择球类、田径、举重、游泳等项目。常用综合练习法、重复练习法和间歇练习法等进行有计划的锻炼。

（二）一般型

一般型是指身体不太健壮，但无疾病，体质一般者。此类型在学生中占大多数。他们往往认为自身无病而缺乏参加体育锻炼的热情和恒心，进行体育锻炼往往流于形式。这类人应选择对增强体质有实效的、形式活泼能激发参加锻炼兴趣的项目和方法，如球类、武术、健美、健美操等项目。用综合练习法、重复练习法较好。

（三）体弱型

体弱型是指体弱多病的学生。为增强体质，战胜疾病，增进健康，可采用慢跑、定量步行、太极拳、气功等方法进行锻炼。宜先用重复练习法、循环练习法进行力所能及的锻炼。

（四）肥胖型

肥胖型是指体重超过正常标准的学生。他们的锻炼多为减肥，因此，可选择长跑、长距离游泳和健美运动等进行锻炼。一般多采用重复练习法和循环练习法。

（五）消瘦型

消瘦型是指体重低于正常指标的学生。他们希望通过锻炼使自己更壮实、丰满，可选用举重、体操、健美运动等项目。多采用重复练习法和循环练习法。只要长期坚持，并有一定负荷刺激肌肉，使之横断面增大，就能够使肌肉健壮，进而拥有匀称的健康体形。

第三章　高校体育基本运动能力的提升与锻炼

第一节　提高心肺功能的锻炼方法

　　人体从事各种形式的体育锻炼都必须首先具备相应的运动能力，基本运动能力指发挥体能、合理有效完成运动的能力。它是通过运动知觉系统，借助于中枢神经系统和机体运动反应系统所组成的一系列肌肉活动。各种运动能力都是心理因素和身体素质的协同组合，是人体进行体育活动的基础，而人体进行锻炼也是为了提高包括运动能力在内的各种身体机能。一般认为运动能力有操作运动能力和身体熟练能力，运动能力制约着运动知识技能的掌握、运用和表现，并直接影响运动效率的心理特征。具有运动能力，就意味着掌握或运用知识、掌握或表现运动技能成为可能。运动能力是影响运动过程速度、水平及动作质量的最基本、最直接的因素。人体的运动能力可以表现在肌肉力量、运动速度、耐力、灵敏、柔韧等多方面，人们若想通过科学的体育锻炼提高自身的生理机能，就必须了解影响人体运动能力的生理基础和掌握发展运动能力的方法。

一、心肺系统简介

　　心肺系统是指在功能上有密切联系的循环系统和呼吸系统。心肺系统负责把氧气和营养物质运输到组织，同时把代谢废物（如二氧化碳等）排出体外。体育锻炼时，骨骼肌代谢增强，需氧量大增，机体通过调节，使心肺系统活动加强以满足运动的需要。

（一）循环系统

　　循环系统是由心脏和血管组成的管道系统。体循环把含氧丰富的动脉血送至身体各部分，并通过毛细血管与组织进行气体（氧气和二氧化碳）和营养物质的交换，交换后动脉血变为静脉血，通过静脉回流至心脏。肺循环把静脉血泵至肺，在肺部静脉血结合氧气，排出二氧化碳，重新成为动脉血并回流至心脏。

　　心脏每分钟所泵出的血量被称为每分心排血量。正常成年男子安静时的心输出量约为5升／分，剧烈运动时可达20升／分，而训练良好的马拉松运动员可高达35～40升／分。

心排血量受心率（心脏每分钟跳动的次数）和每搏输出量（心脏收缩一次的射血量）的影响。体育锻炼时，心排血量会因心率或每搏输出量的增加而增加。无论男性还是女性，最大心排血量在 20 岁以后都开始下降，这主要是由于最大心率的下降引起的，不同年龄人群的最大心率可由以下公式获得：

最大心率 =220– 年龄（年）

如 20 岁时最大心率为 200 次 / 分（220–20=200），60 岁时为 160 次 / 分（220–60=160）。

血液通过血管壁时对血管壁造成的压力被称为血压。用血压计在肱动脉处测量的心脏收缩时血压达到的最高值，被称为收缩压；心脏舒张时血压达最低值，被称为舒张压。

（二）呼吸系统

呼吸系统的主要功能就是进行气体交换。人体运输和利用氧的最大能力称为最大摄氧量。最大摄氧量是反映氧运输系统机能最有效的指标，在不同运动强度下机体耗氧量是不同的。在摄氧量未达到最大摄氧量之前，摄氧量与运动强度呈线性关系，因此常用最大摄氧量的百分比表示运动强度。最大摄氧量代表心肺系统输氧能力的生理极限。

二、心肺耐力的锻炼

（一）心肺耐力的概念

心肺耐力指一个人身体持续活动的能力。心肺和血管的功能对于氧和营养物的分配，消除体内垃圾具有重要的作用，尤其是在进行有一定强度的活动时，良好的心肺功能则显得更加重要。心肺功能越强，走、跑、学习和工作就会越轻松，进行各种活动保持的时间也会越长。

（二）影响有氧耐力的生理因素

有氧耐力是指长时间进行有氧运动的能力，又称一般耐力。决定机体有氧耐力的生理因素主要是运动中氧气的供应因素和作为能量物质的糖原含量。

1. 肺的通气功能

从呼吸系统看，肺的通气量越大，吸入体内的氧气量就越多。在体育锻炼中采用深呼吸的方法，可有效地提高呼吸效率，增加肺的有效气体交换量。

2. 血液的载氧能力

吸入肺内的氧气是通过血液中血红蛋白运送到各组织细胞的，在生理范围内，血液中血红蛋白的含量越高，其携带氧气的能力就越强。如果人体中的血红蛋白含量下降 10%，就会明显影响有氧耐力。

3. 心脏的射血能力

心脏的射血能力是血液循环的动力，单位时间内，心脏射出的血量越多，运送氧气的能力越强。体育锻炼中影响心脏射血量的主要因素是心肌收缩力量和心室容积的大小，体育锻炼时，心脏收缩力量越大，心脏的射血能力就越强。

4.骨骼肌的代谢能力

肌组织的有氧代谢能力是影响有氧耐力的重要因素。有氧代谢酶活性高，利用氧气的能力强，表现为机体的有氧代谢能力高。而肌组织的有氧代谢能力与肌纤维类型密切相关，肌肉中红肌纤维多，有氧代谢能力就好。现在普遍认为，心脏的射血能力和骨骼的有氧代谢能力是影响有氧耐力的最重要因素。

5.肌糖原含量

肌糖原是肌肉进行有氧代谢的主要能源物质，它的功能特点为效率高，氧气消耗量相对较少，代谢时产生的代谢产物可及时排出体外，不致在体内堆积，对身体产生不利影响。所以，肌肉中糖原含量越高，有氧供能的潜力就越大。虽然脂肪也参与有氧运动的供能，但由于脂肪氧化供能时氧气消耗量大、代谢产物堆积，容易使身体疲劳。

（三）有氧运动对身体机能的良好影响

实践证明，以有氧运动为主要形式的体育锻炼是增强体质、提高人体健康水平最常用、最有效的方法。

1.提高心肺功能

通过有氧运动可以提高呼吸系统的功能，表现为肺活量水平明显增加，肺交换频率提高。对心脏功能的影响表现为安静时心率下降或不变，心脏的收缩力量增加，心脏容积增大，有人称这种变化为"运动员心脏"。"运动员心脏"是心脏功能对体育锻炼的适应性变化，是心脏功能提高的标志，这些变化可以预防并减少心血管疾病的发生。

2.促进生长发育、延缓衰老

有氧运动可以改善身体的血液循环，加强体内的新陈代谢，促进学生的生长发育。坚持体育锻炼的青少年，其身高、体重、胸围都较同年龄的人有不同程度的增长。进行有氧运动，可以调节神经系统的功能，加强体内的代谢功能，使人保持旺盛的精力和充沛的体力。

3.提高机体的免疫功能

人体抗疾病能力与机体的免疫系统功能有关，人体的免疫机能主要是通过免疫细胞完成的：采用小强度的有氧运动形式对提高机体免疫功能的效果最好。

4.减肥

运动减肥的效果主要与体育锻炼的时间和体育锻炼的总工作量有关，与运动强度关系不大。由于有氧运动的强度相对较小，不容易疲劳，可以保证较长的体育锻炼时间，同时，有氧运动消耗的脂肪类物质较多，所以减肥的效果就比较明显。以减肥为主要目的的体育锻炼都应该以有氧运动为主要形式。

（四）提高有氧耐力的方法

1. 最大摄氧量及其体育锻炼

最大摄氧量是指身体发挥最大功能水平，每分钟摄入并供给组织细胞消耗的氧气量。最大提氧量是有氧代谢能力的基础，一般人的最大摄氧量为 2 ~ 3 升 / 分，经常参加体育锻炼的人可达 4 ~ 5 升 / 分。在进行有氧耐力练习时，可以以最大摄氧量作为参考指标确定运动强度。对于身体机能状况较好的青壮年人来说，运动强度可相当于 80% 的最大摄氧量。

2. 无氧及其体育锻炼

无氧是人体在进行递增性体育锻炼过程中，由有氧代谢供能开始大量动用无氧代谢供能的转折点，这一转折点相当于一般人心率在 140 ~ 150 次 / 分时的运动强度。也就是说，体育锻炼时心率在 140 次 / 分以下，主要是发展有氧耐力；心率 150 次 / 分以上，就主要是发展机体的无氧耐力。因此，不管采用何种体育锻炼方式，只要是以发展有氧耐力为主要目的的练习，心率最好不要超过 150 次 / 分。

3. 常用的有氧耐力练习方法

提高有氧耐力最常用的方式为慢跑，此外还有游泳、骑自行车、滑雪等。如前所述，发展有氧耐力的练习强度不要太大，但要保证足够的体育锻炼时间，一般每天活动的时间不要低于半小时，最好每天锻炼 1 小时左右。

具体有效方法有以下几种：

（1）综合练习

综合练习是由几种不同的锻炼内容组成的，如第一天是跑步，第二天为游泳，第三天骑自行车。综合练习的一个优点就是避免日复一日进行同一种练习的枯燥感，并且可以防止身体同一部位的过度使用。

（2）持续练习

持续练习是指长时间、长距离、慢节奏和中等强度的锻炼，也是最受欢迎的一种心肺锻炼方法。渐进阶段，如果运动强度不增加，锻炼者就能轻松地完成身体练习。在不受伤的情况下，一次锻炼的时间可持续 40 ~ 60 分钟。同较大强度的运动相比，持续练习引发受伤情况的可能性较小。

（3）间歇练习

间歇练习是指重复进行强度、时间、距离和间隔时间都较固定的练习的锻炼方法。练习持续的时间各不相同，但一般为 1 ~ 5 分种。每次练习后有一休息期，休息期的时间与练习时间相等或稍长于练习时间。

有一定耐力基础和希望能获得更高适应水平的锻炼者或运动员常用这种方法。间歇练习比持续练习更能使人完成更大的运动量，且锻炼的方式可以有所变化，这就减少了其他锻炼方式容易造成的冗长与枯燥体验。

（4）法特莱克（Fartlek）练习

"Fartlek"是瑞典词，意思是"速度运动"，是一种与间歇练习相似的长距离跑步的锻炼方式，但练习时间与休息时间的比例不固定。法特莱克的锻炼地点比较随意，这可以减少枯燥感。

（5）锻炼频率

一周进行两次锻炼就可增强心肺适应能力，锻炼 3 ~ 5 次可使心肺达到最大适应水平，且受伤的可能性较小，但一周锻炼超过 5 次并不能使心肺适应水平进一步提高。

（6）运动强度

运动强度接近 50% 最大摄氧量时即可增强心肺适应能力，故常把这一强度称为锻炼阈。目前推荐的运动强度范围为 50% ~ 85% 最大摄氧量。

在确定运动强度时，心率指标比最大摄氧量指标更实用，因此，常用心率间接地表示运动强度。只有超过一定强度的运动才能有效地引起机体的适应，该强度所对应的心率称目标心率。目标心率常以最大心率的百分比表示。50% 和 85% 最大摄氧量的运动强度所对应的心率值分别为 70% 和 90% 的最大心率，因此，目标心率是 70% ~ 90% 最大心率，如年龄为 20 岁的大学生目标心率的计算方法如下：

最大心率 =220-20=200（次 / 分），200×70%=140（次 / 分），200×90%=180（次 / 分）。

（7）持续时间

提高心肺适应水平最有效的一次锻炼时间是 20 ~ 60 分钟（不包括准备活动和整理活动）。起初每个人的适应水平和运动强度不同，所以锻炼持续的时间应有区别，对于一个适应水平较低的锻炼者而言，20 ~ 30 分钟的锻炼就可提高心肺适应水平，而适应水平高的锻炼者可能需要 40 ~ 60 分钟。低强度的锻炼要求练习的时间长于大强度的练习时间，如以 50% 最大摄氧量的强度进行锻炼，需要 40 ~ 50 分钟才能有效地提高心肺适应水平；而以 70% 最大摄氧量强度进行锻炼，仅需 20 ~ 30 分钟即可。

三、锻炼方式的选择

在选择锻炼方式时，首先应选择喜欢的运动，只有从事喜欢的运动，才容易坚持下去；其次要考虑到可行性和安全性，冲击力强的运动（如跑）比冲击力小的运动（如游泳和骑自行车）更易引起锻炼者受伤。对于容易受伤的人来说，最好选择冲击力小的锻炼方式，而很少受伤的人可以任意选择锻炼方式。

常见增强心肺耐力的锻炼方式有以下几种：

（一）步行锻炼法

1. 步行锻炼意义

步行之所以能成为人们进行健康锻炼的良好手段，自然有着诸多的原因。首先，人们在不花额外费用的情况下，可以在任何时候任何地方与任何人一起进行活动；其次，步行是一项有趣的运动，它极易被各种年龄的人所接受并融入日常的生活安排中去；再次，步行锻炼虽然也存在技术的问题，但这些技术非常简单，极易掌握；最后，参加步行锻炼不需要什么特殊的装备，有一双穿着舒适的运动鞋即可。

2. 步行速度

稳健而又轻快的步伐可以使步行的健身效果得到充分的发挥。对普通锻炼者来说，以80～100米/分的速度步行较为理想；如果以步频来计算步行速度，那么120步/分是比较合适的基础频率。当然，步行的速度最终还是由你的身体条件和兴趣爱好而定的。

（二）跑步锻炼法

1. 跑步的益处

绝大多数的人参加跑步的目的不外乎是保持优美体形和健康这两大方面。跑步是一种有关肌群反复活动的全身性有氧运动。肌肉活动必须有能量的提供才能完成，跑步则消耗大量的能量物质。因此，利用跑步消耗体内过剩的热量有助于减少体脂和控制体重。

（1）跑步与热量消耗

跑步所消耗热量的多少主要取决于运动的强度和持续时间。以270米/分的速度跑30分钟所消耗的热量要比以135米/分的速度步行30分钟所消耗的热量多得多，虽然同样是活动30分钟，但跑步行进的距离成倍于步行。强度越大，消耗的热量也越多。但无论是慢步走还是快步跑，一个中等身材的人移动1千米消耗的热量一般在62～75千卡。有人也许会认为跑完42千米的马拉松，其消耗的热量仅为2600～3150千卡，而1千克脂肪含有热量7700千卡。换言之，跑一个马拉松所消耗的脂肪还不足0.5千克。这样的算法是不全面的，因为在运动过程中除了消耗大量的热量以外，在随后的恢复期内还要消耗相当多的热量。

（2）跑步有利于健康

参加跑步锻炼可以维持良好的身体机能。随着科技的发展，机械化和自动化程度会进一步提高，脑力劳动会相对增加，而体力劳动却越来越少。身体活动的减少使心肺功能下降，患心血管疾病的可能性增加；而跑步可以提高心肺功能，消除聚集在动脉管壁上的胆固醇。总之，跑步是每个人尤其是脑力劳动者预防疾病、保持健康的良好方法。

（3）跑步使你放松

研究表明，跑步有降低焦虑、缓解紧张、减轻抑郁等作用。跑步后人们往往会体验到强烈的自我价值感和对生活的热爱。"跑步者高潮"便是因这种体育锻炼而产生愉快感的代名词，这种"高潮"从生理机制的研究中也得到了充分的验证。人体自身会释放一种名为内啡肽的物质，跑步能增加内啡肽的分泌，使人在一定时间内减轻精神压力和缓解痛苦。

2. 跑步的技术要领

跑步对具有正常活动能力的人来说是一件非常容易的事，但并非谁都能跑得很好。由于没有完全一样的身体结构，也就不会有绝对相同的跑法。没有必要追求一种固定的模式，但必须重视那些对提高跑步的健身效果、减少运动损伤的具有普遍指导意义的技术。

（1）步幅和脚的落地

跑步时步幅的大小取决于跑速，跑得越快步幅相应越大。适宜的步幅便于两膝关节保留一定的弯曲，可以有效地缓冲来自地面对踝关节、膝关节和微关节的冲击力，从而避免损伤的发生。

跑速不同，其脚掌接触地面的部位也不一样。全速疾跑时用前脚掌着地，脚跟不触及地面；中速奔跑时一般用全脚掌着地，主要以脚掌中部承受压力；长距离跑步时应使脚跟部首先接触地面，经脚底外侧过渡到前掌大拇趾根部后再做蹬地动作。长跑中最易犯的错误往往是过多地使用前脚掌，而没有注意正确地使用中、跟部位。

（2）身体姿势

两肩放松，五指自然弯曲并空握拳，两肘弯曲约为90°，身体稍向前倾，头部正直，两眼除偶尔观察地面情况外应注视前方。

（3）摆臂

跑步中的摆臂有维持身体平衡和调节步频的作用。两臂不宜靠身体太近，小臂与地面接近水平，随步伐的节奏轻松地摆动。长跑时摆臂动作的幅度宜小不宜大，过大的摆臂会引起躯干的转动并延长动作时间，导致疲劳的产生和能量的浪费。

（4）呼吸

跑步中如何进行呼吸是一个需要注意的问题。如果摄取的氧不能满足肌肉工作的需要，那么，身体活动将不能长时间地进行。像50米、100米这样的短距离跑，其能量来源是无氧供能，练习者在整个跑动过程中很少呼吸甚至根本不呼吸，长跑则不然，只有源源不断地向工作肌供氧，才能使这种有氧运动持续下去。

跑步中的呼吸一般以腹式呼吸为主，与呼吸深度大、空气较多通过口腔进入的胸式呼吸不同，腹式呼吸往往是通过鼻腔进行较浅的呼吸，这样的呼吸方式对长距离跑更为有利，采用腹式呼吸还能有效防止肋部疼痛。迄今为止，对引起肋部疼痛的原因尚无明确的定论，但胸式呼吸造成膈肌缺血缺氧而引发疼痛是最有力的解释。

中长跑的呼吸应和步频协调配合，一般是每两三步一呼，每两三步一吸，有节奏地进行，跑步过程中将注意力更多地集中于呼吸运动则有助于进入"忘我"的境界，可减轻身体不适感，并使各机能之间更加协调。

（5）跑步锻炼计划的制订

每个人必须根据自己的具体情况来制订循序渐进的增加练习时间和强度的锻炼计划。

运动强度的大小一般可通过心率指标来确定。首先测得每分钟的心率，然后计算出与最高心率相对应的百分数。小强度为最高心率的 60% ~ 65%，中等强度为 70% ~ 75%，大强度为 80% ~ 85%。

提高耐力素质的手段有以下几种：

① 长时间的球类活动；

② 3000 米左右走跑交替；

③ 30 ~ 50 分种的匀速跑。

（6）跑步的负效应

如果不注意正确地运用技术进行跑步锻炼，本应对身心健康有益的运动也可能有损健康。由于腿和脚不断接受来自地面的反作用力，锻炼不当也会因过度负荷而引起肌肉、肌腱、韧带甚至下肢骨的急慢性损伤。因此，在做到量力而行、循序渐进的同时还应注意按照正确的技术进行锻炼。另外，选择一双合适的运动鞋也很重要。

（三）游泳锻炼法

游泳的锻炼价值与跑步有很大的相似之处，两者的主要不同是游泳以手臂和腿的运动推动人体在水中前进的同时，还必须花费一定的能量使身体免于下沉。因此，在水中游与在地面上跑同样的距离，其消耗的能量是跑步的四倍之多。人体通过克服来自前进方向的阻力来获得肌肉力量和耐力的锻炼。由于水的浮力减轻了人体承重关节的负荷，水的良好导热性又帮助锻炼者散发运动时产生的热量，因此，游泳锻炼虽然消耗的能量较多，但心率却处于相对较低的水平，是一种更为安全的健身方法。

（四）跳绳锻炼法

1. 跳绳的作用

坚持跳绳锻炼能提高心血管系统和呼吸系统的功能，提高肌肉长时间工作的能力。不仅普通人可以通过跳绳来锻炼身体，就连对心肺功能和肌肉耐力要求极高的拳击运动员也常将跳绳作为身体练习的重要手段。此外，跳绳对速度、灵敏、协调等体能成分也有较高的要求，锻炼同样会使这些体能得到增强。对肥胖的人来说，很难找到比跳绳更好的减肥方法。你完全可以寻找一处不为人注意的小小空间进行跳绳练习，从而实现控制体重的愿望。

2. 跳绳的装备

跳绳的绳子可由许多不同的材料制成，有的绳子两端带有木制或塑料的手柄，没有手柄的绳子可在两端打上结，这样使用起来比较方便。绳子长度一般以脚踩绳子中央，两手握绳分别至两侧腋下为宜。跳绳时应穿比较紧身的运动服和富有弹性的运动鞋，这样可以防止因服装过于宽松而妨碍活动或因鞋子不能有效缓冲外力而引起的脚部损伤。

3.跳绳的技术

两手轻握绳子两端，肘关节微屈并紧靠身体两侧。两手稍外展，手与身体保持一定距离。跳绳时，以前臂和手做圆周形的绕环动作并带动绳子做相同的运动，趁前脚掌蹬地使人体腾起之际使绳子从脚下通过，这样算完成一次跳绳动作。向上跳起不必太高，以能够让绳子通过脚下即可，应充分利用手腕的力量来加大绳子的运动速度。

跳绳是一种比较剧烈的运动，应根据自己的身体状况制订切实可行的计划和目标。计划的实施也应根据具体情况灵活运用，并且通过系统锻炼后，逐渐延长跳绳的持续时间以及增加跳绳的次数。

（五）有氧操锻炼法

有氧操崛起于20世纪80年代，至今长盛不衰，以其特有的魅力及良好的健身价值受到人们的青睐。这是一种以锻炼身体为目的，以徒手运动为基础，结合舞蹈动作并在音乐伴奏下所进行的健身活动。无论男女老少都可根据自己的年龄特点、体能状况和锻炼目的等，选择或自编有氧操进行锻炼。

有氧操是一种充满活力的体育锻炼方法，在提高心血管系统和呼吸系统工作能力方面具有明显作用。有氧操锻炼可以使你的体重得到有效的控制，而良好的体能和健美的身材能使人的自信增强。另外，有氧操练习中体验到的轻松和快乐还能减轻精神上的烦恼和痛苦，使情绪得到改善。

有氧操为人们提供了一种既经济又实用的体育锻炼手段。一般的有氧操不需要什么特殊的装备，只要在服装方面稍加注意即可。着装以舒适和便于活动为原则，包括紧身衣、中短裤、T恤衫和软底鞋。人们可以通过参加学校或社区办的健美班、体育俱乐部、休闲活动中心等进行有氧操锻炼，也可以在家中跟着电视中的有氧操节目一起做或一边看录像一边进行有氧操锻炼。

1.高冲击和低冲击有氧操

有氧操一般可分为高冲击和低冲击两类，其中以高冲击有氧操更为常见。高冲击有氧操主要由各种跑和跳组合而成，因反复地接受来自坚硬地面的反冲力，下肢骨和肌肉较易受伤。低冲击有氧操则不同，它以轻松的步伐变换和身体不同部分合理的运动组合贯穿始终，能有效地缓解来自地面的外力，最大限度地避免下肢因局部过度负荷而引起损伤。为了使心率达到理想的水平，低冲击有氧操相应增强了上肢的活动。当然，两臂的活动要根据步伐和躯体的运动来协调控制，不可随心所欲地胡挥乱舞。低冲击并非意味着低强度，与高冲击有氧操一样，低冲击有氧操通过提高心率水平并使其保持一定的时间，使心肺功能得到锻炼。

2.水中有氧操

越来越多的有氧操指导者提倡在水中进行有氧操锻炼。水的浮力可以减轻身体承重部分的负荷，减少运动对这些部分的震动。那些在陆上的练习，用力时肌肉非常紧张，入水后这种情况将完全得到改变，原先在陆上练习时工作的肌肉在水中运动时可以得到很好的休息。因此，水中有氧操对恢复运动损伤所具有的积极作用已得到广泛的重视，是有氧操锻炼中最安全的一种。

3. 踏板有氧操

顾名思义，这种练习的主要器材是由踏板组成。将踏板做成长宽适宜，每块高 4～8 厘米，可以相互叠加的扁平箱，表面以防滑橡胶等柔性物质包裹则更好。踏板有氧操适合不同年龄层次的人进行锻炼，其特点是运动强度的调整比较容易，即通过增减踏板的数量或对高度进行调整以达到某一运动强度。以下是踏板有氧操练习的要点和建议：

第一，练习中必须保持抬头挺胸、上体稍前倾的躯体姿势。但上体前倾不能过度，否则易引起腰背不适。

第二，根据身高调整踏板的高度，以膝关节角度大于 90° 为宜。

第三，前脚踏步上板应以全脚掌接触板面。

第四，后脚应柔缓地着地，落地点离板不宜过远。

第五，注意前脚蹬板的方向。

第六，要穿比较结实的鞋子，以鞋底柔软而富有弹性、鞋帮稍高为佳。

4. 负重下的有氧操锻炼

手持轻器械或在手腕处戴上专用的负重物进行各种形式的有氧操练习。两臂在负重条件下进行摆动和上下运动，这加大了运动的强度，会比徒手练习消耗更多的能量。然而负重进行有氧操练习会使收缩压和舒张压进一步增高，故心脏病和高血压患者不宜采用。为避免引起肩部疼痛，应将负重物的运动幅度控制在肩水平以上。

5. 有氧操锻炼注意事项

初次参加体育锻炼或有身体疾患的人，在开始进行有氧操练习前，应咨询一下专业人员，以确定自己锻炼的起始点，确保安全，过度肥胖或有心脏病家族史的人应征得医生认可或经耐受能力测试后方可开始练习。锻炼中要定时测定心率，旨在了解心率的变化是否在限度以内。正式活动开始前的准备活动不容忽视。强度和难度的安排应做到从小到大、由易到难逐渐过渡。正式练习后应进行放松整理活动可以尝试自编一套适合自己的徒手操。编写原则是从上到下，从慢到快，从局部到全身。

（六）自行车锻炼法

在发达国家，自行车锻炼是一种受到人们广泛喜爱、老少皆宜的有氧运动。我国虽然是世界上首屈一指的自行车大国，有着自行车锻炼的巨大潜力，但目前主要处于用作代步工具阶段。随着社会的发展和人民生活水平的提高，自行车作为一种身体锻炼的手段必将被大家所接受。

有如跑步和游泳，自行车锻炼能使人体在生理上产生理想的应答反应。自行车锻炼能有效地增强肌肉力量，提高机体的耐久力并使体重得到控制。另外，在有关健康的研究中，几乎没有因自行车锻炼的过度负荷而导致运动损伤的报道。因此，自行车锻炼不仅可以成为人们日常进行体育锻炼的良好手段，还能在受伤后的康复期内作为保持身体活动能力的有效替代练习。

自行车的品种繁多、功能各异，有作为交通工具的普通自行车、骑车旅行的越野自行车、适合穿山越岭的山地自行车，还有各种竞赛用的自行车等，无论哪种车都可以用来进行身体的锻炼。在野外骑自行车锻炼时必须把安全问题放在第一位，除了考虑气候条件、地理环境和交通状况等安全因素以外，为了减少突发事件造成的伤害，建议外出进行自行车锻炼时戴上自行车专用头盔。选择了自己喜欢的自行车以后还要注意日常的维护和保养，经常检查行走系统和刹车的状态是否完好以确保用车安全。自行车坐垫的高低与锻炼质量有直接的关系，调整坐垫高度的方法是以骑行姿势坐在自行车上，当踏脚板绕至离地面最近时膝关节稍屈大约 10° 为宜，膝关节弯曲过多会引起大腿前肌肉群的酸痛而影响骑行距离和持续时间。

为了消除室外自行车锻炼的不安全因素，获得自行车锻炼对提高心肺功能的良好作用，固定式自行车练习器被发明并得到普及。在室内练习虽然没有优美的风景与你为伴，但一边锻炼一边欣赏音乐、看电视等也可以使枯燥的锻炼变得趣味盎然、其乐无穷。

四、心肺耐力锻炼应注意的事项

第一，每次锻炼前要做好充分的准备活动，使心率体温逐渐加快与升高，并增加肌肉的血流量，使机体逐渐适应剧烈的运动。锻炼结束后要做整理活动，以促进血液回流心脏，避免血液过多分布在上下肢而造成头晕和昏厥。

第二，锻炼者必须根据自己的实际情况确定运动负荷的大小，运动负荷应由小到大逐渐提高。开始从事练习或中断练习后进行恢复练习时，强度宜小，时间宜短，不要急于求成。

第三，要注意提高人体已经适应的运动负荷，使心肺耐力保持不断增长的趋势。但要加强自我监督，监控心率，密切注意身体机能的不良反应，感觉不适时要减少练习和运动量。

第四，不应经常在硬地上跑，特别是柏油马路。服装要宽松得体吸汗，鞋袜要轻柔透气，以保持良好的锻炼心情。

第二节　肌肉力量与肌肉耐力的锻炼方法

一、肌肉力量与肌肉耐力的概念

（一）肌肉力量

肌肉力量是人体肌肉收缩产生的张力，张力是一块肌肉或肌肉群一次竭尽全力抵抗阻力的活动能力，所有的身体活动都是由肌肉收缩克服阻力产生的，均需要使用力量。力量被认为是一切体育活动的基础，肌肉强壮有助于预防关节的扭伤、肌肉的疼痛和身体的疲劳。如果腹肌力量较差，往往会导致驼背现象。需注意的是，不应在强调某一肌肉群发展的同时而忽视另一肌肉群的发展，否则会影响身体的结构和形态。肌肉力量在人体生命活动和体育锻炼过程中起十分重要的作用。

（二）肌肉耐力

肌肉耐力指一块肌肉或肌肉群在一段时间内重复进行肌肉收缩的能力，与肌肉力量密切相关。一个肌肉强壮和耐力好的人更易抵御疲劳，因为这样的人只需花相对很少的力气就可以重复收缩肌肉。

二、发展肌肉力量、耐力的意义

大多数人认为，加强肌肉力量和耐力练习可增加肌肉体积和提高运动成绩，但他们并不真正知晓其健康价值，即减少脂肪和体重的重要意义。

增加肌肉的力量和耐力对人的一生都有益处。研究表明，随着年龄的增加，人的基础代谢率下降，能量消耗减少，体重和体脂会慢慢地增加。人的肌肉总量呈下降趋势，基础代谢率每 10 年下降 3%：不喜好运动的成年人每年约减少 0.25 千克的肌肉，增加 0.25 千克的脂肪。

通过节食和服用减肥药能迅速减轻体重，但并不利于健康，且皮肤会变得松弛。而力量练习不仅能达到减轻体重的目的，还可以使皮肤保持弹性，但这种锻炼效果并非一日之功，应根据自己的年龄和当前的身体状况，需在 12 个月或更长时间有计划地进行有氧练习、肌肉力量和耐力练习以及分配合理的饮食，才会明显地减少体脂，皮肤才有足够的时间恢复弹性。所以，有规律的锻炼和合理的饮食比节食减肥更有利于健康。

当前的研究表明，有计划的力量练习可以改善骨骼的状况，对女子来说更是如此，因为女子骨骼无机盐含量较少，骨密质厚度较薄，并且女子丢失钙的速率比男子快，而力量练习可以防止钙的丢失以及推迟骨质疏松症的发生。

力量练习还可以加强关节周围肌肉的力量，防止肌肉、肌腱和韧带的损伤。困扰许多人的腰痛病，可以通过增加腰部和臀部伸肌的力量和柔韧性而进行缓解。

三、影响肌肉收缩力量的因素

（一）肌肉体积

肌肉体积与肌肉力量有着密切的关系，肌肉体积的大小可用肌肉横断面积的大小来表示。肌肉横断面积越大，肌肉的体积就越大，肌肉力量也就越大，而且这种关系不受年龄、性别的影响，体育锻炼或体力劳动在提供肌肉力量的同时，总是在增加着肌肉体积。肌肉生理横断面增大是由于肌纤维增粗造成的，而肌纤维的增粗则主要是因为收缩性蛋白质含量的增加，因而两种蛋白质微丝收缩滑行时产生的力量就会增大。负重肌肉力量练习对增大肌肉生理横断面有良好效果。

影响肌肉体积的因素主要有两个：一是单个肌纤维的直径；二是肌肉中肌纤维的数量。体育锻炼，特别是有针对性的力量练习可以促进体内蛋白质的代谢，增加蛋白质的合成，提高肌肉蛋白质的含量，通过增加单个肌纤维的直径而使肌肉体积增加；也可以通过增加肌纤维的数量，使肌肉体积增加。

（二）肌群的协调能力

在现实生活中，常见到两个人肌肉发达程度相似，但力量并不相同，这是由于肌肉中肌纤维的动员程度及各肌肉群之间的协调能力的差异。一个不经常锻炼的人，最大用力时大约只能动员 60% 的肌纤维参加活动，而经常训练的运动员，则可动员 90% 的肌纤维参加活动，力量当然就大。

（三）肌肉收缩前的初长度

肌肉收缩时的力量与收缩时肌肉所处的长度状态有关。如果肌肉收缩时已经处在缩短状态，就不能发挥最大力量。只有当肌肉收缩时肌肉处在适宜的预先拉长状态，才能有利于最大力量的发挥。正确的运动技术多包含这一因素，如投掷标枪前的引枪、踢球前腿的后摆等，都是为了取得最佳的初长度。因此，掌握正确规范的运动技术动作，也是发挥最大肌肉力量的重要条件。

（四）肌肉收缩的代谢适应

肌肉的收缩放松有赖于能量的供应，经常进行力量锻炼，能使肌肉产生一系列代谢适应性变化，如肌肉中毛细血管网增加，保证氧气及养料的供给，肌肉中能源物质含量增加，肌肉内各种酶活性提高等，可以保证肌力的发挥。

（五）肌纤维类型

骨骼肌的肌纤维可分为红肌纤维和白肌纤维两种类型，白肌纤维收缩产生的力量大，红肌纤维收缩产生的力量小。肌肉中肌纤维类型的比例受遗传因素的影响，肌肉中白肌纤维的比例越大，肌肉收缩力量也就越大。力量和速度练习可以增加肌肉中白肌纤维的比例。

（六）神经调节

肌肉收缩力量，除决定于肌肉本身的形状、机能特点外，还与神经系统的调节机能有关。神经系统可以通过两种方式调节肌肉力量：一是通过发放强而集中的兴奋，动员尽量多的肌纤维参与收缩，以增大肌肉力量。有些人在肌肉最大收缩时也仅能动员 60% 的肌纤维参与收缩，而有些人则可动员 80% 以上的肌纤维参与收缩，显然在其他条件相同的情况下，后者的肌肉力量更大。二是通过增加神经中枢发放神经冲动的频率增加肌肉力量，神经冲动频率越高，肌肉力量越大。神经系统对肌肉力量的影响作用可以解释为什么有些人看上去虽然肌肉体积并不大，但肌肉力量却较大的现象。

四、肌肉力量、耐力练习的原则

（一）渐增阻力原则

渐增阻力原则是超负荷原则在肌肉力量、耐力练习中的应用。尽管超负荷原则与渐增阻力原则可以相互替换，但在力量练习中，更常用渐增阻力原则。渐增阻力原则指肌肉力量、耐力因超负荷训练而增加，但由于力量、耐力的增长，原来的超负荷则变成了非超负荷或低负荷，此时如果不增加负荷，则力量、耐力就不能增长，因此，力量练习必须遵循渐增阻力原则。

（二）专门性原则

力量、耐力练习中要充分考虑不同的运动项目对专项力量、耐力的需求程度。首先，得到锻炼的肌肉应该是在耐力和力量方面需要改善的肌肉，如腰痛，就应该增强腰部肌肉力量，若锻炼上肢力量则对腰痛的缓解没有多少益处。其次、提高肌肉的力量和耐力应采用不同的运动强度。大强度运动（举重物时仅能重复 4 ～ 6 次）能增加肌肉的力量和体积，但不能增加肌肉的耐力。采用低强度重复次数多的练习（能举轻的负荷 15 次或者更多）可提高肌肉的耐力，而肌肉的力量增加不明显。

（三）系统性原则

根据用进废退的原理，力量练习应全年系统地安排。研究表明，练习频率高、肌肉力量增长很快者，停止练习后消退也快；而练习频率较低、训练时间较长、肌肉力量缓慢增长者，力量保持的时间则相对较长。

许多研究结果显示，每周进行 3 ～ 4 次的力量练习，可使肌肉力量明显增长。

五、提高肌肉力量的方法

提高肌肉力量的方法有很多，不同的锻炼方法对提高肌肉力量的作用也不同，锻炼者可根据自己的实际情况选择力量练习方法。

（一）动力性力量练习

肌肉收缩时肌纤维长度发生变化，同时产生张力克服外界阻力的力量练习，称动力性练习。体育锻炼中所从事的力量练习多数属于动力性力量练习，如各种哑铃练习、举重等。动力性练习主要是通过不断增加运动负荷（阻力）达到提高肌肉力量的效果。动力性练习时，肌肉的收缩与放松交替进行，可促进体内蛋白质代谢，加强肌肉中蛋白质合成，提高肌肉的横断面积和毛细血管的数量，使肌肉体积增加。对一般体育锻炼者来说，体育锻炼时最好采用动力性肌肉练习方式发展肌肉力量。

在动力性力量练习中，采用的负荷不同，提高肌肉力量的效果也不同。一般来说，采用相当于本人最大力量80%的运动负荷（如最大肌肉力量为50千克，力量练习的负荷为40千克），主要作用是发展肌肉力量和速度，使肌肉体积增加，这种负荷试适用于力量型运动员和青年健美爱好者；采用60%的最大负荷，主要是改善神经系统对肌肉收缩的协调作用，使肌肉力量和肌肉耐力增加，中年人可采用这种方法提高肌肉力量，效果较好；采用小负荷（相当于40%的最大负荷）练习虽对提高肌肉力量的作用不太明显，但可以改善肌肉的血液循环，增加骨骼肌中毛细血管的数量，保持已经获得的肌肉力量，提高肌肉耐力，在进行力量练习时可采用这种负荷。可见，负荷是影响力量练习效果的重要因素，锻炼者在进行力量练习时，要有针对性地选择运动负荷。

（二）静力性力量练习

肌肉收缩时肌肉长度未发生变化，而是维持某一特定位置的肌肉力量练习，称静力性练习。静力性练习主要是发展肌肉在特定位置的肌肉力量，如武术中的马步站桩等。静力性力量练习方法比较安全，一般不会出现急性肌肉拉伤等现象，因此常用于肌肉康复练习。由于在进行静力性肌肉练习时，肌肉会收缩挤压毛细血管，造成肌肉缺氧，而且在大强度静力性练习往往伴随着憋气动作，所以，对体育锻炼者来说，除非特殊需要，一般不要采用静力性力量练习。

（三）电刺激练习

电刺激增加肌肉力量是一种被动肌肉力量练习法，具体方法是将电极放置于要练习的肌肉群表面，通过电刺激使肌肉被动产生收缩。采用这种方法可以有效地增加肌肉力量，同时肌肉损伤的可能性也较小，除用于一般增加肌肉力量外，特别适用于肌肉损伤后的康复练习。电刺激增加肌肉力量需要有专门的电刺激器，用电刺激方法发展肌肉力量时，最好与动力性练习方法结合使用。

六、影响肌肉力量、耐力练习效果的若干因素

负重抗阻练习是增强肌肉力量的基本手段，而肌肉力量练习的效果又与训练中的多种因素有关。

（一）每组练习的间隔时间

力量练习各组间的间隔时间，一般以肌肉能完全恢复为准。肌肉在练习后的 3 ~ 5 秒时已恢复 50%，2 分钟时完全恢复。如果练习目的是增强肌肉的力量，练习的间隔时间不太重要，一般在 1 分钟左右。如果是为了增加肌肉的耐力，在 6 ~ 8 周训练中，练习的间隔时间应从 2 分钟逐渐减少到 30 秒。

（二）每次练习的间隔时间

对于一般体育锻炼者来说，没有必要每天都进行力量训练，即使是为了专门发展肌肉力量，采用隔天力量练习，也足以取得理想效果。如果每天都进行力量练习，不但提高肌肉力量的效果不明显，而且还会造成整体机能的不协调发展。如果是进行全身的肌肉练习，每隔一天进行练习会获得最佳的锻炼效果，倘若休息时间较短，身体不能完全恢复，锻炼效果也会较差。假如每天坚持力量练习，每天应训练不同的肌肉群。例如，星期一、三、五练习上肢力量，星期二、四、六练习下肢力量。但应注意恢复时间不能过长（4 天或 4 天以上），否则，练习获得的力量和耐力便会消退。

（三）负荷

在进行力量练习时，应根据自己的实际情况选择合适的负荷，但无论选用什么样的负荷，都要遵循由小至大的原则，切勿突然增加运动负荷造成运动损伤。

（四）动作速度

只要有机械能动力性肌肉力量练习，就存在动作速度问题，负荷和速度之间有着密切关系，负荷越大，速度就越小，锻炼者要根据练习的要求合理安排。对于青少年来说，爆发力是非常重要的，在进行力量练习时，选择适宜的负荷，尽量加快动作速度，对提高肌肉的爆发力十分有益。

如果停止练习，已经获得的肌肉力量也会逐渐消失，肌肉力量消失的速度相当于肌肉力量获得速度的三分之一。也就是说，力量获得得快，消退得也快，所以体育锻炼切勿忽练忽停。如果为了保持已经获得的肌肉力量，力量练习的间隔时间可更长一些，以便将体育活动时间用于发展其他方面的运动能力。每周进行一次力量训练，可保持已获得的力量水平。

七、发展肌肉力量与耐力的具体方法

（一）杠铃与哑铃练习法

1. 卧推

器械：杠铃、卧推架或长凳。

练习方法：正握杠铃杆，使杠铃缓慢落到胸前，然后推起。

要点：双脚踩实地面，上背部平贴在卧推凳上。

发展的肌肉：胸大肌、肱三头肌、三角肌。

2. 挺举杠铃

器械：杠铃。

练习方法：正握杠铃杆，爆发用力，将杠铃举到胸前。翻腕、屈膝后用力将杠铃举过头顶，然后屈臂、屈髋、屈膝，将杠铃降至大腿部后缓慢放下。

要点：握距同肩宽，准备姿势为蹲姿，抬头，背部挺直。

发展的肌肉：斜方肌、竖脊肌、臀大肌、股四头肌。

3. 负重半蹲

器械：杠铃。

练习方法：正握杠铃杆，屈膝成90°后还原。

要点：将脚跟垫起，下颌微朝前。

发展的肌肉：股四头肌、臀大肌。

4. 负重提跟

器械：杠铃，5厘米左右的厚盘。

练习方法：正握杠铃于肩上。

要点：调整脚尖由朝前到向内或向外，保持身体正直。

5. 提杠铃

器械：杠铃。

练习方法：采用混合握法，屈膝使大腿与地面水平，然后用力，将杠铃提起，身体保持直立，后屈膝使杠铃缓慢落下。

要点：抬头，挺胸，握距同肩宽。

发展的肌肉：竖脊肌、臀大肌、股四头肌。

6. 提铃耸肩

器械：杠铃。

练习方法：正握，耸肩至最高点，然后回落。

要点：四肢充分伸展。

发展的肌肉：斜方肌。

7. 俯立飞鸟

器械：哑铃。

练习方法：弓身成水平状，两臂向后上振至哑铃与肩同高，后缓慢还原。

要点：膝与肘微屈。

发展的肌肉：三角肌后群、背阔肌、斜方肌。

8. 颈后臂屈伸

器械：杠铃。

练习方法：两手握住杠铃置于颈后，两肘夹紧并抬高，然后用力伸直两臂，使重物沿背部向上移动至最高位。

要点：肘高抬并内夹。

发展的肌肉：肱三头肌、三角肌。

9. 腕弯举

器械：杠铃。

练习方法：五指可稍微分开，握住（正握或反握）杠铃杆屈腕。

要点：以适宜的握距，将前臂固定好。

发展的肌肉：腕屈肌群。

10. 肱二头弯举

器械：杠铃。

目的：发展肱二头肌的力量。

练习方法：前臂弯举。

要点：弯举尽可能靠近肩部，动作应有控制地还原。

发展的肌肉：肱二头肌、肘部屈肌。

（二）体操练习法

体操练习法也是一种行之有效的锻炼肌肉力量、耐力的训练方法。它可以借助自身重量并以四肢作为阻力来发展肌肉的力量和耐力，同样它还可以提高柔韧性，这是因为肢体本身的力量就可以使肌肉伸展到最长。如果练习者锻炼时有足够的强度和持续时间，心血管和呼吸系统的耐力也可以得到提高。下面介绍的体操练习法都是针对专门的肌肉群设计的。如果完成了这些所有练习，那么身体绝大部分肌肉群在耐力、力量和柔韧性等各方面都得到了锻炼和提高。

你可以根据自己的节奏进行练习，节奏越快，对心肺的压力也就越大。因此，练习者应尽快完成动作，并使两个练习方法之间的间隔时间缩短，这会得到满意的锻炼效果。如果你喜欢的话，也可在练习过程中加入音乐，这样可以使你练习起来更轻松、更有力。

1. 仰卧起身

目的：发展腹部肌肉。

发展的肌肉：腹直肌。

锻炼的关节：脊柱各关节。

练习方法：躯干卷曲。

要点：仰卧，手置于胸前或头后，膝部弯曲成 90°，脚不要离地，上体起至与地面成 45°。

2. 俯卧撑

目的：发展手臂和胸部肌肉力量。

发展的肌肉：肱三头肌、胸大肌。

重复次数：初级 10 次，中级 20 次，高级 30 次。

要点：躯干与下肢保持在同一条直线上，下落时胸部不要触地。

3. 骑"自行车"

目的：加强髋部力量，使下背部肌肉得到伸展。

发展的肌肉：髋腰肌。

重复次数：初级 10 次，中级 20 次，高级 30 次。

要点：双腿交换弯曲、伸展，好像在骑自行车一样。

4. 侧卧举腿

目的：加强髋部外展肌的力量。

发展的肌肉：髋部外展肌群。

重复次数：初级 10 次，中级 15 次，高级 20 次。

要点：髋关节、膝关节、踝关节保持伸直，尽可能高举，缓慢地还原。

5. 举腿

目的：加强髋部的伸肌、屈肌、内收肌和外展肌。

发展的肌肉：髋腰肌、臀大肌、臀中肌、内收肌群。

重复次数：初级 10 次，中级 15 次，高级 20 次。

要点：每一动作都应使腿尽量高举，这是为了防止损伤，避免发力过猛或过分伸展。

6. 挺髋

目的：加强臀部力量。

发展的肌肉：臀大肌和腘绳肌。

重复次数：初级 10 次，中级 15 次，高级 20 次。

要点：屈膝仰卧，骨盆尽力向上挺起。

八、力量练习的注意事项

（一）力量练习的安全要诀

第一，当运用杠铃进行力量练习时，必须有同伴帮助你完成练习，防止意外伤害。

第二，固定住练习用的杠铃，以防其滑落砸伤身体。

第三，在进行负重练习之前，应充分做好准备活动，防止练习中遭受损伤。

第四，在进行负重练习时，如果感觉到任何尖锐的刺痛，应立即停止练习。

第五，在进行负重练习时，应尽量避免屏气，举起阶段呼气，放下时吸气，可采用口和鼻呼吸。

第六，虽然在快速还是慢速举起重量能获得更大的力量的问题上，人们仍存在着争议，但慢速举起重量可以减少受伤的可能性，而且，慢速举起重量既可增加肌肉体积，又可增强其力量。

（二）准备活动和放松活动

人体就像大多数机器一样，刚启动时无法达到最高的效率。要使肌肉充分发挥功能，并避免受到伤害，就需要热身。即使是体能状况良好的人，如果猛然迫使其肌肉拉伸或收缩，也有可能受伤。负重练习的准备活动一般包括 4～5 分钟的慢跑、6～8 分钟的拉伸活动。如果练习者打算举最大重量，还应增加准备活动的组数。

放松活动常包括走动和伸展运动，旨在让身体在几分钟内逐渐冷却下来。适当的放松活动可以使血液持续地流经肌肉，并将肌肉细胞内堆积的乳酸通过血液循环带到肝脏后分解。如果突然中断运动，留在肌肉内的乳酸可能会引起身体肌肉痉挛，也可能会使肌肉在以后的几天中更加疼痛。放松活动一般持续 4～5 分钟即可。

（三）完成动作的速度

在进行负重练习时，动作还原阶段的速度应比主动用力阶段慢一半。以卧推为例，如果举起的动作用 1 秒，放下还原阶段就要用 2 秒，这样可使一次负重练习得到两次（举起和放下）肌肉锻炼。如果还原阶段简单轻松地放下重量，肌肉就不能在还原阶段又一次得到有效的锻炼。

（四）练习时的呼吸

在主动用力阶段呼气，在还原阶段吸气。如果练习时呼吸频率太快，就会破坏呼气、吸气的节律性。应避免在主动用力阶段屏住呼吸，屏气会导致回心血量和流入大脑的血流量减少，从而产生头昏眼花的现象。

第三节 增强柔韧性的锻炼方法

一、柔韧性概念

柔韧性是指身体各个关节的活动幅度或活动范围，以及跨过关节的肌肉、肌腱、韧带、皮肤和其他组织的弹性和伸展能力，这些可以通过经常性的身体练习而得到提高。柔韧性是绝大多数的锻炼项目所必需的体能成分之一，对于提高身体活动水平、预防肌肉紧张以及保持良好的体态等具有重要作用。在健美操、武术等活动中都要求机体具备一定的柔韧性，对于女性来说，柔韧性就显得更为重要。

二、柔韧性的种类及特点

柔韧性和柔软性不能混为一谈，虽然两者都可用肢体活动幅度的大小来衡量，可它们实质上是有区别的。从字义上讲，柔韧是既柔又坚韧，即柔中有刚、刚柔相济；而柔软只是柔而不硬，即柔中无刚、刚柔不济。从性能上看，柔韧在幅度上含有速度和力量的因素，即在做大幅度动作时，肌肉仍能快速有力地收缩；而柔软只是幅度大，却缺乏速度和力量，做动作时软绵绵的，打得开却收不拢。体育锻炼中需要的是柔韧性而不是柔软性。柔韧性的分类有如下几种：

第一，柔韧性从其与专项的关系看，可分为一般柔韧性和专项柔韧性。一般柔韧性是指为适应一般技能发展所需的柔韧性体能。专项柔韧性是指专项锻炼所需要的特殊柔韧性。由于专项柔韧性具有较强的选择性，因此，同一身体部位具有的柔韧性由于项目的需求不同，在幅度、方向等表现上也有所差异。

第二，柔韧性从其外部运动状态上看，可分为动力柔韧性和静力柔韧性。动力柔韧性是指肌肉、肌腱、韧带根据动力性动作需要，拉伸到解剖学允许的最大限度范围，随即利用强有力的弹性回缩力来完成所要完成的动作。所有的爆发力前的拉伸均属于动力柔韧性。静力柔韧性是指肌肉、肌腱、韧带根据静力性动作的需要，拉伸到动作所需要的位置角度，控制其停留一定时间所表现出来的能力。动力柔韧性建立在静力柔韧性的基础上，但必须要有力量素质的表现。静力柔韧性好，动力柔韧性不一定好。

第三，从完成柔韧性练习的表现上看，可分为主动柔韧性和被动柔韧性。主动柔韧性是人在主动运动中表现出来的柔韧水平。被动柔韧性则是在一定外力协助下完成或在外力作用下（如同伴协助做压腿练习）表现出来的柔韧水平。主动柔韧性不但反映对抗肌的可伸展程度，而且也可反映主动肌的收缩力量。一般来说，主动柔韧性比被动柔韧性要差，这种差距越小，说明柔韧性的发展水平越均衡。

第四，从柔韧性在身体不同部位上看，可分上肢柔韧性、下肢柔韧性和腰部柔韧性等。

三、柔韧性的意义

根据人体生理解剖结构，柔韧性包括四肢和躯干各关节的柔韧性，其主要关节有肩、肘、腕、髋、膝及脊柱等。柔韧性的锻炼就是针对上述关节灵活性的练习。

原先，柔韧性被认为是体能的一种组成成分，而非健康因素。但对于一个健康的人而言，全身能够自由灵活地做出各种动作，必须要具备基本的柔韧性。如关节炎患者的一个关节失去了正常的功能，一动就会疼痛，其活动受到限制，连正常行动也受到阻碍。这说明柔韧性也是一个健康因素。

在体育锻炼中，项目不同对关节活动幅度要求的程度也就不同。

增强柔韧性对掌握动作技能、改善健康状况的具体作用归纳如下：

第一，柔韧性是体能的重要标志之一。

第二，加大一定的活动幅度，提高动作效果，有利于肌力和速度的发挥。

第三，提高关节的灵活性，使人的动作姿势优美。

第四，加速动作掌握进程，使动作学习轻巧自如，做动作也更加协调和准确。

第五，减少肌肉等软组织损伤，防止伤害事故发生。

第六，有助于肌肉轻松和情绪稳定。

四、影响柔韧性的生理因素

（一）两关节面积大小的差别

构成关节的两关节的面积相差越大，关节活动幅度就越大，表现为柔韧性就越好。这一因素是限制柔韧性的先天因素，体育锻炼对该因素的影响不大。

（二）关节周围组织的体积

关节周围的组织越多，限制关节运动的因素就越多，虽然关节的稳固性增加，却使身体的柔韧性下降。

（三）关节周围的韧带、肌腱和肌肉的伸展性

关节周围韧带、肌肉、肌腱等组织的伸展性越好，关节运动幅度就越大，柔韧性就越好。体育锻炼主要通过增加关节周围组织的伸展性来提高关节的柔韧性。

（四）对抗肌的协调能力

关节周围的肌肉可分为主动肌和与之作用相反的对抗肌，对抗肌的协调能力主要取决于神经系统对肌肉收缩和放松能力的调节。体育锻炼可以改善对抗肌之间的协调性，从而

使柔韧性提高。

五、提高柔韧性的方法

提高关节柔韧性的主要方法是做牵拉练习。牵拉练习可分为两种：一种是动力性牵拉；一种是静力性牵拉。动力性牵拉主要是进行节奏较快并多次重复同一动作的练习，如连续踢腿、摆腿等。动力性练习可以提高关节在运动中的活动幅度，以适应专项体育活动的需要。静力性牵拉主要是一些缓慢的牵拉练习，如静力压腿等。静力性牵拉比较安全，一般不容易出现运动损伤。在练习时，最好两种方法结合使用。

六、肌肉伸展的方法

发展柔韧性的目的是提高跨过关节的肌肉、肌腱、韧带等软组织的伸展性。伸展能力的提高主要是"力"的拉伸作用的结果，这种"力"表现在动作上可分为两种，即主动动作和被动动作。

肌肉伸展的方法有三种：即主动或被动的静态伸展法、主动或被动的弹性伸展法、本体感受神经肌肉伸展法（PNF 伸展法）。

（一）主动或被动的静态伸展法

主动或被动的静态伸展法是一种行之有效且比较流行的伸展肌肉方法，它是缓慢地将肌肉、肌腱、韧带拉伸到有一定酸、胀和痛的感觉位置，并维持此姿势一段时间。关于在酸、胀、痛的位置停留的最佳时间，目前的研究尚未定论、从 3 秒到 60 秒不等。一般认为 10 ~ 30 秒应该是一个理想的时间，每块肌肉的伸展连续重复 4 ~ 6 次为最好。

这种肌肉伸展方法可以较好地控制使用的力量，比较安全，尤其适合于活动少或未经训练的人。它可减少或消除超过关节伸展能力的危险性，避免拉伤，而且由于拉伸缓慢而不会引起牵张反射。

（二）主动或被动的弹性伸展法

主动或被动的弹性伸展法是指有节奏的、速度较快的、幅度逐渐加大的多次重复一个动作的拉伸方法。主动的弹性伸展是靠自己的力量拉伸，并重复地收缩收缩肌来达到对抗肌的快速伸展效果；被动的弹性伸展是靠同伴的帮助或负重借助外力进行的拉伸。

利用主动动作或被动动作所产生的动量来伸展肌肉，所用的力量应与被拉伸的关节的可能伸展能力相适应，如果力量大于肌肉组织的可伸展能力，肌肉就会拉伤。在运用该方法时用力不宜过猛，幅度一定要由小到大，先做几次小幅度的预备拉伸，再逐渐加大幅度，从而避免拉伤。

（三）本体感受神经肌肉伸展法（PNF 伸展法）

本体感受神经肌肉伸展法原先被用于各种神经肌肉瘫痪病人的治疗，直到近年来才被当作正常人改善肌肉柔韧性的伸展方法来使用。现在流行的本体感受神经肌肉伸展法，包括慢速伸展—保持—放松法、收缩—放松法和保持—放松法三种。所有这些方法都包含收缩肌和对抗肌交替收缩和放松（一个 10 秒推的过程紧接着一个 10 秒放松的过程）。

以伸展股后肌群为例，慢速伸展—保持—放松法有以下几个步骤：首先仰卧，膝关节伸直，脚踝成 90°，同伴帮助推一腿弯曲至髋关节有轻微酸痛感，此时开始收缩股后肌群以抵抗同伴的推力。持续 10 秒后，放松股后肌群而收缩股四头肌（收缩肌），同时同伴再加力帮助伸展股后肌群（对抗肌），放松过程持续 10 秒，此时再一次对抗同伴的推力，从这个关节新的角度开始。这样的过程至少重复三次。

这三种伸展方法都可有效地改善身体柔韧性，但弹性伸展法容易引起肌肉酸痛，也存在拉伤肌肉的危险，所以很少被推荐。实际上我们在体育锻炼中都要做弹性伸展，并通过它来提高动作练习效果。弹性伸展法比较适合经常锻炼的人或运动员。静态伸展法是最为广泛使用的方法，它简单、有效、安全，甚至不需要同伴的帮助，通过一段时间的锻炼可有效地改善关节柔韧性。PNF 伸展法在伸展过程中可以大大提高关节活动幅度，比静态伸展法效果更加显著，不易导致肌肉酸痛或损伤。因此，越来越多的人选择用此方法来改善肌肉、关节的柔韧性，该法主要的缺点是需要同伴的帮助。

七、发展柔韧性的锻炼方法

发展关节的柔韧性，应根据参加锻炼项目的特点，有目的、有选择地进行练习。柔韧性练习一般在适当的热身运动以后进行，也可安排在每次锻炼的结束部分进行。为了防止受伤，应先采用静态伸展法或 PNF 伸展法，然后才能进行弹性伸展法。下面介绍发展身体各关节柔韧性的一些常用的练习方法：

（一）肩关节柔韧性练习

1. 压肩

（1）正压肩

伸展的肌肉：胸大肌、背阔肌。

方法：手扶一定高度的物体或两人手扶对方肩，体前屈直臂压肩。

（2）反压肩

伸展的肌肉：胸大肌、三角肌前束。

方法：反手扶一定高度的物体，下蹲直臂压肩。

2. 吊肩

伸展的肌肉：胸大肌、背阔肌等肩带周围肌群。

方法：单杠各种握法（正、反、反正、翻等）的悬垂；或单杠悬垂后，两腿从两手间穿过下翻成反吊。

3.转肩

伸展的肌肉：肩带周围肌群。

方法：用木棍、绳、毛巾等做直臂或屈臂的向前、向后的转肩，握距应逐渐减小。

（二）下肢柔韧性练习

1.弓箭步压腿

伸展的肌肉：大腿屈肌、股四头肌。

方法：前跨一大步成弓箭步，后脚跟提起，膝关节略屈，向前顶髋。

2.后拉腿

伸展的肌肉：大腿屈肌、股四头肌。

方法：一只手扶一定高度的物体，另一只手抓异侧的脚背，向后拉腿。

3.正压腿

伸展的肌肉：股后肌群、小腿三头肌。

方法：单腿支撑，一腿搁于一定高度的物体上，两膝伸直，身体前倾下压。

4.侧压腿

伸展的肌肉：大腿内侧肌群、股后肌群、小腿三头肌。

方法：侧立单脚支撑，一腿搁于一定高度的物体上，两膝伸直，身体侧屈下压。

（三）踝关节柔韧性练习

1.跪压

伸展的肌肉：小腿前群肌、股四头肌。

方法：跪于平面上，脚背伸直，臀部坐在脚跟上。

2.倾压

伸展的肌肉：小腿后群肌。

方法：手扶墙面站于一定高度的物体上，先提踵，后脚跟下踩，身体略前倾。

（四）腰腹部柔韧性练习

1.体前屈

伸展的肌肉：腰背及股后肌群。

方法：两腿并步或开立，膝关节伸直，身体前倾下压。

2.体侧屈

伸展的肌肉：体侧肌群。

方法：两腿开立，一手臂上举，上臂贴耳，身体侧屈下压。

3. 转体

伸展的肌肉：躯干和臀转肌。

方法：把一只脚放于另一腿的膝盖外侧，向弯曲腿的方向扭转身体。

八、柔韧性练习强度、时间和次数

柔韧性练习应采用缓慢、放松、有节制和无疼痛的练习，只有通过适当的努力才会提高肌肉的伸展，会有酸胀的感觉，但不应过分伸展而引起不适，拉伸的强度随关节的活动范围增加而改变。随着柔韧性在锻炼过程中的提高，练习强度应逐渐加大，做到"酸加、痛减、麻停"。

柔韧性练习的时间由采用的伸展方式决定，它主要取决于重复的次数和在伸展位置上停留的时间。每个姿势持续的时间和次数是逐渐增加的，应从最初的10秒，经过一段时间的练习增加至30秒，重复次数在3次以上。如果是平时体育锻炼时的柔韧性练习，5～10分钟的时间就足够了；如果是专门为了提高柔韧性进行的练习或运动员的训练，则必须要有15～30分钟的时间进行柔韧性练习。

九、柔韧性练习的注意事项

（一）循序渐进，持之以恒

柔韧性的发展需要意志力。在进行这种体能练习时锻炼者易产生酸痛感，但若停止训练，柔韧性会有所消退。初次练习易见效，第二次再练习就会有痛感，而且第一次练习获得的效果会全部消退并差于第一次练习前的效果，这是由于肌肉被拉长回缩力增加的原因，应继续将其慢慢拉开，这样才能消除痛感。经过一个时期的练习，该长度的伸展已适应，应进一步拉长肌肉，牵拉肌腱，使柔韧性上升到一个新的水平。但是，如果柔韧性练习停止一段时间，已获得的效果就会有所消退。因此，柔韧性练习要持之以恒才能见效。

肌肉、肌腱和韧带等软组织的伸展性并不是通过一朝一夕的练习就能得到提高的。急于求成，容易引起软组织损伤。练习应逐步提高要求，做到循序渐进。

（二）柔韧性练习要全面

不管是准备活动中的伸展练习，还是专门发展某些关节柔韧性的练习，都要兼顾到身体各关节柔韧性的全面发展。在身体活动中，完成动作不仅局限于一个关节或某个身体部位，还牵涉到几个相互关联的部位甚至全身。如果柔韧性练习只集中在部分关节而忽视其他部位，则完成动作会受阻甚至有受伤的可能。因此，如果发现某一关节柔韧性稍差，就应采取针对性措施使其得到改善。

（三）柔韧性练习要因人因项而异

柔韧性练习必须根据所参加锻炼项目的特点和锻炼者的具体情况做出安排，在全面发展身体各部位柔韧性的基础上，要重点练习特定项目所需要的专门柔韧素质，例如，跳跃项目对腿部和髋部柔韧性要求较高，游泳项目要求肩关节和踝关节柔韧性要好等。另外，锻炼者应根据自己的情况，进行适合于自己的柔韧性练习。

（四）柔韧性的发展应与力量发展相适应

力量练习是发展肌肉的收缩能力，柔韧性练习则是发展肌肉的伸展能力。因此，力量结合柔韧性的练习对提高肌肉质量最为有效，既能使力量增长，又能保证关节灵活性的提高。这就是说，肌力的增长绝不能因体积的增加而影响关节活动幅度。

（五）柔韧性练习要注意外界的温度和时间

外界温度过高或过低，都会影响到肌肉的状态和肌肉的伸展能力。外界温度高，轻微的热身运动后即可做伸展练习；外界温度低，则应做充分的热身运动至冒汗后，方可进行柔韧性练习。一般来说，当外界温度在18℃时，最有利于柔韧性发展，因为肌肉在这个温度下的伸展能力最好。

一天之内在任何时间都可进行柔韧性练习，只是练习效果不同而已。早晨，柔韧性会明显降低；而10时~18时人体关节能表现出良好的柔韧性，此时可进行一些强度较大的柔韧性练习。

（六）柔韧性练习后应结合放松练习

当每次伸展练习之后，应做些相反方向的练习，使供血供能机能加强，这有助于伸展肌群的放松和恢复。如压腿后，做几次屈膝下蹲动作，体前屈练习之后，做几次挺腹挺髋动作等。

（七）柔韧性要从小培养

武术、体操、舞蹈等项目对全身各关节的柔韧性要求很高，应从小开始锻炼。柔韧性受年龄的影响，5~10岁是柔韧性发展的敏感期，在此时期内要抓紧练习，这样才能使柔韧性易于保持和巩固，不易消退。

（八）安全告诫

为争取良好的锻炼效果，并防止受伤，柔韧性练习时必须遵循以下几点建议：

第一，在进行大强度的肌肉伸展之前必须做充分的热身运动，使身体出汗。

第二，肌肉、韧带等软组织只有通过略超正常范围的伸展练习，柔韧性才能提高，但练习不能太剧烈，防止疼痛和拉伤。

第三，肌肉拉伸产生了紧绷感或感到不舒服时就该停止练习，伸展练习不应让人感到疼痛。

第四，任何一个被伸展的关节只有感到动作幅度加大时，才说明练习已见效。

第五，伸展疼痛关节周围的肌肉时要小心，注意轻柔一些。

第六，既要伸展紧绷的、不柔韧的肌肉，又要加强薄弱的、松弛的肌肉力量。

第七，进行伸展练习时要保持正常的呼吸状态，不要屏气。

第八，本体感受神经肌肉伸展法（PNF 伸展法）是效果最好的肌肉伸展法，静态伸展法也是一种简单易行、安全有效的常用方法。

第九，静态伸展以后才能进行弹性伸展，关节柔韧性好的人或习惯于伸展练习的人才能进行弹性伸展。

第十，如果想关节柔韧性有所提高，至少每周做 3 次伸展练习。每周 5 ~ 6 次练习则能产生明显的变化。

你在一生中应当不间断地进行柔韧性练习，这不仅能保持肌肉的放松和柔韧、加大关节活动幅度、提高灵活性、增强运动能力，还能防止关节僵硬、消除受伤后的疼痛、减少运动后肌肉酸痛的可能性，让人拥有一种积极、健康、有质量的生活。要保持关节柔韧性，需要不间断地进行有规律的伸展练习。同其他的体能锻炼一样，科学、合理地制订出短期和长期的柔韧性锻炼计划，对提高关节柔韧性十分重要。值得注意的是，柔韧性练习是体能锻炼中最易被忽视，但又是最简单易行、最易见效的。这种锻炼不需要任何特殊器材，可以在任何时间任何地方进行。因此，合理地制订每周 3 ~ 5 次的柔韧性锻炼计划，按制定的练习时间表锻炼，并记录下每次的练习情况及进步，你就能养成坚持锻炼的习惯，并终身受益。

第四节　速度与速度耐力及其锻炼的方法

一、影响速度的生理因素

速度可分为反应速度、动作速度和通过一段距离的位移速度（即短跑速度）。影响速度的主要生理因素是神经系统的反应能力、肌肉组织的兴奋和肌纤维类型。

（一）神经系统的反应能力

主要是指感觉神经的敏感程度和大脑皮层对刺激做出快速反应的能力。其中，大脑皮层对刺激的反应能力是影响速度的重要因素，大脑皮层对刺激做出反应的速度越快，表现为整体的反应速度就越快。

（二）肌肉的兴奋性

肌肉的兴奋性高，对外界环境变化做出反应的能力就强，机体的反应速度和动作速度就快。

（三）肌纤维类型

肌肉中快肌纤维数量多、体积大，体育锻炼时的速度就快，同时，肌肉的力量增加也会对运动速度产生积极的影响。

二、影响速度耐力的生理因素

速度耐力是指机体长时间快速运动的能力，也称为无氧耐力。速度耐力在田径、篮球、足球等体育锻炼项目中具有重要作用。影响速度耐力的主要生理因素有以下几种：

（一）糖的无氧代谢能力

在速度耐力性体育锻炼中，人主要靠糖的无氧代谢提供能力，因此，机体糖无氧代谢能力越强，速度耐力也就越好。

（二）缓冲乳酸的能力

乳酸是糖代谢的中间产物，乳酸在体内的增加会使肌肉和血液酸碱度下降，造成机体疲劳，因此，如果能及时缓冲产生的乳酸，可使肌肉快速工作时间延长。

（三）乳酸耐受的能力

在速度耐力性运动中，往往是乳酸的生产快于乳酸的缓冲和排除，因此，体育锻炼时乳酸会在体内逐渐堆积，造成血液的酸度增加。脑细胞对血液酸碱度的变化非常敏感，血液酸度增加会使大脑皮层工作能力下降，造成身体疲劳。经过速度耐力锻炼的脑细胞耐受乳酸的能力会明显增加。

三、提高速度和速度耐力的方法

（一）提高速度的方法

由于人体的运动速度可分为反应速度、动作速度和位移速度，所以，练习者应根据体育锻炼的具体要求选择练习方法。

1.反应速度的练习

主要是提高神经系统的灵活性和对刺激信号快速做出反应的能力。在练习时可采用不同的刺激信号，如声音、光等，使机体接受刺激并迅速做出反应，也可结合具体的体育锻炼项目有针对性地发展专项反应速度。

2.动作速度的练习

对体育锻炼者来说，动作速度多表现在一些成套规定的练习动作中，如武术、健美操、扭秧歌。这些练习要求一定的节奏，如果动作速度不够，就会影响锻炼效果，而提高成套动作的运动速度主要是通过熟悉单个动作完成的。因此，发展成套动作速度的关键是提高每个动作的熟练程度和加快各个动作之间的相互连接。

3.位移速度的练习

影响位移速度的主要因素是步频和步幅，快速小步跑、30米短距离冲刺跑等可提高肌肉的收缩速度，增加步频，而提高步幅的主要手段是提高腿部肌肉力量和柔韧性。

（二）提高速度耐力的方法

速度耐力练习主要是无氧运动练习，其目的是提高机体的糖无氧代谢能力、缓冲乳酸的能力和耐受乳酸的能力。发展无氧耐力的运动强度较大，体育锻炼时应使心率保持在每分钟160次以上，具体运动形式包括300～500米等不同距离的全速跑、间歇跑等，有条件的可测定体育锻炼后的血乳酸值。一般来讲，体育锻炼后即刻血乳酸值越高，提高速度耐力的效果越好。

第四章　高校体育教育理念及发展

体育教育理念的更新与发展是体育教育教学事业发展与完善的重要前提。当前我国高校体育教育的进一步深化改革与完善必须是建立在科学体育教育教学理念的指导基础上的，只有这样才能从根本上牢牢把握住现代先进体育教育的未来发展趋势与改革方向，才能真正促进我国高校体育教育的进一步科学化发展。本章主要就当前我国高校体育教育的三大理念进行详细阐述，并结合我国国情和国外体育教育理念对我国的启示进行深入分析，以此为当前我国高校体育教育理念的改革与创新提供理论指导。

第一节　我国高校体育教育的理念

一、"健康第一"理念

（一）"健康第一"教育理念概述

1．"健康第一"教育理念的基本内涵

"健康第一"这一理念在我国的提出是在 20 世纪 50 年代。据悉，新中国成立初期，国家体育发展面临的首要问题是国民体质较差、青少年儿童健康教育较为落后。在 1950 年，国家为了改变新中国成立之后学生负担太重、健康水平日益下降的基本现状，首次提出"健康第一"思想。

20 世纪 90 年代，为了进一步促进我国体育教育改革，"健康第一"的理念和思想被再次提出并引起重视。这一时期的"健康第一"理念与 20 世纪 50 年代的"健康第一"理念的本质不同，它是在我国素质教育改革下的一种教育诉求，是一种新的具有创新意义教育理念。

"健康第一"教育理念强调体育教学中的教学首要目标是要促进学生的身心健康发展，其次才是体育技能的提高，其在"学校教学忽视体育教育"和"体育教学以竞技体育为主要内容"的传统学校教育教学中是一种新的教育思想和观念的突破。

2．"健康第一"教育理念的依据

（1）"健康第一"教育理念符合世界发展潮流

1948 年，世界卫生组织提出健康现代健康新理念，之后，世界各地开始广泛开展健康教育。为适应世界健康发展新趋势，我国提出"健康第一"教育指导思想。1990年6月，教育部和卫生部首次联合颁发《学校卫生工作条例》，依法将健康教育纳入到学校体育教学，积极开展各种健身活动，关注学生的健康发展。学校体育教育教学的重点发生了根本性的变化，已经从"单纯地技能传授、重视学生体育技能发展"向"促进学生身心健康发展和社会能力的提高"方面转变。2005年党中央国务院公布的《关于深化教育改革全面推进素质教育的决定》，进一步明确了现代我国体育教育教学中"健康第一"指导思想的重要地位与作用。在全世界都强调素质教育的大背景下，"健康第一"成为我国体育教育教学的重要改革指导思想。

（2）"健康第一"教育理念适应当代社会发展需求

当前社会，科技不断进步、经济发展迅速、生活节奏日益加快，人类的体力劳动越来越少了，又由于科技的进步，人们用于家务劳动的时间也大大缩短。长时间伏案工作所造成的"运动不足""肌肉饥饿"严重影响了人们的健康。

21世纪的人才是全面发展的人才，社会的快速发展与激烈竞争要求现代人才不仅要有正确的政治思想，具备扎实的科学知识和能力，还必须具备强健的体魄。要想在这个充满竞争的社会中立于不败之地，必须首先拥有一个健康的体魄。实践表明，学生积极参与体育健身活动，不仅强化了体魄，增强了抵抗力，还有利于学生良好心理素质和智力的发展，这对学生的个人发展、国家与社会的可持续发展都十分有益。

（3）"健康第一"教育理念的特点

"健康第一"教育理念内涵丰富，其在体育教学实践中表现出以下特点。

①强调素质教育。"健康第一"教育理念重视学生的健康发展，它指出，学校教育教学的首要目标是促进学生的健康成长，学生的身心健康比考试升学更为重要。

②健康的基础是身体健康。健康的体魄是人全面发展所依附的基础，是人类发展的基本标志。[①]所有教育的开始都源于健康的身体。学校应首先重视学生的身体健康培养。

③健康的全面性。"健康第一"教育理念中的"健康"是一种多维的健康，是真正意义上的健康，不只是身体的健康，还包括心理健康、社会适应、生殖健康、道德健康等。

（二）"健康第一"教育理念在我国高校体育教育中的实际应用

体育是一种身体文化现象，人的生理与心理是从事一切活动的基本要素。"健康第一"的出发点是每个人的全面发展，是学校体育发展的一种全新理念。"健康第一"教育理念的提出对现阶段社会发展对综合素质人才的要求和学生日后的健康、全面、可持续发展具有非常重要的指导和帮助作用，体育教育促进健康的本质功能得到了充分的体现。

当前，"健康第一"体育教育理念在我国高校体育教育中的应用主要是，在"健康第一"教育理念的指导下，不断促进我国高校体育教学各要素的发展与完善，使之充分体现"健康第一"教育思想内涵，并在具体的教学过程中得以落实。

---

① 高鹏.从科学发展观谈学校体育教育"三大理念"的内涵［J］.科技信息，2009（34）.

1. 体育教学目标的明确

"健康第一"的教育理念为我国高校体育目标多样性、多层次的建构提出了新的要求。当前，"育人"是学校体育教学工作的最根本目标，技术教育和体制教育并不能完全作为学校体育实践的重心，应该把重心从单纯地追求学生的外在技能水平向追求学生的全面协调发展转移。这些都体现出了我国在学校体育改革中更加注重学校体育目标的人文倾向。

"健康第一"教育理念的科学贯彻落实，要求我国高校体育教育应重视学生健康知识与素养的全方面培养与提高，应将体育教育、卫生教育、美育等有机结合起来，"人的全面发展"是以健康的体魄为基础的，人类发展的基本标志之一就是健康、长寿。具体来说，学校应加强学生的营养指导，让学生了解有关营养、卫生保健的知识，并形成完善的体系，紧密结合学生生长发育与生活实际开展健康教育，使学生学会自我保护，预防疾病发生。此外，还要把学生青春期教育和心理健康教育作为健康教育的重要内容来抓好，并寓美育于体育之中，提高学生对体育的兴趣，提高其运动质量。

2. 体育课程体系的调整

课程体系改革是当前体育教学改革一个非常重要的方面。课程体系方面的改革，能够使教学内容更加丰富多样，还能够更好地满足学生的发展和社会的发展需求。

在"健康第一"教育理念影响下，传统体育教学中的教学课时少、课程内容安排不合理、课程体系不健全等情况得到了有效的改善。学校在设置相应的体育教学课程时，开始考虑学生身心各方面发展的需求，并且在课程中逐渐将学生作为课程中的主体。学校在进行教学内容和课程体系设计时，更加注重学生的个性和性别特点，并且开始根据学生的身体素质水平来提供丰富多彩的、供学生进行选择的体育教学内容。各种体育教学内容在促进学生的身心健康发展方面越来越贴近，效果更加明显。

3. 体育教学方法的优化

体育教学方法是促进体育教学过程顺利开展的重要因素，在"健康第一"思想的影响下，通过多种形式的改革，体育教学方法日益丰富化和多样化，对于培养学生自觉的健康意识和健康行为发挥着重要的作用。

当前，促进体育教学方法的优化是"健康第一"教育理念的一个重要要求，这要求体育教学方法在体育教学中的科学应用必须能够实现体育教学对学生参与体育积极性和主动性的调动，使学生从主观上重视体育对健康的促进作用，使学生在体育教学过程中得到全面、健康的发展。

4. 教学评价体系的完善

在"健康第一"思想的影响下，体育教学的评价应以学生的体质增强、身心健康发展为重要评价指标。当前，新的体育教学评价体系不仅注重对学生进行全面的评价，还注重对教师教学方面的评价。在对学生进行的全面评价中，一方面，教师开始重视对多方面的教学效果进行量化分析，并且将定性评价和定量评价相结合，大大提高了体育教学评价的科学性，对于学生认识自身的不足以及获得学习的动力起到了良好的促进作用。另一方面，教师对学生的评价内容日益多元化，关注学生的多方面成长与发展，具体的评价内容开始不仅仅局限于主动其对技术技能的掌握情况，而是更加注重对其创新能力、学习态度、意志品质等方面进行综合的评价，真正关注学生的全面健康与发展。

二、"以人为本"理念

（一）"以人为本"教育理念概述

1. "以人为本"教育理念的内涵

"以人文本"是我国现代体育教学的一个重要教育理念与指导思想，它重点强调了教育中"人"的发展。"以人为本"教育理念指出，教育的出发点、中心以及最终归宿都是"人"，教育是以人为基础和根本的，教育的目的是人的发展。

2. "以人为本"教育理念的核心

（1）肯定人的重要地位和作用。充分肯定人性，信任人的潜能、智慧，向往和追求健康体魄及身心和谐统一。

（2）肯定学生在体育教学中的主体地位与作用，对学生的人格、权利给予尊重，加以维护。

（3）客观尊重个体之间的差异性。具体到体育教学中，应充分了解和尊重学生之间的差异，因材施教，重视学生的个性发展。

（4）鼓励学生主观能动性的充分发挥，使所有学生都能积极主动地学习体育知识和技能。

（5）保证所有学生都可以学有所得，学有所成，学以致用。

3. "以人为本"教育理念的教学要求

"以人为本"教育理念的教学要求具体如下。

第一，"以人为本"教育理念要求所有的教育都必须贯彻以人为本的原则，这是现代教育发展的基本要求。教育实际上也是人的自我实现、自我理解以及自我确认的过程。

第二，"以人为本"教育理念要求在教育过程中要重视人的自由、幸福、和谐全面发展以及终极价值实现。体育教学应该对学生的个性发展给予一定程度的重视，使学生在体育训练中张扬个性，自由展现自我。体育教学在带给学生身心愉悦与快乐的同时，也应使学生的人性通过体育的方式得到最自然的流露，使学生在体育学习中自由宣泄和释放自己的情感。通过体育教学应促进学生的身体、心理、个性、品质的健康发展，使学生成为更完善、更优秀的个体。

第三，"以人为本"教育理念要求体育教育突破机器的教育模式，真正转变为人的教育。作为教育的对象，学生首先是一个"人"，其拥有人权和自我价值，这是教育的起点。

现代体育教学应重视以社会需求为基础加强对全面发展的新型人才的培养。在整个体育教学活动过程中，要充分尊重和重视学生的人性、人权以及价值。

第四，"以人为本"教育理念要求体育教育应体现人文关怀。人作为体育教育的对象，是有理性、有情感的，思考的方向由情感决定，而思考的结果是由理性决定的。体育教育中只有先以情感人，才能以理服人。无论采取何种先进的教育方法和手段，都要注重面对面教育；不管采用多么发达的现代传媒手段，人和人之间面对面的融合和交流都是不可替代的；人文关怀的巨大作用始终不容忽视。因此，体育教育教学必须要有人情味，要时时刻刻以"人"为中心，以学生为中心和教学主体。

（二）"以人为本"教育理念在我国高校体育教育中的实际应用

21世纪，将"以人为本"的基本发展理念融入体育教育，是人类社会协调和可持续发展的基本要求和重要内容。新时期，"以人为本"是我国高校体育教育的主导思想。

当前，"以人为本"教育理念在我国高校体育教育中的科学应用具体体现在以下几个方面。

1. 体育教学目标的进一步明确

"以人为本"教育理念强调体育教学中社会本位目标与学生本位目标的统一。

首先，社会本位要求将体育教学的价值主体确定为社会，旨在满足社会发展的需要。

其次，学生本位要求在体育教学中以学生为价值主体，对学生个体的需要加以把握，以学生的兴趣、需要为出发点组织教学，使学生获得自由的全面的发展。

"以人为本"教育理念要求有机统一社会本位目标与学生本位目标。具体来说，在体育教学中，不仅要注重社会价值目标，还要强调对学生学习动机和兴趣的培养，促进学生良好体育态度和习惯的形成；不仅要对学生学习期间应达成的短期目标重视起来，还应对学生终身锻炼的长远目标予以考虑。只有充分结合这两个本位目标，才能使体育教学目标真正实现，才能实现学生发展的长远功效与近期功效的有机结合，才能促进学生和社会的协调、可持续发展。

2. 体育课程内容的进一步丰富

"以人为本"教育理念指导下，现代体育教学内容越来越重视学生体育学习与参与兴趣的提高，越来越重视与学生日常生活的密切联系，越来越关注学生的多元化的体育发展需求。在体育教学实践中，体育课程教学内容的选择日益丰富，教师在对传统体育教学大纲所规定的技能方面的教材予以考虑的同时，注重对学生体育兴趣进行全面的培养和对学生的人格发展有积极影响的教学内容的引入。

具体来说，当前教学内容的不断丰富和完善表现为以下教学内容的增多：具有娱乐性和趣味性的体育教学内容；具有创新性，有利于培养学生创新精神的教学内容；有用的，与社会和生活联系密切的，可以对学生终身体育能力进行培养的体育教学内容；更方便普及的健身性的体育教学内容。

3. 体育教学形式的进一步多样化

"以人为本"强调体育教育教学的以学生为本，由于学生之间存在着客观差异，要做到以每个学生为本，关注和促进每个学生的成长与发展，就必须采取多样化的体育教学形式来满足不同学生的体育参与和学习需求，使每一个学生都能从情感和行动上乐于进行体育学习。为了实现和达到这一教学目的和效果，就需要教师在体育教学中采取灵活多样的教学形式（如群体训练、小组合作、个人自觉练习等）来组织教学，使体育教学形式更加灵活、体育教学过程更加有趣，使学生不会将体育学习看作是很难的一件事情，同时，学生还能在体育参与过程中充分展示自我，这能充分激发学生的体育学习与参与的积极性与主动性，并切实促进学生的进步与提高。

4. 师生关系的进一步和谐化

"以人为本"强调学生在体育教学中的主体地位，体育教学的基本立足点是关爱学生生命，教师应尊重学生、关爱学生。在体育教学过程中，注重良好的师生关系的建立，有助于体育教学过程的顺利进行。

首先，教师应尊重学生的人格和权益。对学生的独立性、个体性应予以尊重。

其次，教师应正视学生之间的差异性，在体育教学中要关注所有学生的体育学习，不能对学生失去信心而放任不管。

最后，教师应善于鼓励学生。教育鼓励是师生关系的润滑剂，鼓励可对民主、和谐的教学氛围进行营造，可促进融洽的师生关系的形成。在体育课堂教学中，教师要善于采用鼓励性的话语来激励学生，安抚学生，使学生在轻松自由的空间里和氛围中，积极与教师、同学沟通与交流，从而获取更多的体育知识，获得更多的成功体验，并在这种体验中更加积极地配合教师完成学习任务。

5. 体育教学评价的进一步完善

"以人为本"的体育教育理念在体育教学评价方面，要求评价更加关注作为教学对象的学生的发展，而非只关注体育教学任务是否完成。

在现代体育教学评价中，评价应关注作为学生的"人"的发展。不同学生有不同的学习能力，所以一些能力高的学生轻而易举就能够获得高分，而能力相对较差的学生付出很大的努力也难以取得理想成绩。因此，体育教学评价应是全方位的。全面评价需遵循"以人为本"原则，要将学生的全面发展充分重视起来，力求通过全面评价充分了解学生对体育学科的态度、参与体育锻炼的情况以及对体育技能的掌握和运用情况，教学评价内容应涉及学生的平时表现、素质达标、技术技能运用等多个方面。教师要针对不同的学生采用不同的评价方法，激励每个学生使他们都能有所进步与成长。

三、"终身体育"理念

（一）"终身体育"教育理念概述

1."终身体育"教育理念的内涵

终身体育，具体是指在人的一生中都要进行身体锻炼和接受体育教育与指导，终身体育强调在个体生命整个过程中不同时期的体育，即体育健身贯穿于生命的全过程。

"终身教育"理念是社会发展到一定阶段的产物和现象。社会发展到今天知识更新换代越来越快，从而要求人们对知识的学习要不断跟进。在这种社会条件下，相应地必然会产生终身教育的理念。必须充分认识到，"终身教育"理念的形成和社会发展有关，但却是多因素共同作用的结果。具体分析，其形成有外部社会客观因素的作用，当然也有教育内部的一些主观因素的影响。外部因素提出了终身教育的要求，内部因素为终身教育的形成提供了理论和基础，二者结合，最终才能形成现在"终身教育"理念。

"终身体育"是终身教育的重要组成部分，它包含两方面的内容。首先，个体在正确认识与理解终身体育锻炼后产生内在需求，形成强烈的锻炼意识，该意识会激发个体自觉进行体育锻炼的动机，从而使其形成终身体育思想，只有先树立一定的意识，才会形成内在动机，并慢慢养成良好的体育运动习惯；其次，人的生命过程会经历不同的阶段和时期，不管在哪个时期，都应该坚持进行身体锻炼，养成终身体育锻炼的良好习惯，养成健康的体育习惯是终身体育健康发展的根本源泉。

2."终身体育"教育理念的特征

（1）体育锻炼时间的终身性

"终身体育"是一种先进的教育理念，它突破了传统的学校体育育目标过分强调学习和掌握运动技能的观念，打破了传统的体育教学观念把人接受体育教育的时间仅仅局限在校学习期间。"终身体育"教育理念关注个体的整个人生的生长发育、健康成长、养生保健，强调体育参与可使人受益终身，应终身参与。

（2）"终身体育"锻炼群体的全民性

"终身体育"教育理念是面向整个人类的一种教育理念，不仅仅局限于学校中的学生，还包括社会大众。在学生从学校毕业进入社会之后，体育教育依然应该得到重视。体育教育贯穿人的一生，终身体育锻炼具有全民性。体育教育是一个系统工程，现代社会，生存发展是时代的主流，要生存就必须会学习、运动锻炼和保健。人们要想更好地生活，就要把体育与生活紧密联系在一起，积极参与体育锻炼并促进自己身心健康发展。因此，关于"终身体育"，每一个社会成员都应该重视和积极参与其中，故"终身体育"覆盖社会各个群体，因此，这是指接受终身体育的所有人，在对象上包括儿童、青少年、成人和老年人等；在范围上包括学校体育、家庭体育、社会体育等。

（3）"终身体育"锻炼目的的实效性

"终身体育"强调通过体育参与促进个体的终身健康、全面发展，因此，终身体育的锻炼内容、方式、方法等必须与个体的生活、学习、工作等密切结合起来。

"终身体育"以适应个人发展和社会发展为根本着眼点。人们为了改善自己的生活质量，要根据自身条件合理选择适合自己的体育方式，做到有的放矢，具有较强的针对性和实效性，有助于促进运动者自身的全面发展和终身发展。

3. "终身体育"与学校体育的关系

（1）终身体育与学校体育的相同点

共同的体育目标——育人。健康的身体是工作、学习、生活的基本保障，是人们参与现代化建设的前提条件。终身体育有机融合了身体锻炼、工作及生活，提倡终身坚持体育锻炼。学校体育主要是对德智体全面发展的人才进行培养，促进学生身体素质、心理素质及智力和社会适应能力的全面发展。

共同的体育手段——身体锻炼。终身体育强调个体应养成终身参与体育锻炼的习惯，在人生的每一个阶段都应积极参与体育健身锻炼。体育教学以学生的身体练习为主要教学手段，旨在通过让学生参与各种体育活动促进学生的体能、技能、心理、智能的发展。

共同的体育任务——掌握知识和技术，提高运动能力。掌握体育知识与技术是个体参与体育锻炼的重要基础，也是学校体育的重要教学目标与任务。学校体育教学是终身体育教育的一个重要阶段，离开这个阶段的体育教育，终身体育就不可能实现发展，学校体育教育应与终身体育教育充分结合起来。

（2）终身体育与学校体育的区别

体育参与时限不同——终身体育贯穿人的一生，学校体育只负责学生在校期间的体育教育。

体育教育对象不同——终身体育以全社会所有成员为教育对象，学校体育以在校学生为教育对象。

终身体育的建立与形成与学校体育教学的发展有着极为密切的关系。终身体育作用于个人，由相互联系、相互影响的学校体育、社区体育、家庭体育构成，并要求学校、家庭、社区均开展体育活动，为个体提供参加体育活动的机会。终身体育贯穿于人的一生，对社会而言，终身体育是全体国民的体育，终身体育与学校体育二者的统一是终身体育追求的最高目标。

（二）"终身体育"教育理念在我国高校体育教育中的实际应用

"终身体育"教育理念的形成能有效促进我国体育教学的发展。树立终身体育教育教学理念是我国高校体育教学目标改革的指导思想，也是我国高校体育教学发展的落脚点。终身体育能否实现，在很大程度上取决于人们的这种观念是否树立和能力是否形成。

1.学生"终身体育"思想的培养

人们参与运动并坚持长期从事体育锻炼，首先应对"终身体育"教育理念有一个正确的认识，在此基础上，才能建立和培养"终身体育"教育理念。

就当前整个社会发展背景来讲，现代社会生活节奏越来越快、竞争越来越激烈，每个人都面临着来自各方面的压力。而人的健康生存与发展是以健康的身体为基础和前提的，如果身体状况不理想，很难应对学习、生活和工作中的问题，即便可以勉强应对，也不会过上高质量的生活。

终身体育锻炼可以增强个体适应、抗击压力的能力。只有充分认识到这一点，个体才会主动去参与体育锻炼，这种科学的体育认知与体育情感共同决定着体育行为。

在体育教学中，对于学生来说，要想树立终身体育的观念，教师必须正确引导学生科学认识和理解体育的价值，端正学习体育的态度，积极学会体育锻炼的技能，掌握体育锻炼效果评价的方法，形成终身体育能力，为其终身体育锻炼奠定基础。

2."终身体育"教学内容的设置

在高校体育教学中，不能只追求学生某一特定的运动技能和运动的熟练程度，而是要重视让学生学会能分析自身的身体锻炼和综合的运动实践能力，加强对学生终身体育意识与运动能力的培养，并以此为核心来对体育课程进行多功能和综合性的开发。

具体来说，就是要求学校体育课堂教育进行延伸与拓展，使学校体育向终身体育延伸。一方面，在设置体育课程目标时，要客观评估学生体能、身体素质及其对体育知识和技能的掌握情况。在实施目标教学前，教师应充分了解与分析学生的现状，以体育课程终身体育教学目标为导向组织体育教学。另一方面，在选用体育课程内容时，应重视对休闲体育项目、时尚体育项目的引进，开展能够激发学生体育兴趣和潜能，调动学生体育积极性和创造性的新兴项目，如健美操、瑜伽、体育舞蹈、网球、跆拳道等。使学生在轻松愉悦的氛围中掌握体育技能，切实提高学生的实际运动能力。

3."终身体育"教学方法的运用会

现代体育教学中，贯彻落实"终身体育"的关键在于学生体育学习兴趣的持续培养与提高。在体育教学中，教师应采取科学有效的富有创新的教学方法展开教学工作。在教学过程中要注重采用多元化的教法，争取每节课都取得良好的成效，以不同学龄段学生的情况为依据有针对性地选择相应的教学方法，以不断活跃课堂气氛，使学生在欢乐气氛中形成体育兴趣，同时，要有效避免教学中的一些因素对学生造成的阻碍，使学生在体育锻炼中感受快乐，树立自信，增强体育意识，全面提高学生的认知能力、技能水平，使学生获得良好的情感体验，进而主动参与体育锻炼。

4.学生需求与社会需求的统一

"终身体育"教育理念是体育教育教学的一个重要指导思想，对于充分发挥体育的教育作用，促进学生的身心健康发展、社会适应能力的提高，满足当代社会对人才发展的需求具有重要作用。社会劳动力由不同年龄段的人构成，使身体保持在最佳的状态，才能更好地适应现代社会发展的需要，所以应在不同的人生阶段选择不同的锻炼方式和内容。无论是何年龄段、何种职业，都面临着对锻炼方式的选择，以保证自己有更加充沛的精力，身体更加健康，以便更好地适应现代社会的发展以及满足未来生活的需要，而这种伴随人生一起发展的体育，就是终身体育。

学校是培养社会所需人才的重要场所，而无论何种人才，都必须首先拥有一个健康的身体，因此，高校体育教育应该重视把国家需要、社会需要与学生个体需要有机结合起来，把追求体育本校的健身价值与人文价值有机结合起来，把传授体育知识技能与终身体育教育有机结合起来，全面提高大学生的体育素养，促进大学生的终身体育能力的提高，以符合社会发展对人才的体质、体能要求。

在这里需要特别指出的一点是，学生的终身体育发展为社会对人才的需求奠定了基本人才素质基础，但学校体育教育是多方面的，不能单纯为社会需求发展服务，还应充分考虑"以人为本""健康第一"。此外，"终身体育"教育建立在"学会认知、学会做事、学会共同生活、学会生存"四个支柱之上，其实施不是某个单一教育环境所能进行的，需要整体参与，必须加强社会各种教育部门之间的紧密联系才能保证终身体育的真正贯彻和落实。

第二节　我国高校体育教育理念的改革与创新

一、现代体育教育理念改革发展的突破点

（一）正视多元体育教学理念的存在与发展

人类社会的发展过程中，随着人的认知的不断深入与发展，许多新的观点和理念不断被提出，在包括体育在内的教育领域，教育理念与观点的发展也是如此。在体育教学的发展过程中，不同的体育教学理念之间既有相同之处，又有相互对立和矛盾的地方，但正是因为有这些争论与矛盾的存在，才使得体育教学理念能够不断发展，不断突破，更具活力。

现阶段，我国体育教育理念的改革与突破应建立在充分借鉴多元体育教育理念的基础之上，更加突出具有现实意义的思想理论的重要性，使这部分理论进一步发展壮大，以不断丰富当前适合我国高校体育教育国情的体育教育理念体系。

（二）结合体育教育理念的特点、规律和趋势来推动其改革与发展

一般来说，当一个教育现象和问题出现之后，会引起相关学者的关注与研究，他们会据此提出一些观点与看法，最终形成一种新的观念。从这一思想发展规律可以充分认定，

体育教学理念具有一定的滞后性，因此要对社会的需求及时加以预测，及早对高校体育教育教学理念进行改善。

现阶段，我国经济发展迅速，人们生活条件在不断改善，因此逐渐拥有了更高层次的需求。随着社会的不断进步与发展，人越来越受到重视，教育对人的关注也成为一种必然。

随着我国高校体育教育教学改革的日益深入，越来越多的人逐渐认识到不能再单纯地将教育结果、知识传授看作是教育的一切，不再单纯对社会和集体高度关注，而开始将关注焦点转移到"人"身上。我们要提倡一种能够服务于人的全面发展的有价值的教育理念，而且该思想应该关注社会上每个个体的发展。

现阶段，我国教学改革的重要方向之一，就是对人性化教育、人本化教育与教育的意义与价值方面的改革。"人本"强调人的全面发展和自我实现，它对学生的自我体验是高度重视的。体育的过程是培养学生的社会性活动的过程，在这一过程中，人既是教育的出发点也是最终的归宿点。如果教育缺少了对人的社会性的培养，那么就失去了其所具有的独立存在的价值和本质特征。

（三）根据体育教育理念的发展影响因素来促进其改革与发展

体育教学理念在不同的时期会表现出不同的特点，这与人的认知与社会客观发展环境有关。确切地说，理念是一定历史时期的产物，不同的历史因素必然会对其产生、发展及变化造成影响。

体育的发展会受到各方面因素的影响，在体育文化现象发展基础之上的体育理念也会受到这些因素的影响。体育文化与社会经济的发展有密切的关系，并受社会经济发展的影响。在现代，经济比较落后的国家的运动员只能在简陋的条件下进行训练，其训练效果是不可能与经济发达国家的运动员相比的。科学技术的发展也对体育的发展产生极为重要的影响。从某种意义上说，现代体育尤其是竞技体育运动的发展，已经逐渐演变成为一场"科技战争"。体育运动发展过程中的每一次记录的产生，都包含诸多的科技要素。

在各个层面对体育产生重要影响的大背景下，必须要及时防止体育教学理念受到上述这些因素的不良影响，同时将这些影响因素中的有利因素充分利用起来，使其推动体育教学理念的发展。体育教学理念的发展会受到社会因素的影响，所以我们要不断对新的社会需求进行探索与分析，并据此来加强对教学思想的改善，同时进一步引导社会的健康发展。例如，利用政策颁布一些有意义的体育教学法规，贯彻落实体育教学理念。

此外，除了上述几个影响因素以外，理论发展因素也会影响体育教学理念的发展，针对这一点，必须要对体育学科理论进行不断研究，使体育理论不断丰富和完善，从而推进体育教学理念的发展。同时，还应对相关学科和国外体育理论的发展予以关注，将有益的思想积极引进高校体育教育中来，以不断促进我国体育教育理念与教育事业的发展。

二、现代体育教育理念改革发展的方向

（一）层次性和延续性方向发展

新时期，各种体育教育理念与体育教学思想不断涌现，这些不同的教育理念与教学思想都不同程度地推动了体育教学的发展，为体育教学的改革指明了方向，使体育教学改革步伐不断加快，促进了体育教学质量的提高。

就体育教育教学实践来说，教学对象是体育教育发展改革应该重点关注的对象，而不同年龄段的学生，他们之间在很多方面都存在着显著的差异，所以从教学指导思想在教学实践中的运用可以看出，体育教学理念在各年龄阶段体育教学重点倾向性相似，教材的处理、教法的选用和组织安排不符合学生的身心特点及地区特点等，这些都对高校体育教育改革进程造成了一定程度的制约。

新时期的体育教育改革应该重视学生的长期、可持续发展，在教育理念上，要重视教育的层次性与各阶段的延续性，通过体育教学的科学组织与实施，结合不同年龄段学生的特点对相应的体育教学指导思想进行构建，使之具有鲜明的层次性，以科学把握教学改革目标和教学改革方向，进一步优化教学改革进程控制，不断促进高校体育教育育人的效果。

（二）人文教育和科学发展观方向发展

在我国素质教育改革的推动下，我国高校体育教学理念从唯"生物体育观"转向了"三维体育观"（由生物、心理、社会因素构成），这就使得体育在健身、竞技、娱乐、文化和社会等方面的功能得到了进一步的拓展，使我国体育教学在传授"三基"、增强学生体质的同时朝着多元化的目标和功能方向发展。

在充分借鉴和引进休闲体育思想、快乐体育思想、终身体育思想等的基础上，我国体育教学理念得到了进一步发展。此外，在 2008 年北京奥运会成功举办后，人文奥运理念已深入人心，在一定程度上，奥林匹克运动也对我国学校体育的发展产生了重大的影响。未来学校体育会向着以人为本的方向迈进和发展，会更加重视学生的需要和全面发展，以"人文体育观"为核心的教学思想将会在体育教学中发挥更大的价值。

现代体育教育教学的发展离不开对人的关注，其重要的一点在于关注人的全面、可持续发展。

新时期的高校体育教育理念应将重点放在"重视学生综合素质教育"和"培养优质人才和促进人才的科学发展"两个方面。一方面，在现代学校体育教学改革发展形势下，体育教育只有改变以往的"知识型"人才的培养，转而走向"创造型"人才的培养的道路，树立全面育人的教育观念和意识，着重培养和提高学校学生的综合素质和能力，才能够最终实现素质教育的目标。另一方面，应不断强调教育的育人作用，通过体育教育促进现代人才的培养与科学、持续发展。要使学生在校期间能接受正确的体育观念的教育，使学生

得到锻炼身体能力的培养，使他们对体育运动和对人体短期、长期的各种影响有一个深刻的认识，使学生在观念上把参与体育作为一种自觉的行为，将其作为成为现代社会人才的一种基本素质进行培养与提高。

（三）教育理念的综合化方向发展

21 世纪以来，我国学校教育发展迅速，高校体育教育也要适应新时代的发展潮流，不断革新观念，以科学的、合理的、人性化的教育观念促进学校体育的发展，让学生在健康第一思想的指导下，获得身心的全面健康发展。

当前，素质教育是一种发展中的新的教育理念，它具有非常丰富的内涵。现阶段，我国素质教育还处于发展探索阶段，人们试图通过不同的途径，采用不同的教育理念去对体育教学实践进行指导，以使体育素质教育获得新的发展。

随着素质教育的不断推进，迫切需要对其他相关理论中的"合理内核"加以汲取和吸收，以不断丰富和完善素质教育理论体系。体育是教育的重要组成部分，其服务于人的全面教育，所以在学校体育教学中，应顺应素质教育的潮流，确立"健康第一""终身体育"与素质教育相结合的体育教学理念，在体育教学中，要始终将"健康第一""终身体育"的指导地位放在首位，这两个教育理念的作用和价值是不可轻易动摇的。只有充分认识到这一点，才能进一步深化素质教育改革。总结来讲，素质教育离不开"健康第一""终身体育"，前者是后者的发展基础，后者是前者的发展要求。

三、现代体育教育理念的科学创新策略

思想对个体的行为具有重要影响。传统体育要想在学校体育教学中获得根本上的进步必须要转变教学思想与教学理念。实践表明，只有在思想理念上做出创新，才能推动传统体育教学的改革，转变教学中不利于体育运动发展的一切困难与阻力因素。随着我国素质教育深入发展创新我国高校体育教育的理性思考是学生及时掌握运动技巧和运动技能的重要途径，也是培养学生积极向上的人生观、价值观的重要策略。[①]

现阶段，实现体育教育理念的科学创新，应从以下几方面着手进行。

（一）更新传统体育教学理念

我国体育教育具有悠久的历史，在漫长的发展过程中，教育理念的发展几经变化与发展，在不同的时期都对体育教学的发展起了重要的作用。在传统体育教学发展和改革的过程中，生物体育观是基础。在新的历史时期我国在人文体育观念的影响下，在教学改革中出现了"学习领域目标""课程目标"等一些新的概念。在教学过程中，对教学目标也进行了多方面的层次和类别划分，确立了"身体健康""运动技能""心理健康"和"社会适应"等立体化的多维健康的教育教学目标。

---

① 杨林 . 社会新形势下高校体育教育理念的更新与重构［J］. 亚太教育，2015（25）.

随着我国体育教育教学的不断发展，在我国改革开放社会经济转型的时期，素质教育被提上日程。在开展的大学管理、教学等方面的活动中，处处体现着人文关怀的印记。在教学过程中，将其他所需要达到的目标穿插其中，会让教学环境变得更加生动，使学生的体育学习和参与兴趣积极性不断提高。

新时期，我们对体育教育理念也应有所转变，应以终身体育观为出发点，对体育教育的认识从低级走向高级，由封闭走向开放，由单一走向多元，由局部走向整体。在创新教育理念的指导下，应充分强调教育理念的创新性和时代性，从提高创新素质、塑造创新人格、培养创新人才出发，对体育教育规律及特征进行理性的认识与判断，使体育教育理念与思想更具系统性、指导性、时代性和创新性。

（二）融合多元体育教学理念

在体育教育的发展过程中，诸多体育教育教学理念被先后提出，这些体育教育理念并非都是先进的教育理念，有些教育理念只在特定的历史时期对体育教育起到重要的推动作用。全球化背景下，各种思想文化处在不断地发展和融合之中，教育思想也呈现出这一发展趋势，随着我国改革开放的深化进行，我国的学校体育教学思想呈现出多元化的发展趋势。

随着社会和时代的变革，不同教育理念对体育教育的指导作用也会表现出不同的促进或者阻碍作用，对此应科学分析、批判继承与发展。

从国外教育理念的发展来看，以科学主义教育思想与人本主义教育思想发展为例，科学主义教育思想对经济社会的发展具有重要的促进作用，符合社会发展的主流势。随着教育价值多元性逐渐被人们深刻地认识，人本主义教育思想逐渐呈现出与科学主义教育思想相融合的趋势，现代人本主义教育思想得以确立，其关注学生的健康全面发展，值得在新时期的高校体育教育改革与发展过程中进行思考与科学教育实践指导。

从国内外教育理念的不同来看，受多方面因素的影响，国外与我国体育教学思想之间存在着较大的差异性，因此，比较与融合中外不同的体育教学思想，指出二者之间的差异性非常有必要。通过对比，我们既要吸收外国体育教学思想中优秀的部分，又要摒弃其糟粕；既要总结我国体育教学优秀的思想，也要放弃不合时代的内容。同时还要比较中外文化背景差异性，比较中外体育教学思想的共性与差异性，从共性中寻找结合点，从差异性中寻觅不同的功能，把中外体育教学思想有效地整合起来，进一步完善我国体育教育理念的内容，从而促进我国高校体育教学的不断发展。

（三）体育知识（技能）教育与文化（人文）教育的整合

体育知识（技能）教育是以体育知识（技能）为本或为中心的体育教育，体育文化（人文）教育是一种从内容到层次都很丰厚的体育教育。

现代体育教育理念关注学生的全面、科学、可持续发展，关注高校体育教育教学的全面、科学、可持续发展。在具体的高校体育教育实践中，不仅要向学生传授体育知识（技能），更要传承体育文化（人文）的精髓，使学生在学习和参与体育过程中，产生对体育与体育文化的认同，提升体育与体育文化的自觉、自信，把体育融入日常生活，成为一种"新常态"，并进一步实现"终身体育"。①

---

① 张勇平．论体育教育理念的转变与更新［J］．湖北师范学院学报（自然科学版），2016，36（4）．

第五章　高校体育教学内容的发展与改革

体育教学内容有着悠久的发展历史，并且随着时代的不断发展和进步，体育教学内容也发生了一定的改变。因此，要充分了解和认识体育教学内容，并且在此基础上对其发展过程进行深入分析，同时要将其与普通高校体育教学的实际情况有机结合起来，有针对性和目的性地进行改革，进而促进普通高校体育教学内容的优化，为理想教学效果的取得奠定良好的基础。

第一节　体育教学内容基本理论

一、体育教学内容的概念

以达到体育教学目标为目的而进行的体育知识和技能体系等方面的选择和运用，就是所谓的体育教学内容。

在体育教学中，教学内容的选择是教育者以教育的一系列要求为主要依据，通过对前人体育和教育实践经验进行综合的总结，按照教育原则，从丰富的体育技能理论当中精挑细选出来的。教学内容在教师与学生中间扮演着中介和媒体的角色，这就对教师和学生之间的信息交流起到决定性作用。

从某种程度上说，体育教学内容对体育教学的效果和质量起到决定性作用。

二、体育教学内容的特点

体育教学内容有着较为显著的特点，具体来说主要表现在以下几个方面。

（一）健身性

体育的一个重要功能就是增强体能、增进健康。体育教学内容学习的实质就是学生体育知识、身体练习和技能的学习。体育教学的主要目的，就是通过对身体练习的运动负荷量以及强度进行合理的安排，通过一定的手段加以调控，从而使学生的体质得到增强，变得更加健康。体育教学内容对增强学生体质和增进学生健康的作用，是其他所有教学内容所不具备的。

（二）娱乐性

发展到现在，体育项目越来越多，而这些项目最早大都起源于各种游戏，然后经过长期的演变和发展而来。在体育教学中，各项教学内容也是如此，大都来自体育运动项目，由此可以认定这种体育教学的内容必定带有一定的乐趣性和娱乐性。在体育教学过程中，这种运动娱乐性主要体现在克服困难、协同作战、争夺胜利等心理过程中，体现在学生对新的运动的体验和对学习进步的成就感，体现在运动的环境、场地、比赛规则、比赛形式等变化和加工方面。当学生学习某项运动技术时，本身就会存在对这种运动本身乐趣性的追求动机，因此体育教学内容本身就有一定的娱乐性特征。

（三）运动实践性

体育教学内容的实质是身体运动的一种实践，这是区别于其他教学内容的地方。体育教学内容可以说是以有关身体运动的学习和身体运动的技能形成为主要培养目标的内容；是以运动为媒介，以大肌肉群的活动状态进行教育的内容。体育教学内容的学习并不单单是学生大脑思维的活动，学生不光要对内容进行理解，并且要在实践中进行运动学习以及身体练习。学生在参加体育学习的过程中，要通过运动中的肌肉本体感觉的形成与动作的记忆，来判断自己是否真正掌握了教学内容。因此，在体育教学内容中，学生的学习是要将思维和行为联系起来的。所以体育教学内容的学习尤为强调练和做等实践行为，因而呈现出运动实践性的特征。

（四）教育性

对学生进行教育的载体就源自体育教学的内容，所以在选择体育教学内容时，首先想到的就应该是它的教育性。一般来说，体育教学内容的教育性主要体现在以下几个方面。

（1）对于大多数学生是较为适用的。

（2）有益于学生的身心发展。

（3）既有冒险性又比较安全。

（4）摒弃落后性，发展创新性。

（5）避免过于功利性。

（五）非逻辑性

相较于其他学科教学内容来说，体育教学内容的不同之处主要体现在：体育教学内容往往不存在一般学科教学内容之间清晰的由易到难、由简到繁的阶梯性结构；在逻辑结构上，没有明显的从基础到高级的体系；体育教学内容的排列并不是直线递进式的，而是复合螺旋式的。体育教学内容是由众多的相互平行的、可以替代的运动项目以及身体练习组成的，其中有着丰富的体育与健康的理论知识。这种特性使体育教学内容在选择时的灵活性更强。

（六）人际交往的开放性

体育教学内容有很多，但大多数内容的主要形式是集体性活动，这种集体性教学活动与其他教学不同，往往是进行时空的变换。因此，在体育教学中的对运动的学习练习和比赛当中学生之间有着非常频繁的交往和交流，与其他学科的教学内容相比，体育教学内容在人际交往方面无疑具有更明显的开放性。体育教学内容正是由于人际交流的开放性特点，教师与学生之间、学生与学生之间的关系才能够更加密切且开放。在这样的情况下，体育教学内容的学习能够帮助学生有效地提高社会适应能力。

三、体育教学内容的层次

通常情况下，可以将体育教学内容分为两个层次，即宏观层面和微观层面，具体如下。

（一）宏观层面

从宏观层面来看，体育教学内容主要包含上位层次（国家课程和教学内容）、中位层次（地方课程和教学内容）和下位层次（学校课程和教学内容）三个层次。

1. 上位层次

在体育教学中，上位层次的教学内容主要是由国家教育行政部门规定的各种教学内容。国家对教学方法进行的行政规划和管理，体现着国家的意志，各个学校都必须以之为依据开展教学活动。

在体育教学内容的开发上，一般具有专门性，目的是使未来公民接受基础教育之后达到一个共同体育素质。在体育课程标准或教学大纲的制定以及教学内容的编写上，要根据不同教育阶段的性质与培养目标进行。一般来说，国家教育部门制定的课程和教学内容，要比地方体育课程丰富得多。因此，国家体育课程和教学内容在体育教学中起着主体性作用。

2. 中位层次

地方课程和教学内容是学校体育教学内容的中位层次。这一层次的教学内容是在国家规定的各个教育阶段的体育课程内来进行开发的。这一层次教学内容的开发必须结合当地的具体实际进行，其开发者大多为省一级的教育行政部门或授权的教育部门。地方体育教学课程和教学内容能够更好地适应当地体育发展的需要，适应当地体育发展的现状，能够更加高效地利用当地体育和教育资源，因此具有更重要的价值。

3. 下位层次

学校体育教学内容的下位层次是学校课程和教学内容。这一层次的课程和教学内容具有多样性和选择性的特点，其中主体是学校的教师，以国家课程和教学内容、地方课程与教学内容为前提进行具体实施，并科学评估本校学生的特点和需求，对当地社区和学校的体育教育资源进行充分利用，以学校的办学思想为依据。

在体育教学中，体育课程资源的开发要以国家教育方针、国家或地方体育课程和教学内容等为依据，教学内容的设计要体现出独特性和差异性，要满足每名学生的体育需求。

上位层次、中位层次和下位层次三方面的体育教学内容共同构成了我国的基础体育教学的内容体系，它需要国家教育部门、地方教育部门以及学校三者的协调努力，这样才能够促进体育教学内容的科学化发展。

（二）微观层面

课程是以教学内容为载体而实现的，以教学内容论的观点为主要依据，教学内容包含着多层意义。以教学内容具体化的程度为依据，可以将体育教学内容从微观层面分为以下几个层次。

1. 第一层次

微观层面的第一层次即体育课程标准所示的学习内容。以体育与健康课程标准规定为例，运动参与、运动技能、身体健康、心理健康、社会适应五个学习领域即是从这一层次进行的分析。这种分析实际上是活动领域的一种表述，并非常规意义上的体育教学内容。

2. 第二层次

第二层次是第一层的具体化形式。从某种角度说这是能力目标分析，也不是通常意义上的体育教学内容，如体育与健康课程标准明确的水平目标为获得运动的基础知识，说出所做简单运动动作的术语（转头、侧平举、体侧屈、踢腿等）。

3. 第三层次

这一层次指的是教学中需要具体运用到的硬件与软件等物质设施，也就是说，属于普遍意义上的教学内容教具，比如篮球、足球、体操、武术等运动项目，以及与这些项目相关的场地器材。这一层面是常规意义上所说的体育教学内容。

4. 第四层次

这一层次是具体的练习方法手段，即某项教学内容（如篮球）的下位教学内容，如练习教学内容（篮球运动的各种练习方法）、游戏教学内容（与篮球运动关系密切的游戏）等。

四、体育教学内容的分类

体育运动项目有很多，内容也非常丰富，因此在将这些内容分类时，采用何种逻辑进行分类就成为一个重要的课题。合理地对体育教学内容进行分类能够使教师和学生更加深刻地认识体育教学内容，从而更好地参与到学习之中。

目前，关于体育教学内容的分类方法大致包含以下几大类。

（一）以体育教学目标为依据进行划分

依据教学目标进行分类，可以分为掌握体育运动技能的练习、掌握科学锻炼方法的练习、提高安全意识与能力的练习、发展体能的练习、发展学生心理素质的练习、提高学生社会交往能力的练习、提高基本活动能力的练习等。这种分类也是体育教学中一种比较常见的教学内容分类方法。

这种分类方法使根据多种目的的身体练习进行人为的规定能够得以实现，能够使教学内容具有一定的目的性，对打破陈旧的、以竞赛为目的的教学内容编排体系也非常有利，从而保证学生能够学到比较多的体育教学内容。

（二）以体育的功能为依据进行划分

此分类方法是根据我国体育课程相关的文件，以三维健康观、体育的本质特征、国际体育课程发展的趋势为依据，将体育与健康课程划分为运动参与、运动技能、身体健康、心理健康以及社会适应五个领域并以目标为依据对体育课程的内容体系进行了重新构建。

（三）以人体基本活动能力为依据进行划分

依据活动能力进行分类，也就是按照人的走、跑、跳、攀登、负重等进行分类，进而重新分类组合各种各样的运动项目和身体练习的方法。这是在体育教学实践中比较常见的一种分类方式。这种分类方法比较灵活，不会受到正规的体育运动项目条框的限制。所以，这种方法能在有利于组合教学内容的基础上使学生的各种身体动作和基本活动能力得到发展，所以这种分类模式对于低年级的学生来说比较适合。但这种分类在学习掌握体育运动技能、发展体能等方面的局限性比较强，对于高年级学生来说，其要求往往无法被满足，容易使高年级学生缺乏体育运动的动机。

（四）以身体素质为依据进行划分

发展学生身体素质是体育教学的目标之一。依据身体素质进行分类，是一种按照力量、速度、柔韧、灵敏、耐力的分类。这种划分或者是按照与动作技能相关的体能，如力量、速度、灵敏、平衡、协调、反应时间，或者是按照与健康相关的体能，如身体成分、肌肉力量、心肺耐力、肌肉耐力、柔韧性等进行分类，进而对各种各样的运动项目和身体练习进行重新分类组合。

这种分类方法具有较强的针对性，对学生正确认识各种体育运动项目与身体练习以及对学生体能的发展相当有利，而且能够有目的、有针对性地发展学生的体能。但此分类方法也有一定的弊端，那就是在体育运动项目中，许多项目并不是以提高某一方面身体素质为前提的，因此对待这类项目时这种分类方法显得比较模糊，而且这种分类方法容易使学生在体育教学内容的文化特性的认识上陷入误区，造成学生对体育运动文化方面的认识不足。

（五）以运动项目为依据进行划分

这是按照各个运动项目的名称和内容而进行具体的系统分类，体育教学内容大致可以分为球类、体操、田径、武术、体育舞蹈、冰雪运动、水上运动等。这种分类方法对各式各样的运动项目以及特点进行了详细的划分。这是体育教学中最常见的教学内容分类方法。

这种分类方法在各个方面都更加容易理解，对学生了解和掌握体育运动文化具有非常大的帮助，但是这种分类方法导致一些运动项目被忽略。而且即使在正式比赛的项目中也可能由于规则、技能等方面需要具有相当高的水平而与学校体育教育不相符，所以如果要将其纳入体育教育内容必须进行一定程度的改造。但经过改造后，这类教学内容往往会与本来的运动项目出现非常大的差异，会对学生在运动项目的理解和掌握上造成非常大的影响。

（六）综合交叉分类

综合交叉分类是一种将基本部分与选用部分、理论与实践教学内容、各项运动的基本教学内容与提高身体素质练习教学内容等相互交叉的综合分类方法。

这种分类方法能够准确地将不同学生的不同年龄阶段身心发展特点和对学生学习的基本要求反映出来，对达成体育教学的目标有非常突出的作用，在有助于在保持运动项目的固有特点和系统性的基础上，同时增强学生进行身体锻炼的实效性，从而在体育教学内容的运用中使运动项目的技术和学生身体素质的练习同时发展，相互配合。但需要注意的是，这种分类方法无法用同一标准进行衡量，在某种程度上会导致一定的混乱。

从上述内容中可以得知，对体育教学内容的分类方法是多种多样的。体育教学内容的分类可以分成不同的层次，在不同的层次可运用不同的分类方法，但是在同一层次上必须采用同一个分类标准进行分类。

第二节　体育教学内容的编排与选择

一、体育教学内容的编排

（一）体育教学内容的编排方式

在体育教学内容的编排中，存在循环周期的现象。这里所说的循环，是指在同一教学内容中，不同的学段、学年等范围中进行的反复的重复安排。这种循环的周期有的是课，有的是单元，有的是学期，有的是学年，甚至有的循环是在某一个学段。以跑步为例，一节体育课上要进行 100 米跑，下一次课当中仍要进行 100 米跑就是以课为周期的循环。在一个学期内安排 100 米跑，在下一个学期内的课程上仍安排 100 米跑就是以单元和学期为周期的循环。因此根据以上理论，我国体育教学学者以不同的内容性质为主要依据，对体育教学的内容的编排进行层面的划分。具体来说，可以划分为以下四个层面，每个层面都有其各自的编排方式。

（1）"精学类"教学内容——充实螺旋式。

（2）"粗学类"教学内容——充实直线式。

（3）"介绍类"教学内容——单薄直线式。

（4）"锻炼类"教学内容——单薄螺旋式。

由此可以看出，体育教学内容的编排方式主要有两种，一种是螺旋式，一种是直线式。具体如下。

1.螺旋式排列

体育教学内容的螺旋式是当某项运动项目的教学内容的有关方面在不同年级重复出现时，逐步提高教学要求的一种排列方法。

2.直线式排列

与螺旋式教学内容的排列方式不同，直线式教学内容的排列是学习了某一体育运动项目和身体练习的相同内容，基本上不再重复出现的一种排列方法。

以上编排方式很好地满足了新课程标准中对体育教学内容的要求，并以体育教学内容当中的自身理论为主要依据，与当前体育教学内容中的各种情况的现状有机结合起来，创新地将各个方面的内容合理编排在体育教学教学中。所以在未来很长一段时间内，这种编排方式的实用性都是非常强的。

（二）体育教学内容编排的注意事项

在进行体育教学内容编排时，需要对以下几个方面的事项进行充分的考虑。

1.要对学生的基础与实际需要进行充分考虑

体育教学的对象是学生。因此，为了使体育教学的内容更好地符合学生的实际需求，促进体育教学质量的不断提高，应使体育教学的内容与学生的实际情况和实际需求相适应。在进行体育教学时，教师不应仅仅片面地考虑体育运动和身体练习本身的难易程度，还应依据学生的实际需要、学生的体能和运动技能基础及其发展的阶段特征等来进行体育课程内容的安排。

2.要对不同的体育运动和身体练习的特征加以重视

在对体育教学的内容进行编排时，应注重各种运动技能的学习、改进、巩固、提高和运用。教师在安排课程时，并不仅仅是为了让学生懂得相应的知识，更应该注重学生对相应的知识的运用。

二、体育教学内容的选择

（一）体育教学内容选择的依据

在选择体育教学内容时，应该按照相关的依据进行有针对性的选择。具体来说，选择体育教学内容的依据主要有以下几个方面。

1. 按照体育课程目标进行选择

体育课程内容在实现体育课程目标的过程中存在的方式是手段，而不是目的。体育课程目标存在多元性的特征，体育运动项目和身体练习也具备可替代性的特征，这就使体育教学内容的选择变得更具多样性。

体育课程的目标之所以能够成为教学内容选择的重要依据，主要是由于体育课程目标在体育课程编制的过程中的每一个阶段内都作为教学内容的先导和方向，所以它经过了多方专家的合理思考验证，对各个方面的影响都进行了认真合理的验证。因此，进行体育教学内容选择时，目标是必须遵循的，相应的体育课程目标对应着相应的体育课程内容。

2. 按照学生的需要及身心发展规律进行选择

在选择体育教学内容时，学生的需要是必须考虑的。体育教学以促进学生身心发展为目的，所以对体育教学内容进行选择的一个必要因素就是学生对体育的需要和兴趣，这对有效的学习是非常重要的。学习需要学生的主动参与，而主动参与就是说，学生自身积极和努力是必不可少的。通常学生面对感兴趣的事情，其参与的动力就会大大增加，学习的效率也将倍增。这非常符合一些教育学者所提出的观点：如果学习是被迫的而不是出于兴趣而进行的，那么学习从某种意义上来讲可以说是无效的。

学生对教学内容的接受程度取决于其身心发展规律以及特点，因此从这个角度来说，体育教学内容必须使学生可以接受，并且感兴趣。所以在进行体育教学内容的选择时，学生的特点就决定着教学内容当中的各项要素。因此，绝对不能忽略学生的实际情况。

3. 按照社会发展的需要进行选择

学生的个体发展无法脱离社会的发展。因此，体育教学能够在健康方面为学生打下良好的基础。所以在进行体育教学的内容选择时，除了考虑学生本身的需求，社会现实发展的需求也必须被考虑进去。体育内容在选择方面不能够忽视学生走向社会后必须发展的体育素质，所以体育教学内容必须能够满足学生在社会发展当中各方面的需要。除此之外，体育教学内容必须做到与社会生活和学生生活联系在一起，这样才能让学生体会到它的作用，其功能才能得以实现。因此，体育教学内容的选择与社会实际相符是非常重要的。

4. 按照体育教学素材的特性进行选择

在体育教学内容的选择上，最重要的要素就是体育教学素材。体育素材有着较为显著的特性，具体来说，主要包括以下几个方面。

（1）内在逻辑关系性不强。没有非常强的内在逻辑关系性是体育教学素材的最大特性。这种特性使体育教学内容的选择无法完全按照难易程度和学生素质来进行。因此，体育教学内容往往只是以运动项目来进行划分。但各个教材内容之间的关系是平行和并列的，如篮球和足球、体操和武术，表面上看似有联系，但这种联系并非能够分得非常清晰，而且没有先后顺序，我们也无法判断其中一个运动项目究竟是不是另一个运动项目的基础。所以，在这里是无法确定教学内容内部的规定性和顺序性的。

（2）具有"一项多能"和"多项一能"的特点。所谓"一项多能"，就是指通过一个运动项目，能够达到非常多的体育目的。这就是说，在这个项目中有着目标多指向性的特点。以健美操为例，有人利用这个项目来锻炼身体，有人用这个项目进行娱乐，同时这个项目还有表演的作用。在很多情况下，进行健美操运动往往能实现多个功能。这就是说，学生掌握了一项运动之后，就能够实现多种目的。"多项一能"则突出了体育教学内容之间具备相互的可替代性。比如进行投掷练习，可以扔沙袋、投小垒球，还可以推实心球或推铅球。想通过体育运动得到娱乐放松，可以踢足球、打排球，打篮球、打网球也可以实现。这就是说，想达到目的并非只有一个项目可以实现，不同的项目同样能够做到。正是由于这个特性的存在，使体育教学内容中没有无可或缺的项目，使体育教学内容并不具备强烈的规定性。

（3）数量庞大。庞大的数量使体育教育内容相当庞杂，并且在归类上存在一定的难度。人类文明自诞生以来，创造出的体育运动项目数不胜数，而且丰富多彩，并且每一个运动技能对练习者的身体素质都有着各种各样的要求。鉴于这个原因，没有哪个体育教师能够精通全部的体育项目，因此体育教师的培养才要求一专多能，体育课程的设计者也很难寻找到最合理的运动组合并将其运用到体育教学内容当中，也几乎不可能编写出适合所有地区和教学条件的教材。

（4）不同项目乐趣的关注点不同。以篮球和足球为例，其乐趣就是在激烈的直接对抗中，通过娴熟的技术和精妙的战术配合而得分。再如，在隔网类运动当中，其乐趣则是双方队员在各自的场地中通过巧妙的配合，将球击到对方场地而得分。因此，体育运动都有各自乐趣的特性使体育教学内容选择上的乐趣是无法忽略的，这同时是快乐体育理论存在的事实依据，并且这一理论在体育改革进程中产生了关键影响。

（二）体育教学内容选择的原则

选择科学合理的体育教学内容，不仅要有一定的依据，还要遵循一定的原则。具体来说，体育教学内容选择应遵循的原则主要有以下几个方面。

1.科学性原则

进行教学内容的选择时，首先要遵循的原则就是科学性原则。具体来说，可以从以下几个方面来对体育教学内容选择当中的科学性进行深入的理解。

（1）教学内容的选择必须对学生身心的共同发展有利。需要注意，一些内容虽然有利于学生身体健康，但对于学生的心理健康并不合适；反之，同样可能出现这种状况。因此，选择教学内容必须使学生开心的同时，对学生身体的发展要起到积极的促进作用。

（2）教学内容也要使学生能够从根本上对科学锻炼的原理和方法有深入的了解。这种了解能够使学生从事体育锻炼的自觉性和积极性得到进一步提高。

（3）教学内容本身的科学性。今后，国家会放开对体育教学内容选择的限制，不做具体的规定。因此，这就要求学校必须避免一些科学性不够强的体育项目作为教学内容进入课堂。

2. 趣味性原则

兴趣是最好的老师。因此，在进行体育教学内容的选择时，要根据学生的各方面特征尽量选择他们感兴趣的、有趣味的，并且在社会上比较流行的体育素材作为教学内容。毫无疑问，大多数竞技运动项目的健身价值和教育价值是不可低估的。

3. 教育性原则

在选择体育教学内容时，首先应从教育的基本观点对体育教学素材进行选择，对其是否与教育的原则相符，与社会的固有价值观是否同步进行分析。同时，要对它是否有利于学生的身心发展和身体锻炼进行明确的分析。

在选择体育课程内容时，要求必须与体育课程的主要目标相匹配，确立"健康第一"的指导思想，并以此作为体育教学内容中最基本的出发点，同时看重其中的文化内涵，使学生在学习体育技能的同时更能深刻体会到体育文化修养带来的益处。学校体育在培养学生时应首先考虑对学生的品德、智力、体质等方面的全面发展是否有利，将理论与实际结合起来，在使学生了解人体科学知识的同时真正锻炼身体，还要从思想文化等方面下功夫，使学生在两方面同时发展。体育教学内容的选择对不同学段学生的发展特点和规律都要充分考虑，其个体差异与不同需求将会在其中起到很大的作用，所以要充分考虑能够确保每一位学生受益。学校进行体育教学内容的选择时，还要与各个方面的实际相符，从而确保选择时有足够的空间和灵活性。

4. 实效性原则

简单来说，所谓实效性，就是判断某项体育教学素材是否实用，是否简便易行，是否有助于学生的身心健康。在教学内容上，要加强学生生活与现代社会和科技发展的联系，对学生学习的兴趣加大关注，教学内容中的知识和技能要有利于学生终身体育的进行。所以在进行体育教学内容的选择时一定选择与学生自身的体育学习兴趣和经验相接近的，以及大众喜欢的、社会上比较普及的项目，同时要强调运动项目的健身娱乐效果，为学生终身体育的发展奠定良好的基础。

5. 民族性与世界性相结合的原则

在选择体育教学内容时，要在保留我国民族传统体育精华部分的同时，对国外好的课程内容的设置加以借鉴和吸收。体育教学内容的选择应该与时俱进，体现当今时代中国的特色。

（三）体育教学内容选择的过程

选择体育教学内容，不仅要有一定的依据，遵循一定的原则，还要按照一定的程序进行。具体来说，可以将体育教学内容选择的过程大致分为以下几个方面。

1. 对体育素材的价值进行分析评估

选择体育教学内容前，体育教师应当对当今社会给予足够的关注，要从社会的生产生活、科技教育等发展的实际出发，考虑社会的发展对人的影响与要求，并以此为基点对现有的体育素材进行分析与评价。要对所选内容能否促进学生的身体健康，能否督促学生主动进行体育锻炼，能否提高学生的思想品质进行充分的分析论证，选用合适的教材内容实施教学。

2. 对运动项目与练习进行充分的整合

在体育教学中，不同的体育运动项目和身体锻炼形式会对学生的身心产生不一样的作用和影响。因此，在选择体育教学内容时，要以本学校的体育教学目标为根本前提，在此基础上认真分析各个体育运动项目是如何促进学生身体功能的不同方面的发展，然后将各个体育运动项目与身体练习进行整理与合并，并对其进行合理加工，使之成为体育教学内容。

3. 选择的体育运动项目要有效

由于大多数体育运动项目都可以作为学校体育教学内容的基本素材，而且体育运动项目与身体练习所具有的多功能性与多指向性特点决定了它们具有很明显的可替代性。因此，学校体育教学内容在运动项目方面的可选择性强。但是由于体育教学时间有限，不可能完成全部体育运动项目和身体练习的教学。因此，体育教师要以社会的需求与条件为依据，充分考虑不同阶段学生的身心特点与兴趣爱好，选出典型、常见的体育运动项目和身体练习作为学校体育教学的内容。

4. 对所选内容进行可行性分析

选好体育教学内容后，要对该体育教学内容的可行性进行分析。分析本地区地域、气候和本校的场地、器材等条件的制约与影响，充分考虑教学计划在这些特殊环境中的可行性，并保证各地、各校执行的弹性，为教师实施体育教学内容留下足够的余地。

第三节　体育教材化

一、体育教材化的概念

体育教材化是依据体育教学目的和学生发展的需要，针对教学条件将体育的素材加工成体育教学内容的过程。[1]

具体可以从以下几个方面入手，对体育教材化的概念进行进一步理解和认识。

---

[1] 毛振明. 体育教学论 [M]. 北京：高等教育出版社，2005.

（1）体育教材化是将体育的素材加工成体育教学内容的过程。

（2）体育教材化是加工过程，而这个加工过程的成果就是体育教学内容。

（3）体育教学的目标和学生发展需要是这个过程的主要依据，体育教学条件也是重要依据之一。

（4）教材化的内容主要涉及教学内容的选择、加工、编排和媒介化等方面。

二、体育教材化的意义

体育教材化有着非常重要的意义和作用，具体来说，主要体现在以下几个方面。

第一，体育教材化能够将最符合体育教学目标和学生发展需要的那一部分内容选出来作为教学内容，从而使内容的庞杂和在选择上的无目的性的现象得到有效的避免。

第二，体育教材化通过加工，能够使体育的素材与体育教学的需要更加相符，从而使体育素材与体育教学内容之间的差异性得到有效的消除。

第三，体育教材化可以通过编排、配伍的工作，来进一步提高选出的体育教学内容的系统性和整体性，从而使体育教学内容的教育作用更好地发挥出来。

第四，体育教材化可以通过物质化的工作，使编辑加工后的但还抽象的体育教学内容走近教学情景和学生，使体育教学内容更能成为体育教学的生动载体。

三、体育教材化的基本层次

通常情况下，可以将体育教材化大致分为两个基本层次，具体如下。

（一）编制体育课程标准和编写教科书

通常情况下，国家和地方教育行政部门组织专家会负责这个层次的工作。具体来说，这个层次的工作主要包括从各种身体活动的练习中筛选出素材，进行教材的分类、加工、排列等。

（二）以课程标准和教科书为依据将教材变成学生的"学习内容"

一般地，学校的体育教研组或体育教师会对这个层次的工作负责。具体来说，这个层次的工作内容主要包括：以体育课程标准和教科书的要求和规定为主要依据，将其与所面对的学生的具体情况和教学条件的实际有机结合起来，把面对一般学生情况和一般教学条件的教材变成适合一个班的学生和本校场地设施条件的教材。

这两个层次之间的关系如图 5-1 所示。

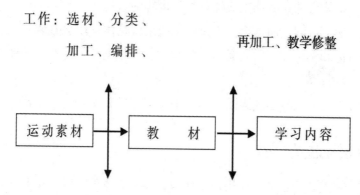

工作：选材、分类、
加工、编排、
再加工、教学修整

运动素材 → 教 材 → 学习内容

完成者：国家或地方教育行政
部门及专家

完成者：体育教研组及体育教师

图 5-1 体育教材画的两个基本层次的关系

四、体育教材化的工作内容

体育教材化的工作内容主要有四个方面，即体育教学内容的选择、体育教学内容的编辑、体育教学内容的改造与加工、体育教学内容的媒介化。前两个方面的内容已经在上一节有所阐述，这里主要对后两个方面的工作内容进行分析。

（一）体育教学内容的改造与加工

选择出来的体育教学内容的素材，必须经过一定的加工和改造，才能够进入体育教学实践中加以应用。

在当前的教学实践中，许多体育教材化的有效方法和成功的范例取得了一定的成效，这里重点对比较具有代表性的几种教材化的方法并进行分析和阐述。

1. 简化的教材化方法

简化的教材化方法是指，将各种高水平、正规的竞技运动项目在各方面（包括竞赛的规则、技术、器材和场地等）进行简化，从而使其能够更好地适应体育教学活动的开展。这种方法是现代体育教学中对教学内容进行教材化的最为常用的一种方法。采用这种方法，能够使教学内容与学校的条件、学生的能力与需求、教学的目标以及教师的教学能力等各方面相适应，更容易进行教学操作。

2. 文化化的教材化方法

这种教材化方法是在教学中让学生通过各种文化性的要素体验运动文化的情调。这种方法适宜作为技能的辅助教学内容，对学生体验和理解体育化性质是较为有利的。这种教材化方法对高中和大学的学生是较为适用的。

3. 理性化的教材化方法

理性化的教材化方法是主要通过对各种运动项目所包含的各种运动原理和知识等方面

进行充分的挖掘，并将其组织安排在教学过程中的一种教材化方法。这种教材化的方法适用于高年级的学生，能够使其更好地理解和掌握各种知识和原理，并能够在以后的学习中实现"举一反三"。

4. 变形化的教材化方法

这种教材化方法从基本结构方面改造原运动，使其成为一种新的运动。适应教学的需要和学生的特点是这种教材化方法的主要目的。当前，"新体育运动项目"就是这一类运动，这种教材化在处理那些高难度的运动项目或受场地器材制约很大的运动时往往能够取得理想的效果。

5. 生活化、实用化的教材化方法

实用化、生活化的教材化方法是多种小的教学方法的结合，还包括野外化、冒险运动化等方法。所谓实用化，就是使教学内容与实用技能相结合；而生活化则是教学内容与日常生活相结合；野外化则是将正规的场地变为野外的非正规场地，或将各种场地运动转变为各种野外运动；冒险运动化就是增加一定的惊险性，激发学生的学习兴趣。这些方法能够与现实生活及各种需求相结合，并使教学内容的趣味性增加，从而能够更好地调动学生学习的积极性。

6. 动作教育的教材化方法

动作教育是一种体育教育思想和体育教材方法论，是在欧美首先出现的。动作教育的教材化方法有着较为显著的特点，主要表现为将一些竞技体育运动以人体的运动原理为依据，将运动进行归类，并且提出针对少年的教材设计，其中比较典型的有教育性舞蹈、教育性体操。

7. 游戏化的教材化方法

通过一定的"情节"将各种单调的教学内容进行丰富和拓展，使其具有一定的游戏化成分，使各种教学内容能够在轻松愉悦的氛围中被学生接受。这种方式能够改变教学内容单一枯燥的特点，增强学习的效果。

8. 运动处方式教材化方法

以锻炼的原理为主要依据，对运动的强度、重复次数、速率等因素进行组合排列，并且结合学生不同的锻炼身体的需要，组成处方进行锻炼和教学的教材化方法，就是所谓的运动处方式教材化方法。这种教材化方法对教会学生运用运动处方锻炼身体是较为有利的，是一种不可缺少的教材化思想和方法。

（二）体育教学内容媒介化工作

将体育教学内容媒介化是体育教材化的最后一个工作。将选出、编辑、加工和改造后的体育教学内容变成承载在某种媒体上的教材形式，就是所谓的体育教学内容的媒介化。

体育教学内容媒介化工作的形式有很多种，其中较为主要的有教科书（包括学生用体育教材和体育教学指导用书）音像教材、挂图、多媒体课件、黑板板书、学习卡片等。这

里重点对多媒体课件和学习卡片进行分析和阐述。

1. 多媒体课件

教师以体育教学的需要为主要依据，用体育教学内容编辑成的计算机演示的系列材料，就是所谓的多媒体课件。当前，多媒体课件是体育教师常用的工具，计算机课件依靠计算机来演示动作，在速度调整、观看细节、多次重复演放以及视觉听觉的艺术效果等方面都具有教师的讲解、示范所无法达到的教学效果。

2. 体育学习卡片

体育学习卡片是体育教材的另一种载体形式。学生在体育课中使用的一种辅助性学习材料，就是所谓的体育学习卡片。这种形式比较适合体育教学特点。

体育学习卡片的作用和运用目的不同，其运用形式也会有所不同，其中较为主要的有以下几种。

（1）在体育教学中向学生提供学习信息。以教学的内容为主要依据，教师要将动作的图示，有关的要领，技术的重点、难点和辅助练习的做法等一些必要的信息补充给学生。通过这些辅助材料，为学生准确地掌握动作的形象、概念和技术特点提供一定的帮助。除此之外，对一些技术难点进行的标示，还能够让学生在某些重要的技术环节的注意力得到有效的提升。

（2）在体育教学中对学生思索问题起到积极的促进作用。可以把合力、力矩、向心力、离心力、抛物线等一些概念性的问题通过公式、范例等形式展示给学生。通常来说，这些问题在体育教科书上是没有的，如果采用语言教学法，往往会出现词不达意的现象，这时候运用体育学习卡片就能够方便学生理解。

（3）在体育教学中对学生的互相交流有所帮助。在体育教学中，教师会要求学生在学习卡片上将自己在学习中的问题和进步以及对本班或本小组同学的情况分析写在卡片上的表格中，这样不仅能够对学生技术动作观察能力的提高起到积极的促进作用，还有助于同学之间的情感交流。因此，这对学生的团队意识和负责任的态度的培养与建立较为有利。

（4）对学生自我评价有所帮助。在体育教学过程中，教师会要求学生将当时的学习感受、体会写在卡片上，这样就能使学生在课后也能通过卡片对自己课上学习情况进行总结，并且做出较为客观的评价，将上节课和下节课有机地联系起来，增加了单元教学过程的完整性。

（5）有助于师生进行交流。可以把对教师上课情况的看法和建议以及存在的问题、疑问、发现，写在学习卡片上，这样做能够使教师对教学情况有一个充分的了解。以此为依据，教师可以适当调整教学形式或者方法，从而使教学效果得到有效的提高。同时，师生之间的感情也会得到进一步增进。

（6）对学生在课上进行自学有所助益。自学是体育学习的重要环节，学习卡片还可以作为学生自学的重要工具，使教科书的不足之处得到有效的弥补。

第四节　高校体育教学内容的发展

一、高校体育教学内容的发展

（一）高校体育教学内容的发展现状

从当前的形势来看，我国高校体育教学内容的发展现状主要体现在以下几个方面。

第一，从当前的形势来看，体育教学内容的数量正在不断精简，而难度在不断增加，体育运动的技术含量越来越高，这就要求有专门训练的高素质的体育教师来传授。

第二，体育教学内容中的娱乐因素逐渐减少，相较于此，学生在体育课中的实际练习有一定程度的增加。

第三，发展至今，竞技体育的发展速度非常快，竞技体育事业成为各个国家和地区体育发展的重点，相比之下，正规化的、科学化的竞技体育运动，尤其是学校竞技体育运动正逐渐取代以往传统的体育教学内容，成为新型的体育教学内容。

第四，体育教学内容所需要的运动器材越发正规。由此可以看出，高校对学生开展体育课的安全问题的重视程度越来越高。

（二）高校体育教学内容的发展趋势

高校体育教学内容的发展趋势可以大致归纳为以下几个方面。

1. 对终身体育目标的要求进行充分考量

对于高校学生终身体育观念的建立和形成，高校体育在其中起着至关重要的作用。终身体育目标的达成取决于学生参加体育所需的技能、知识和态度。所以教学内容应当更加注重健身性、运动文化传递性与娱乐性，在健身价值和终身运动性强的运动项目中间做出选择。

2. 更加注重体育运动的规律性

以往在选择体育教学内容时总是根据各个体育项目中的逻辑关系进行选择，但事实是体育教学内容的逻辑性几乎是不存在的，所以这种方法是不科学、不合理的。因此，在未来选择体育教学内容时，要注重寻找体育学科中内在的一些规律，体育课程中挑选的内容往往都是学生喜欢的，是富有时代性的，并且要根据学生年龄和学段的不同，在教学内容上加以区分。

3. 学生价值主体受到的重视程度越来越高

受各方面因素的制约和影响，体育教学内容的选择并不是一蹴而就的，需要综合各个方面的因素进行考虑。在过去的体育教学大纲中，体育教学内容的选择与确定往往更重视教育工作者对于教学内容的价值取向，因此重视的仅仅是教师的教。而随着体育教学改革的进行，越来越多人开始重视学生对体育教学内容的价值取向，所以根据学生的学而进行体育教学内容的选择的方式更加普遍。

4.更加注重教学主体发展的全面性

在传统体育教学理念和模式下，以往的体育课程大都是以提高学生跑、跳、投等身体素质为目的的一种体能达标课。新的教学改革大纲出台之后，学校教育往往更加强调素质教育，学校对学生素质的全面发展肩负着无比重大的责任。因此在选择与确定体育教学内容时，同样要符合素质教育的要求，使学生在身心方面都能获得全面的发展。

5.不断引进民族特色项目

通常情况下，富有趣味性和新奇性的运动项目总会受到广大学生的青睐，因此在选择与确定体育教学内容时也要注重推陈出新，改革与发展一些新颖的运动项目。除此之外，我国多民族的特性决定了各个民族都有出色的民族特色体育项目，这些民族项目既各具特色，又有良好的健身价值，在体育教学内容的选定中应适当根据具体情况加以选用。

二、高校体育教学内容改革的思路

针对当前高校体育教学内容的发展情况和改革中出现的问题，为了更好地促进高校体育教学内容的完善，需要对高校体育教学内容进行进一步的改革，其中可采纳的基本思路主要有以下几个方面。

（一）遵循以人为本的思想，满足体育教学主体的需求

首先要将指导思想确定下来，然后再对教学目标及目标的内涵进行准确的定位。同时，要与高校教学的实际情况有机结合起来，以学生的主体需要为出发点，有针对性地对体育教学内容进行选择。当前，高校体育主体的需要已经发生了较大的变化，因此，体育教学的内容也应该适应这种变化，有针对性地增加健美、舞蹈、韵律体操、轮滑等一些趣味性强的项目。这样不仅能够使教学内容得到进一步丰富，还能够更好地调动学生参与学习的积极性，满足学生的需求。

（二）要重视隐性体育教学内容

作为体育教学内容的一个重要组成部分，隐性体育教学内容也包含着很多具体的方面，其中较为主要的有道德修养、体育精神、思想作风等无形的内容。对学生的纪律观念、集体观念、社会道德水平和意志品质进行积极有效的培养能够对学生产生潜移默化的影响，这对学生体育文化素养和体育道德水平的提高有着积极的促进作用。同时，这对学生更好地适应激烈竞争社会也有所助益。

（三）增加健康教育的内容

教学内容要充分的健康化，要充分提取、利用教材中的健康教育因素，实现体育与健康教育的结合。在选择教材内容时，为了能够有效完成增强学生体质的重要任务，高校体育需要在体育教学内容中增加有关健康教育的相关内容。具体来说，就是要增加那些学生乐于参加，并且对学生身心健康有利的体育项目，将难度大、重复多，且单调枯燥、学生不感兴趣的项目删除。要以学生身心发展的特点以及其知识和能力的水平为主要依据，对教学内容进行有针对性的安排，从而使教学内容的实用性和趣味性得到有效提高，将学生的学习兴趣有效激发出来。

第六章　高校体育教学方法的建设与发展

作为实现体育教学目标、开展体育教学活动的主要途径和手段，体育教学方法的体系建设与体育教学目标实现的程度有着直接的关系，体育教学方法的科学与创新性对体育教学的质量也有着决定性的影响。鉴于体育教学方法的重要作用，本章特对现代体育教学方法体系的建设与发展进行探讨与研究，重点探讨的内容有体育教学方法的基本知识、常见体育教学方法及科学选用、体育教学方法体系的构建及其创新发展。

第一节　体育教学方法的基本知识

一、体育教学方法的发展历程

体育教学方法是在体育教学现象出现以后才产生的，但这并不意味着其产生于课堂体育教学之后。在民间传统体育的传授过程中，一些教学方法就已经得到了普遍的应用，只是当时人们对教学方法还未形成科学和系统的认知，因而没有对其进行深入的研究。所以，现代意义上的体育教学方法是在现代体育教学产生以后才出现的，其时代性特点较为突出。我们可以将体育教学方法的发展历程分三个阶段来研究，具体如下。

（一）体操和兵操时代

在传统社会中，体育运动发展的一个重要助推力就是军事战争。在封建社会和资本主义社会的早期，为了使士兵的作战能力不断提高，会要求士兵进行体育运动方面的训练。这时体育教学方法以训练式和注入式为主，相对而言比较单调。训练式和注入式的传统教学方法对大运动量的不断重复作了特别强调，主要就是通过苦练来强化士兵的运动记忆，并促进其体能的不断增强。

（二）竞技运动时代

近代以来，竞技运动随着资本主义社会的不断发展而得到了快速的进步与发展。竞技运动项目在近代的大量增加是其快速发展的集中体现。这一时期竞技运动以公正、平等为指导思想，并且将众多的文化因素融入其中，表现出了勃勃的生机和充沛的活力。竞技运动的发展对运动员的运动技能提出了较高的要求，而如果只是一味地苦练并不能与这一要求相适应，因而改进体育教学方法势在必行。这一阶段，体育教学效率有了明显的提高，一些新的体育教学方法，如演示法、观察法以及小团体教学法等开始逐步出现。

（三）体育教育时代

随着体育运动在现代社会的不断发展，体育运动日益成为学校教育的重要组成部分。作为一种文化现象，体育的内容也得到了极大的拓展。健康教育、心理训练、安全教育、体育咨询、体育培训等方面的知识在体育运动中都有涉及，体育的知识和技能都得到了快速且全面的发展。体育教学内容的丰富与拓展直接推动了人们对体育教学方法研究的不断深入。体育教学方法的深入研究要求学生要对相应的体育知识和技能加以掌握，要求学生全面发展，即身体素质、心理健康、运动欣赏能力等都得到提高与发展。现代社会，科学技术的发展也取得了大量的成果，因而直接促进了一些新的体育教学方法的产生。计算机、录像、电影等多媒体技术的发展，使运动表象和感知等方法得到了快速的深化发展。至此，现代体育教学方法的发展向着科学、规范、更高层次的方向迈进。

需要强调的是，新的体育教学方法的产生与发展并不意味着传统体育教学方法的消失。在不同的时代背景下，都会有与这一阶段生产力和科学文化水平相适应的体育教学方法出现。这些新的顺应时代发展潮流的体育教学方法与传统体育教学方法相互结合、相互借鉴，共同推动体育教学的改革与发展。体育教学方法是随着时代的变革而不断发展的，且随着教学环境、教学对象和教学内容等各教学要素的发展，体育教学方法也逐渐呈现出不同的阶段性发展特点。

二、体育教学方法的概念及组成要素

（一）体育教学方法的概念

教学方法是师生为实现课堂教学目标和完成教学任务而采用的教学活动的总称，它是一种行为或操作体系，包含着教师的教和学生的学两个层面的具体方法。体育教学方法就是实施体育活动所有的手段和方式的总和。[①]

我们可以从以下几个方面来理解体育教学方法的概念。

1. 体育教学方法是"教"与"学"的统一

体育教学方法体现了教与学的统一，只有通过师生间的双边互动，才可以将体育教学方法的价值与作用更好地发挥出来。我们可以将体育教学活动简单地理解为两个方面的内容，即"教师的教"和"学生的学"。体育教学活动中，教师和学生都是作为主体角色发挥作用的。教师在体育教学中选用具体的教学方法和手段都是以学生为主要对象的，教师和学生之间的关系极为密切。只有在师生的双边互动中，体育教学任务和目标才能得以顺利实现。因此，教和学两方面的内容贯穿于体育教学方法实施的整个过程。

---

① 毛振明.体育教学论[M].北京：高等教育出版社，2005.

2. 体育教学方法是师生动作和行为的总和

体育教学方法的贯彻与实施是在师生互动中实现的，体育教学方法也是师生行为动作总和的体系。体育教学方法与其他科目教学方法的不同之处主要在于，体育教学方法不但对教学语言要素较为重视，而且对动作要素有更加突出的强调。体育教学过程中，学生掌握各种动作都离不开教师的讲解、示范以及纠正，只有在此基础上，学生重复进行练习，才能对相应的技术动作进行准确且熟练的掌握。所以说，体育教学方法是教师和学生双方动作和行为的总和。

3. 体育教学方法和教学目标不可分割

所有的体育教学方法都具有目标性，体育教学方法与体育教学目标之间具有密切的联系，教学方法的选择与实施主要就是为实现体育教学目标和任务而服务的。体育教学方法和体育教学目标之间具有不可分割性，如果强行将两者割裂，那么体育教学方法失去了明确的方向，在具体的运用中就会表现出一定的盲目性。反过来，如果体育教学目标与任务没有体育教学方法的贯彻实施，也将无法顺利实现与完成。

4. 体育教学方法的功能具有多样性

现代体育教学不仅注重学生动作和技术的掌握，以及各方面身体素质的增强，它更加注重学生的全面发展。因此，体育教学方法的功能也具有了多样性的特点。多功能的体育教学方法不仅能够在一定程度上促进学生运动能力的增强，还能够促进学生思想道德品质、心理素质等方面的发展，这对于学生的全面发展具有积极的意义。

（二）体育教学方法的组成要素

组成体育教学方式与方法的要素有很多，主要可以归纳为以下几个方面。

1. 目标要素

体育教育方法必须要有一个指向的教育目标。目标作为体育教育的基础，没有它也就没有方法可言。教学方法主要是为教学目标而服务的。

2. 语言要素

语言要素包括多种形式的语言，如口头语言、肢体语言等。

3. 动作要素

动作要素包括身体各种运动动作。在体育教育的本质中提到过，体育是以人的身体训练为手段的活动，所以身体训练是必不可少的，是永远不能脱离的。这是体育区别于德育、智育的主要特点。

4. 环境要素

环境要素包括学校的地理位置以及气候、风土等自然现象。此外，还包括配合教学活动而采用的体育器材与场地设施。

三、体育教学方法的特点及分类

（一）体育教学方法的特点

1.双边互动性

任何一种体育教学方法都是教师指导学生学习这一双边活动的方法。它是由教师教和学生学组合而成的。具体来说，在体育教学方法的实施过程中，教师教的方法对学生学的方法具有一定的制约性影响，学生学的方法也对教师教的方法产生影响。所以，师生在体育教学中相互联系、相互作用和相互统一活动的特点在体育教学方法中有着充分的体现。我们不能错误地将体育教学方法理解为教师教的方法与学生学的方法的简单相加。

2.多感官参与性

体育教学过程中，所有参与者都必须将自身的各种感觉器官充分调动起来。在教学活动中，教师和学生不仅要通过视觉与听觉来对信息进行接收，还要在中枢神经系统的指挥下，运用身体的触觉、位觉、动觉等来进行动作的示范和练习。通过本体感觉来对机体在做正确动作时动作的用力大小、运动方向、动作幅度等进行感知，以对正确的动作定式进行体会，从而对机体完成动作进行更加有效的控制。这些也都充分体现出了体育教学方法的多感官参与性特点。

3.感知、思维和练习的组合性

体育教学活动中，学生需要动员多种感官来接收教师发出的信息，这是由体育教学目标和教学程序共同决定的。学生利用大脑皮层对教学信息进行接收，并经过大脑的分析加工和处理后以指令的形式对机体进行指挥，从而使机体顺利完成相应的动作。在这个过程中，学生需要充分运用感知、思维，并进行不断的练习。感知是学习的基础，思维是学习的核心，练习是学习的结果。体育教学方法将感知、思维和练习三个环节紧密结合在一起，将体育教学过程的认识与实践、心理与身体有机结合的特点充分体现出来。

4.运动与休息的交替性

在体育教学活动中，个体的身体活动和心理活动之间有着非常紧密的联系。学生通过感知动作及思考、记忆、分析等心理活动对动作技术和运动技能进行掌握。教学过程中，学生生理和心理难免会承受一定的负荷，当这种负荷持续不断地作用于学生的机体后，学生必然产生运动性疲劳。疲劳现象会使学生的学习兴趣和学习效率降低。所以，教师要对体育教学方法进行合理的采用，对运动锻炼的间歇时间做出合理的安排，要做好运动与休息的科学调配，唯有劳逸结合才能提高教学效率。

5.继承性

体育教学方法具有历史继承性。在长期的体育教学实践中，人们为了提高教学的实效性，对教学方法的探讨与研究非常重视，并且积累了较为丰富且宝贵的实践经验。有些教学方法是体育教学客观规律在一定程度上的反映，至今仍具有广泛的影响力，值得我们对其进行认真的总结与整理，并对其合理的部分进行借鉴。任何新的体育教学方法要绝对地从零开始都是不可能的，它必然是借鉴多方面传统教学方法的结果，并在新的历史条件下将新的内容赋予其中，使其具有更新的意义与更显著的价值。

（二）体育教学方法的分类

当前，学校体育理论界针对体育教学方法提出的分类方法越来越多，而且越分越细。划分依据不同，体育教学方法的类别自然也就不同，具体如表 6-1 所示。

表 6-1　体育教学方法的分类

划分依据	类　别
体育教学方法的本质特征	（1）体育学中的一般方法 （2）体育教学中的特殊方法
体育教学目标	（1）传授理论知识的方法 （2）技能教学的方法 （3）锻炼的方法 （4）教育的方法
教学活动中获得信息的性质和功能特征	（1）基本信息的手段和方法 （2）辅助信息的手段和方法
师生双边活动	（1）讲授法 （2）学习法（包括练法）
教学活动中获得信息的主要途径及其来源	（1）语言法 （2）直观法 （3）练习法

四、体育教学方法的层次

体育教学方法具有一定的层次性，主要包括体育教学策略、体育教学方法和体育教学手段三个层面。

（一）教学策略

教学策略在体育教学方法层次中居于"上位"层次。它是体育教学方法在广义范围上的概念，是传统定义中教学方法的组合，是教师通过组合多种手法和手段进行教学的行为方式。[①] 通常也可以将体育教学策略称为体育教学模式或方式，单元和课程的设计与变化是体育教学策略的集中体现。例如，发现式教学法作为一种广义的教学方法，由模型演示、提问法、总结归纳法、组织讨论法等多种传统定义的教学手段组合而成。

（二）教学方法

教学方法在体育教学方法的层次系统中居于"中位"层次。它是体育教学方法在狭义范围上的概念，基本与传统意义上的教学方法等同，是体育教师通过一种主要手法的运用

[①]　毛振明.体育教学论 [M].北京：高等教育出版社，2005.

来进行教学的行为方式。例如，提问法这一具体的教学方法就是为了实现某个教学方式而采用的，是通过对提问和解答这两种具体方法的运用来实现一个教学方式。体育教学方法也可称为"体育教学技术"，通常是在体育课的某一教学步骤上体现出来的，并由于体育教师条件的不同在选用和变化上也会出现一定的差异。

（三）教学手段

教学手段在体育教学方法层次中居于"下位"层次。它是传统定义上的教学方法的组成部分，也是教师采用一种主要的手段而开展教学活动的行为方式。体育教学手段也可被称为"教学工具"，体育课的某一个教学步骤中更为具体的教学环节一般会采用各种教学手段。

五、体育教学方法的意义

体育教学方法在体育教学活动的构成系统中居于非常重要的地位。体育教学方法不仅在教学活动的开展过程中发挥着重要的作用，而且即使教学活动结束之后，教学方法的影响依然不会在短时间内完全消失，这是体育教学内容、环境等其他构成要素所无法比拟的。具体来说，体育教学方法具有如下几方面的意义。

（一）促进教学任务的完成

体育教学方法在体育教学活动中是体育教师与学生双方互动的主要连接点。科学有效的体育教学方法有利于将体育教学活动中的两个重要主体（教师与学生）紧密连接起来。这一连接有利于促进体育教学目标与任务的顺利完成。倘若缺乏科学有效的体育教学方法，将难以使预期的体育教学目标顺利实现，也无法使教学任务高效地完成。

（二）促进良好体育教学氛围的营造

科学合理的体育教学方法可以使学生参与体育学习的积极性不断提高，促使学生学习兴趣不断高涨，也有利于加强良好教学氛围的营造。良好的教学氛围反过来又有利于感染学生，引导学生主动参与学习，从而促进一种良性循环的形成。体育教学方法的科学运用对于促进学生对体育教师的信任度的提高非常有效，教师一旦赢得了学生的信任，就很容易引导学生来学习体育课程，和谐的体育教学气氛就会形成。

（三）促进学生身心素质的全面发展

体育教师选用教学方法容易受科学思想的感染与熏陶，因而所采用的方法必然具有一定的科学性。采用科学恰当的教学方法进行体育教学，对于促进学生的身心全面发展非常有益。相反，倘若教师在教学过程中选用的是不具备科学性与不恰当的教学方法，就会对学生身心的健康发展造成制约。我们可以将体育教学活动中体育教学方法的实施过程看作是学生对体育运动技术进行体验与锻炼的过程。所以，教师不仅要向学生传授体育方法论的相关知识，也要对学生的训练实践进行引导，促进学生身心的全面健康发展。此外，科学的体育教学方法对培养学生的丰富情感、锻炼学生的意志品质也是非常有益的。总之，学生的全面发展直接受体育教学方法的深入影响。

（四）促进体育教学质量的提高

科学的体育教学方法能够通过充分调动各种有利的因素来促进学生学习兴趣与热情的不断提高，引导学生将其主观能动性充分发挥出来，从而促进学生学习效率的不断提高，最终促进体育教学质量的优化。

第二节　常见体育教学方法及科学选用

一、常见体育教学方法分析

（一）语言教学法

1. 讲解法

作为一种基础的语言教学方法，讲解法在体育教学过程中的运用最多、最广泛。几乎整个体育教学过程中都会运用到语言讲解的教学方法。体育教学中，教师通过语言描述的方式向学生说明教学的任务、内容、要求、动作名称、动作要领等，以达到预期教学效果的方法就是所谓的讲解法。这种教学方法一般在体育教学的初期具有非常重要的作用。在初步学习技术动作时，体育教师需要先通过讲解法向学生描述这一技术的基本动作和难点要点，使学生对该动作技术形成一个初步的认识和了解，从而为进一步的学习与练习奠定一定的基础。教师在运用讲解法时，要对该方法的科学性和艺术性特点予以一定的重视，以增强该方法运用效果及促进整个教学效果的提高。教师应在教学过程中不断进行经验的总结，在语言表达上要做到精益求精。

体育教师在运用讲解法进行教学的过程中，应注意以下几个方面的要点。

（1）要有目的地讲解。在对讲解内容、方式进行选择和对讲解语气、速度进行调整时，教师应依据学生的特点、教学的目标和教学内容来进行教学，抓住讲解的重点和难点。

（2）注意所讲解的理论知识要准确、权威，所讲解的技术内容要与技术原理相符，并充分考虑学生的接受能力。

（3）讲解的方式和广度要以学生的实际情况为依据来进行调整。

2. 口令法

有确定的内容和一定的顺序与形式，并以命令的方式对学生活动进行指导的一种语言教学方式即为口令法。在体育教学活动中，对口令法的运用一般出现在队列练习、队形练习、基本体操、队伍调动等活动中。在具体运用中教师应准确、清晰、洪亮、及时地发出口令，并注意从人数、形式内容、对象等特点出发对自己的语调语速进行控制。

3. 指示法

体育教师通过简明的语言来指导学生进行活动的语言教学方法即为指示法。教师在运用指示法时，应注意做到准确、简洁、及时等几方面的要求，且尽量用正面词。指示法主要有以下两种运用形式。

（1）在学生练习时未能意识到的、关键的动作中运用。

（2）在组织教学中运用，如场地布置、整理器材等。

4. 口头评价

体育教师在一定的标准和要求下，对学生的练习或比赛进行一定的客观评价的方法即为口头评价教学法。教师将对学生掌握运动技能和思想作风等方面的情况所作出的反馈集中通过口头评价反映出来，通常在学生结束练习后马上进行指导或提出新要求。因为学生对动作的记忆大多是在大脑皮层的短时间储存，超过 25 ~ 30 秒就会消退 25% ~ 30%，因此教师的口头评价最好在学生完成动作后的 25 ~ 30 秒内进行，这样效果更好。

（二）直观教学法

体育教学中，教师通过实际的演示或外力帮助，借助学生的视觉、听觉、触觉、肌肉本体感觉等器官来对动作进行直接感知的教学方法即直观教学法。[①] 一般将体育教学中常用的直观教学法细分为以下几种具体方法。

1. 动作示范法

体育教学中，教师为帮助学生对技术动作进行认识和了解，经常使用动作示范法。具体就是教师以具体动作作为范例，帮助学生对动作规范、结构、要领和方法进行直观的掌握。学生通过观看教师正确优美的动作示范，可以建立正确的动作表象，学习的兴趣也会因此而提高。教师在运用直观教学法进行教学的过程中，应着重注意以下几个方面。

（1）教师在示范时，不要一味展示自己的技术水平，要明确示范是要达到什么目标，要使学生从中获取什么信息，要考虑如何示范才更容易使学生更清楚动作要点。

（2）注意对动作示范位置与方向的选择。教师要先让学生按照一定的队形排列，然后根据该队形的特点来选择示范的位置与方向，教师进行这一选择的目的就是要让全体学生都能观察到自己的动作示范。

（3）教师的示范动作要准确、熟练、轻快、优美，从而激发学生的学习兴趣。

（4）示范的过程中，要配合语言讲解。因为如果单纯示范，学生不容易对其中的要点进行把握，这时就需要教师通过语言讲解来提醒学生哪些是重点，哪些是容易出错的地方。

---

① 李启迪，邵伟德. 体育教学基本理论研究 [M]. 北京：北京师范大学出版社，2014.

2. 多媒体教学法

随着现代化技术的不断进步与发展，越来越多的现代化技术逐渐被运用到了体育教学中。多媒体教学法就是在此环境中被广泛运用的，它是教师通过给学生播放幻灯、投影、电影、电视、录像等进行教学的方法，这种教学方法的主要特点与优势就是生动、形象、真实。

在运用多媒体教学法的过程中，教师应注意在综合考虑教学目标及学生特点的基础上选择适宜的电视、电影、录像等内容来进行播放。如果将电视、电影、录像等的播放与讲解示范练习有机结合，将会得到更好的教学效果。边播放边讲解，或适当停顿讲解，学生可以获得直接的思维感受。

3. 条件诱导法

以某种条件为诱因，同时与体会动作相联系，达到直观作用的方法就是所谓的条件诱导法。例如，长跑项目教学中安排一名领跑员，不但有利于形成长跑中的一种带领性的速度感，而且对形成队友间的相互保护意识也有利。牵引性的助力和对抗限制性的阻力，能较快地使学生建立完成动作的时间感与空间感。

此外，为了使某些动作能够更加富有节奏感，可以通过采用音乐伴奏或借助节拍器和音响来达到这个目的。

4. 直观教具与模型演示

教师在体育教学中难免会用到一些教具和模型来进行辅助性的教学，这些教具与模型都是具有直观性特征的，如挂图、图表、照片等。通过这些用具来对教学内容进行讲解，有利于帮助学生建立正确、完整的动作表象。

教师不仅可以采用教具让学生进行长时间的观摩，还可根据情况对某个细微的环节进行突出的强调，因此教师应将图表、模型和照片等直观教具充分利用起来。采用教具与模型演示方法对帮助学生直观了解技术动作的全过程非常有效。此外，教具、模型的演示还可以吸引学生的兴趣与注意力，从而提高教学效率。

5. 助力与阻力教学法

在体育教学过程中，体育教师借助外力使学生通过触觉和肌肉的本体感觉对正确的动作用力时机、用力大小、用力方向、动作时空特征等进行体验的教学方法就是助力与阻力教学法。

体育动作的技术教学环节一般会比较多地采用助力与阻力教学法，这是一种能够帮助学生对正确技术动作进行有效掌握的直观教学方法。

6. 领先与定向教学法

（1）领先教学法。教师对具体的动态视觉信号加以利用，来给学生提供相关指示的教学方法即为领先教学法。例如，在体育教学过程中，教师可以利用动态的、超前的视觉信号，给学生施加相应的刺激与激励，帮助学生将技术动作顺利完成。

（2）定向教学法。教师通过利用具体的静态视觉标准来给学生提供相关指示的教学方法就是定向教学法。例如，在体育教学中，教师为了给学生指示动作的具体方向、轨迹、幅度等，对标志物、标志线、标志点等进行合理的运用。

（三）分解教学法

体育教师在教学中，将完整的动作技术合理地分解成几个部分与段落，将动作的各部分逐个教授给学生，在学生对各部分动作都熟悉后，再完整地向学生教授整个动作技术的教学方法即为分解教学法。[①] 动作技术的难度相对降低，便于学生掌握教学重难点，便于突出教学重难点，从而提高学生的学习自信是这种教学方法的主要优点。学生难以对完整动作进行领会，有可能只是单独掌握一些局部和分解动作是这一教学方法的不足之处。运用分解教学法时，应注意以下几点。

（1）体育教师要采取相对合理的分解方式分解动作，具体应根据动作技术的特点进行分解。

（2）体育教师对动作技术的段落与部分进行划分时，还要考虑各部分之间以及各段落之间的有机联系，尽可能保持动作结构的完整性。

（3）对于完整动作中各部分与各段落的地位与作用，体育教师应有所明确，并为最后的动作组合做好准备。

（四）完整教学法

完整教学法是体育教师在教学过程中从开始到结束不分解动作，完整地对动作进行传授的教学方法。它主要可用于以下几个方面的教学中。

首先，动作结构较为简单，对于协调性没有过高要求，方向线路变化较少。其次，动作虽较为复杂，但各部分间密切联系，不宜对其进行分解。最后，虽然动作较为复杂，但学生储备了足够的运动能，拥有较强的运动学习能力。用于应该分解而又不宜分解的动作时，容易给教学造成不良影响，这是完整教学法的不足之处。

具体的体育教学实践中，运用完整教学法主要有以下几个方面的注意事项。

1. 直接运用

在对一些较为简单、容易掌握的动作进行教授时，教师进行讲解与示范后，指导学生直接练习完整动作。

2. 从教学重点进行突破

例如，体操或跳水运动中有一些空中翻腾动作，教师虽然不能对其进行分解，但对于其中的动力、动作时机和动作要领等要素，教师还是可以一一进行分析的，教师可以用辅助的方法使学生体会动作感觉，并进行重点练习。

① 李启迪，邵伟德.体育教学基本理论研究[M].北京：北京师范大学出版社，2014.

3. 降低难度

在完整练习时，可以减轻投掷器械的重量，降低跳高横竿的高度，缩短跑的距离与降低速度，或徒手完成一些本来持器械的完整动作等。

（五）程序教学法

程序教学法也被称为"学导式教学法"或"小步子教学法"。它是以认知规律和技能形成规律为依据，将体育教学内容分解成为若干小步子（相互联系），使之组成方便学生学习的逻辑序列，并且对相应的评价信息反馈系统进行建立的教学方法。[①] 在教学过程中，学生按照分解后的小步子逐步进行学习，在学习后及时进行评价，并依据评价的结果对学习效果进行即时的反馈。如果评价后发现达到了预定的标准，则按顺序进行下一步的学习。

程序教学法的整体模式如图 6-1 所示。

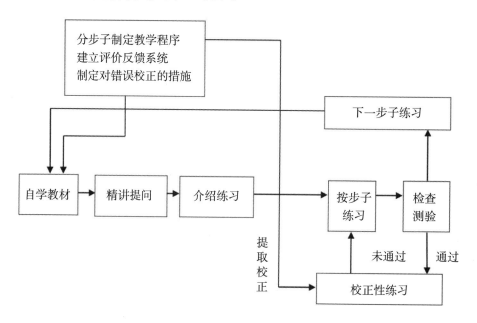

图 6-1　程序教学法的整体模式

（六）预防与纠正错误教学法

在体育教学过程中，学生因为各种原因而产生这样或那样的错误动作是在所难免的。如果没有及时发现和纠正这些错误动作，学生错误的动力定形就很容易形成，从而会对其掌握正确的技术动作和技术水平的提高造成消极的影响，更严重的还会造成运动损伤。因此，在体育教学中，教师必须采取积极有效的措施来对学生所出现的一些错误动作进行预防和纠正。

体育教学中运用预防和纠正错误教学法主要有以下几种常见的形式。

---

① 李启迪，邵伟德 . 体育教学基本理论研究 [M]. 北京：北京师范大学出版社，2014.

1.降低难度

在体育教学过程中，学生体能素质较低、心理紧张、认识不足等原因都会导致动作的错误。对此，教师可通过降低动作难度来避免这一现象的发生。具体来说，教师可采用改变练习条件、分解完成动作等方式来对技术动作的难度进行调整。降低难度可以使学生将技术动作轻松地完成，从而促进其自信心的增强。

2.外力帮助

学生感受正确动作的方法即为外力帮助法。在体育教学课上，如果学生在学习动作时对用力的部位、大小、方向以及幅度等不清楚，就很容易做出错误的动作。这时教师可通过对推、拉、托、顶、送、挡等外力的运用来帮助学生对正确动作的本体感觉加以体会，最终达到纠正错误的效果。

3.强化概念

在学习过程中，正确理解概念可以有效促进学生在大脑中形成正确的动作形象。教师在体育教学实践过程中，应注意通过采用讲解、示范、对比等方法来促进学生正确动作概念的不断强化，促使顺利形成学生正确动作表象，使学生对正确与错误动作的差异和区别有所明确，使学生主动避免错误或及时纠正错误。

4.转移练习

在体育学习中，恐惧、焦虑心理或受旧运动技能的影响也会使学生出现错误动作。针对这种情况，教师应及时转移学生的练习，通过采取变换练习内容的方法利用一些诱导性和辅助性的练习，促使学生摆脱已经形成的错误动作定式，进而促进学生正确的动作定式的形成。

5.信号提示

信号提示指的是学生在学习与训练技术动作的过程中，由于用力时间或用力方向不当而做出错误的动作时，教师及时给予信号指示，帮助学生改正错误动作。听觉信号、口头信号、视觉信号等都是教师具体采用的信号提示方法。此外，标志线、标志点、标志物等也有利于帮助学生预防与纠正错误动作。

二、体育教学方法的科学选用

（一）体育教学方法的合理选择

1.体育教学方法合理选择的参考依据

（1）依据体育教学目标进行选择。体育教学目标具有多层次性的特征，具体体现在身体发展目标、知识发展目标、技能发展目标、社会发展目标以及情感发展目标等方面。为了促进这些不同层次教学目标的实现，教师应对不同的教学方法加以采用。在体育教学中教学目标并不是孤立的，它是多种目标的综合，而每一单元、每一堂课目标的侧重点是不同的。所以，在教学过程中，教师应以具体的课堂教学目标为依据对重点发展某一方面的教学方法进行合理选择。体育教学总目标是通过一个个课时教学目标的逐步实现而最终实现的。课时教学目标具有一定的指导性，而且其包含着丰富的内容，既有运动技能和运动理论方面的内容，又有心理和品质品格方面的内容。针对这些不同内容的教学目标，教师应选择与之相适应的科学教学方法来进行具体的教学。

（2）依据体育教材内容进行选择。体育教学内容与教学方法之间联系密切，针对不同的教学内容，应采用不同的教学方法，如对于理论方面的内容，适合采用语言教学法；对于实践方面的内容，适合采用直观示范教学方法。可见对教学方法的选择受不同性质的体育教学内容的影响。同一种教学方法运用于不同教学内容上会产生不同的效果。所以，体育教学过程中，教师应注意对教学方法的灵活选择。

（3）依据教师的自身条件进行选择。作为体育教学方法的实施者，体育教师自身的素质对教学效果与质量具有直接的且非常重要的影响。倘若体育教师自身的能力和素质水平较低，则其难以将体育教学方法应有的作用很好地发挥出来，从而制约教学活动的顺利进行。因此，教师在选择相应的教学活动时，应对自身的专业素养能力水平以及教法特点有客观的理解。

一般而言，体育教师需要对众多的教学方法进行熟练掌握，这样才可以从自身以及学生的实际情况出发对最佳的教学方法进行选择。不同教师根据学生实际状况采取同样的教学方法，也会得到不同的教学效果。可见教师自身的条件极大地影响着体育教学活动。所以，教师要有意识地提高自身的素质，优化自己的教学风格，对更多的教学方法进行尝试与熟练运用。

（4）依据学生的实际情况进行选择。在体育教学过程中，教学方法的实施主要以学生为对象，促进学生更好地学习是运用各种不同教学方法的最终目的。因此，选择的相应的体育教学方法，应与学生特点及其实际情况（年龄特点、性别特征、身心发育状况以及相应的知识储备和学习能力等）相符合。

（5）依据体育教学物质条件进行选择。在体育教学活动中，体育教学物质条件对教学方法的选用有很大程度的影响。学校的体育教学器材、场地以及设施等都属于教学条件的范畴。倘若学校拥有全面且先进的教学条件，那么体育教学方法的功能与作用就可以得到良好的发挥。相反，倘若教学条件不全面，则会直接影响体育教学方法的作用与价值的充分发挥。例如，在背越式跳高的教学中，采用海绵块练习的效果要优于采用沙坑练习的效果，主要是因为海绵块相对较为干净，比较安全，学生在海绵上练习不会有很大的心理负担，神经系统兴奋性会处于较高的水平。在体育馆内进行体育教学，能够避免受到周围环境的影响，能够促进体育教学方法使用效果的提高。对现代化体育教学手段的充分运用，能够使教师动作示范中的某些缺陷得到有效的弥补，从而促进体育教学质量的提高。所以，体育教师在对教学方法做出选择时，要对体育教学物质条件进行充分的考虑。

（6）依据不同体育教学方法的功能与适用条件进行选择。不同的体育教学方法拥有不同的特点功能、适用条件与范围，而且不同的教学方法都具有自身的优点与不足。在体育教学活动中，各要素组合的合理性对体育教学方法的作用与价值的充分发挥具有非常重要的影响。有时，一种教学方法可能适合在某个体育项目的教学中采用，而且效果良好，但不适宜在其他项目的教学中采用，而且会制约教学活动影响顺利开展。同样的道理，对于某一教学内容的教学，有些教学方法是合理且能够产生正效应的，而有些就会产生相反的作用。例如，谈话法是对新知识进行传授的主要方法，这一方法使用的前提与基础是教学对象已有知识与心理方面的准备，倘若没有做好准备，采用这一方法所预期的理想的效果就不会出现。讲授法能够将大量的系统知识在短期内传授给学生，有利于体育教师主导性的发挥。然而，学生的主动性与创新性在这一方法的运用中是难以得到充分发挥的。所以，体育教师在对教学方法进行选择时，对于不同教学方法的功能、应用范围和条件等，一定要进行认真的考虑与分析。

2. 体育教学方法合理选择的注意事项

（1）加强师生之间的协调配合。在体育教学过程中，为了实现预期的教学目标，教师和学生必须进行默契的配合。体育教学活动中，没有"教"的"学"和没有"学"的"教"都是不存在的。因此，无论采用何种教学方法，都应考虑"如何教"和"如何学"。

在传统体育教学中，一味以教师为中心，选用的教学方法也只对教师"如何教"的问题比较重视，而直接忽略了学生在教学过程中的作用。例如，教师在示范动作时，只对动作的优美和协调性比较重视，而没有对学生的感受进行考虑，从而导致学生的学习效果不佳，影响教学质量。因此，体育教学方法的选择应注意考虑师生双方的默契配合，避免两者相脱节。

（2）加强不同学习阶段的前后配合。学生在体育教学过程中，不同的学习阶段会有不同的学习特点产生。教师选择体育教学方法时应对学生学习知识的不同阶段的前后配合予以考虑。例如，在学生的动作学习过程中，教师应注重指导学生从"模仿型"向"创造型"过渡，并实现二者的有机结合。

学生的学习过程也是对学习内容不断了解与掌握的过程。在初步学习阶段，往往以模仿（模仿教师或他人）学习为主，之后，学生就会形成动作定式而完全摆脱模仿，从"模仿型"过渡到了"创造型"。这两个阶段之间具有一定的联系，又相互区别。因此，在对教学方法进行选用时，应有意识地使二者之间的互相代替、割裂得到有效避免。

（3)加强学生内部与外部活动的配合。学生的学习过程是内部活动和外部活动的统一。学生的心理活动以及相应的生理生化反应等属于内部活动，学生的动作质量、情绪、注意力等属于外部活动表现。

教师在选择相应的体育教学方法时，应注重学生内部活动与外部活动之间的配合。教师应善于分析学生的内外活动变化，有机结合指导学生外部活动的方法与激发学生内部活动的教学方法，以使学生能够自觉地进行体育学习。

在体育教学方法的选择过程中，教师还应对多种教学方法进行对比与分析，从而将最佳的教学方法确定下来。此外，不同的教学方法适用于哪些教学内容，可以解决什么教学问题，能够对什么教学对象起到积极作用等，都是体育教师需要考虑的问题。

（二）体育教学方法的科学运用

1.体育教学方法的优化组合运用

（1）优化组合运用的原则。

①启发性原则。不管是采用哪一种形式的教学方法，都应该考虑其是否有利于调动学生的学习积极性和主动性，是否可以促进学生进行积极的思考与自主的探索，是否可以促进学生各方面素质的全面提高。在体育教学活动中，对教学方法的优化组合还要注重对学生学习兴趣和动机的培养，从而使学生的自主思维得到充分的发挥。

②最优性原则。教学方法不同，自然就具有不同的特点、功能和应用范围，而且各自的优势与不足也有差异。因此在对教学方法进行组合运用时，不同体系的综合教学方法会因此而形成，每一套教学方法的特点也各不相同。对此，教师在进行体育教学方法的优化组合时，应以实际需要为依据，选择最符合实际情况的一套教学方法。教师在教学方法的选择中，应从整体入手，将各种适应相关教学内容的教学方法进行有机的结合，从而将教学方法体系的整体功能充分发挥出来。

③统一性原则。统一性原则要求教师在对相应的教学方法进行选择时，应注重"教"与"学"双边活动的统一，并强调二者的密切结合与相互促进。如果只重视其中的一项活动，则难以使教学活动达到预期的开展目标。另外，贯彻统一性原则还要求体育教师在教学过程中尽可能地将教学方法的多种功能充分发挥出来，从而全面促进学生各方面素质的提高。

（2）优化组合的程序。

①将体育教学的任务进一步明确。

②根据实际情况将总体设想提出来。

③对多种体育教学方法加以优化组合。

④对优化组合的教学方法加以实施与评价。

2.体育教学方法运用的注意事项

（1）全面考虑影响体育教学方法运用效果的因素。体育教师在对体育教学方法进行科学运用时，为了加强教学效果，应全面分析对教学方法运用效果产生影响的各方面因素。具体涉及的因素有教师自身、学生以及教学条件与环境。在体育教学过程中，体育教师自身的知识储备、人格魅力以及教学技艺等会对教学方法的运用效果产生不同程度的影响。所以，全面提高教师的素养对于教学方法使用效果的提高非常有益。

体育教学是教师与学生共同参与的活动，学生因素对教学方法运用的效果同样也会产生举足轻重的影响。因此，教师应注重鼓励学生主观能动性的发挥。

除教师和学生两方面的影响因素外，体育教学的物质条件和环境也会对体育教学方法的运用效果产生一定程度的影响。因此，体育教学在强调教学主体因素的同时，要重视提供良好教学条件与优化教学环境。

（2）注意体育教学方法有关理论的运用。体育教学的理论源于实践，但又高于实践。因此，在运用体育教学方法的过程中，教师不仅要注重实践方面的问题，还要重视在理论方面的积极探索。如果对相关理论的研究具有片面性，那么体育教学的方法也会相应表现出片面的缺陷。因此，在体育教学实践中，对体育教学方法的相关理论基础进行探索，应综合考虑辩证唯物主义与唯物辩证法的基本观点，系统论原理，教育学、心理学有关学科理论知识、普通教学论和体育教学论等所有相关的内容。

总而言之，在体育教学过程中，教师应树立新的观念，运用新的理论对体育教学工作进行指导，不断促进体育教学方法的改革与发展，将各种教学方法的效用充分发挥出来。

第三节　现代体育教学方法体系的构建

一、新体育教学方法体系构建的理论依据

"目标统领教材"是体育课程改革的突出特点，即以不同的教学目标为依据对不同的体育教学内容进行选择。学校向学生传授的各种思想、知识、技巧、技能、言语、观点、信念、行为、习惯等的总和就是教学内容。从本质上说，学生的学习过程就是将这些丰富的教学内容内化为自我发展成果的过程。这一过程体现了由外到内的转变，这一转变不会自动完成，必须通过对教学方法的运用才能实现。

选择体育教学方法要因地、因时、因人而异，即以不同地区的实际情况、学生的身心发展特点等为依据确定体育教学方法，这是体育新课程标准的基本要求。以往的体育教学大纲虽然对教学目标、各年级教学内容比重及考核标准做出了明确的规定，但却将地区间、城乡间、学校间的差异忽视了，而且也没有将学生的体育基础、兴趣、爱好等因素考虑在内，在具体的教学过程中只重视采用教师的讲解与示范等单一的教学方法，学生"看体育"的负面效果因此而形成。

体育课程标准对课程目标、领域目标、内容标准做出了相应的规定，但没有限制具体内容、比重、成绩评定等。新课标以学习内容性质的不同为依据对五个学习领域进行了划分，不同领域都有相应的教学任务和教学内容。虽然有些领域中的内容并不具体，但能够在其他领域中对相关内容进行渗透和贯穿，形成"目标—内容"，即目标指导内容选择，

内容选择达成目标的关系。与此同时，新课标还对六级学习水平进行了划分，并对相应的水平目标进行了设置，而且主要是以学生的身心发展特征为依据进行划分的，从而将体育教学特殊的规律充分体现了出来。

此外，新课标不对具体的学习内容进行规定，而是将达到目标的内容或活动建议提出来。这样，学校选择的余地也很大，可以以本校实际为依据对教学内容进行合理选择，从而促使学习目标更好地实现。由此可见，新课程标准的五个领域，不仅是学校选择体育教学内容的主要依据，也是体育教学自身规律的体现，还可以有效地指导体育教学方法的选择，促进"目标—内容—方法"教学范畴体系的形成。这样，不同地区、学校就拥有了选择符合本地区特点或本校特点的教学内容与方法的广阔空间。

二、基于新课标的体育教学方法体系的构建

学生学习方式的转变是体育新课程改革的基本特色，具体就是改变学生单纯接受式的学习方式，对发挥学生主体的学习方式进行建立，并对研究性学习进行积极的提倡。这一转变对于教师来说，要对不同学生的情况进行了解，从而向学生提供不同的学习空间，同时要对不同年龄学生的教学方法进行考虑。新的课程标准必须要有新的方法体系与之相配套。体育教学需要以体育教学自身的规律为依据，并结合具体的教学内容去开展教学活动，以促进学习目标的顺利实现。因此，应以体育教学规律以及为实现目标而选用的教学内容为依据，从按课程标准划分的五个学习领域来对新的体育学习方法体系进行构建。

体育课程改革对五个学习领域目标做了重点强调，并在此基础上以学生不同的身心发展阶段为依据对六个不同的水平目标做了划分。在体育教学实践中，每节课都要以不同的目标要求为依据对教学内容进行选择，而每节课教学内容都要能够使五个领域的不同目标顺利实现。所以，各个领域目标都有不同的水平目标与之相对应，教师应当以不同的水平目标为依据对所需要的教学方法进行合理选择与科学运用。

第四节　体育教学方法的发展

一、体育教学方法创新发展的原因

（一）科技进步促进了体育教学方法的创新

随着科学技术的迅速发展，人们的生活水平不断提高，生活质量得到了很大程度的优化。而且，科技的进步在体育教学领域也发挥了积极的影响，具体表现在对体育教学方法产生的深远影响上。随着计算机技术的快速发展，计算机在体育教学中的普及性也在逐步

提高，这就促进了体育教学中动作示范标准程度与科学程度的提高。而且，科技的进步使资料的搜集、整合更加便捷，学生在学习空间和时间方面受到的限制逐渐降低，实时的信息沟通逐步实现。通过运用计算机进行动作示范，可以从不同的侧面，以不同的速度，对不同部位的动作进行细致的分析和研究，使传统的讲解示范等方法更好地发挥自身的作用。

（二）体育教学内容的变革促进了教学方法的变革

为了与时代的发展相适应，满足学生不断增长的体育需求，体育教学的内容也在不断改革与发展，这也直接促进了体育教学方法的变革。例如，随着定向运动和野外生存运动被引入体育教学之中，体育教学活动的野外组织和教学方法得到了更加深入的开发。

（三）体育教学理论的发展促进了教学方法的改善

体育教学理论的发展对于体育教学方法的创新与进步具有积极的影响。在新的体育教学理论的科学指导下，体育教学方法的发展和创新速度逐步提高。在传统体育教学过程中，对体育运动技能的分析还不是很深入，并且针对同一运动项目的教学所采用的教学方法较为固定，甚至不同运动项目的教学都采用同样的教学方法。可以说，不管面对什么样的教学内容和教学目标，都是以"以不变应万变"的态度来选用教学方法。然而随着有关专家对体育运动项目研究的不断深入，适合不同运动项目的体育教学方法也创造性地应运而生。

二、几种新型体育教学方法的分析

（一）探究教学法

在体育教学过程中，引导学生发现问题、分析问题，最终解决问题，使学生在探索、研究的过程中对知识和技能进行掌握的教学方法就是所谓的探究教学法。[①]

探究教学法与现代教学教育理论与学生的要求更相符，也是新体育课程强调学生主体性理念的重要表现，因此在体育教学中受到教师与学生的高度重视。

运用探究教学法应注意以下几点。

（1）目的明确。教师在教学时应预先对研究计划进行确立，以便促进体育教学目标的顺利实现。目的不明确、与教学实际不符的探究活动不仅会造成时间的浪费，还会对课程目标的实现造成妨碍。

（2）与学生的知识水平相符。教师的教学必须以学生实际的知识能力水平为前提，教学内容太简单对于学生学习兴趣的激发是无益的，教学内容太难会使学生失去学习的兴趣与信心。因此，体育教师在教学前很有必要对学生基础知识的掌握能力以及技能水平进行了解，引导学生进行力所能及的探究。

（3）在教学过程中，对于学生努力后仍然有一定解决难度的探究性问题，教师应加强

---

① 李启迪，邵伟德. 体育教学基本理论研究 [M]. 北京：北京师范大学出版社，2014.

对学生的引导启发与鼓励，但不能代替学生进行探究活动。

（二）游戏教学法

教师以游戏的方式，组织学生进行体育学习的方法就是游戏教学法。游戏教学法要在规则允许的范围内实施，目的是将学生的主动性和创造性充分调动起来，达到体育教材内容所规定的目标。游戏教学法可以使个人的主动性和创造性得到充分发挥。这种方法实施起来也较为简单，且非常容易被学生接受，也是最受学生欢迎的教学方法之一。

教师可以在学生个体之间展开游戏教学，也可以在学生学习小组之间展开游戏教学。创建游戏情境，可以使学生感受紧张的气氛，并从中学会如何合理竞争，如何与同伴相互协作。游戏教学法有助于促进学生学习兴趣与身体活动能力的提高，有利于促进学生身体素质的全面发展，使学生在愉悦的运动体验中掌握相应技术的运用方法。

以下几点是体育教学中采用游戏教学法时需要注意的。

（1）教师在明确体育教学目标后，要以此为依据来设置游戏的形式。不同形式的游戏都应事先确定游戏的规则，使学生在参与游戏的过程中知道自己该做什么，不该做什么。

（2）教师应在要求全体学生遵守规则的同时，对学生个体主动性和创造性的发挥进行积极的鼓励。

（3）在体育教学中，教师运用游戏教学法时，学生个人的选择性与独立性较大。因此，教师在安排运动负荷与动作控制方面会受到很大的限制，对此教师应进行妥善的处理与解决，避免形成师生矛盾。

（三）竞赛教学法

在体育教学中，检验教学效果和促进学生技能运用能力不断提高的教学方法即竞赛教学法。竞赛教学法也是一种对教学效果进行检查的一种有效手段。这种教学方法不仅能促使学生将自身机体功能最大限度地发挥出来，还能促进学生的比赛应变能力和比赛中心理调控能力的不断提高，更能对学生勇敢、灵活、团结、谦虚等意志品质进行有效的培养。学生在学习运动技术之初，教师不适宜采用竞赛的方法进行教学。只有经过一段时间的学习，学生能够将动作技术较为连贯且熟练地完成后，才能采用该方法。一般在竞赛活动后，教师要及时对学生的表现进行评价。

教师在运用竞赛教学法时，应着重注意以下几个方面。

（1）对竞赛教学法的目的加以明确。在运用竞赛教学法时，不论是对教学内容进行确定，对竞赛方式进行选择，还是对竞赛结果进行证实等，都要树立"服务于教学目标"的观念。

（2）竞赛教学法的运用要注意对学生进行合理的配对和分组。无论是个人与个人的比赛，还是小组与小组的比赛，都要注意双方实力的均衡，教师还应尽可能地创造均衡的比赛条件。

（3）运用竞赛教学法时，教师一般在竞赛结束后需要对学生完成动作的质量予以客观评价，并向学生指出哪些地方应该改进，以及应如何改进。

（四）自主学习法

在体育教师的指导下，学生以自身的实际需要和现实条件为依据对目标进行制定、对内容进行选择，将学习目标完成的体育学习模式就是自主学习法。[①] 教师应多为学生提供自主学习的机会，这能使学生的学习热情得到无限的激发，使学生的学习主动性得到最大限度的发挥，并使学生产生满足感与成就感，增加其学习的自信心。

体育教学中要按照以下程序来实施自主学习法。

（1）学生先制定自己的学习目标，学习目标要明确，不能空而大，要在自己的能力范围内。

（2）学生根据目标来选择学习方法。需要注意的是，学生对学习方法的选择并不是盲目的，而是在对自己已有的经验和知识基础进行充分考虑的基础上进行选择的。

（3）学生完成一个阶段的学习之后，对照之前制定的目标，看自己是否完成了目标，完成质量如何，也就是自己对在这一阶段的学习状况做出评价。

（4）学生在进行自我评价后，清楚自己在学习中存在哪些不足，并为下一阶段的学习制定新的目标。

（五）合作学习法

体育教学中，学生在小组或者团队中，为促进共同学习目标的实现，进行的有明确责任分工的互助性学习形式就是所谓的合作学习法。教师在指导学生进行合作学习时，要使学生意识到自己在小组或团队中的重要性，明确自己的角色定位，这样才能激发其责任感。

体育教学中一般按照如下程序来实施合作学习法。

（1）教师对学生进行合理的分组。

（2）小组成员集体讨论并确定本组所要达到的学习目标。

（3）确定学习目标后，小组内再进行具体的分工。这一步需要教师的指导与帮助。

（4）小组各个成员明确自己的职责与任务，由小组长领导，相互协同合作来完成任务。

（5）结束小组学习活动后，每个小组派代表发言，谈谈自己的感受与心得，各个小组之间展开交流，共同进步。

三、体育教学方法的创新发展趋势

现代体育教学方法经过多年的改革与发展，已经形成了具有自身特色的教法体系。随着经济社会的不断发展，体育教学方法仍处于不断地创新与发展中，并呈现出以下几方面的趋势。

① 李启迪，邵伟德.体育教学基本理论研究 [M].北京：北京师范大学出版社，2014.

（一）现代化趋势

在现代教学方法的现代化发展过程中，体育教学的现代化十分明显。体育教学现代化的重要表现之一是教学设备的现代化。先进技术手段的运用，使体育教师能够更好地开展教学活动，使学生可以更好地参与体育学习。而且，通过运用先进的现代化设备，教师可以对学生的身体素质有更加全面的了解，从而有针对性地对运动训练的负荷量进行安排。在教学管理方面，现代科技的运用可以为学生的学习和生活提供更加便捷的服务。随着现代社会的不断发展，体育教学的各项技术也将得到一定程度的创新与发展，其教学方法也必然呈现出现代化的创新性发展趋势。

（二）心理学化趋势

在心理学中，学习是一个较为复杂的心理过程。在体育教学中，学生学习是一项既涉及知识记忆，又涉及动作技术记忆的复杂形式。随着心理学研究的不断深入，学习过程的各个要素与阶段开始逐步被人们认识。在具体的教学实践过程中，心理学的相关理论得到了一定的运用，并发挥了积极的作用。在体育教学方法的发展过程中，很多心理学的研究成果得到了不同程度的应用，这对促进体育教学质量的提高具有积极的作用。另外，体育教学方法的运用还肩负着提高学生的意志品质，发展学生的健康心理等培养目标，通过采用相应的心理学知识，能够使这些方面的目标顺利实现。

（三）个性化与民主化趋势

现代体育教学方法正在逐渐向个性化、民主化的趋势发展。在传统体育教学中，强调教师的主体地位，在教学过程中只重视教师的教，教师组织教学活动也没有对学生个体之间的差异性进行充分考虑。随着体育教学的深入改革与发展，社会越来越重视学生个性的发展，因此体育教学方法的发展也必然呈现个性化的创新趋势。个性化的教学方法改革和创新不但有利于学生的全面发展，而且有利于社会的进步。

体育教学方法的民主化发展也是大势所趋。随着体育教学过程中民主意识的崛起，民主化体育教学方法将得到进一步的重视与更加广泛的运用。

第七章　高校体育教育教学模式发展与创新

第一节　高校体育教学模式概述

一、体育教学模式内涵

（一）体育教学模式的概念界定

1. 教学模式

教学模式是按照一定原理设计的一种具有相应结构和功能的教学活动模型。教学模式综合考虑了从理论构想到应用技术的一整套策略和方法，是设计、组织和调控教学活动的方法论体系。教学模式在前人成果的基础上将会有新的发展。教学模式一词最早是由美国学者乔伊斯和韦尔提出的，他们认为教学模式是"试图系统地探讨教育目的、教学策略、课程设计和教材以及社会和心理理论之间的相互影响，以设法考察一系列可以使教师行为模式化的各种可供选择的范型"。

综而观之，当前国内大致有这几种观点：结构论、过程论、策略论、方法论等。其相同点是都指出了教学模式的稳定性特点，不同点在于，一个定义确定教学模式是某种"结构"，一个将其视为某种"方法"。

因此，要揭示教学模式的本质，须从其上位概念"模式"谈起。模式的概念涉及人的两方面行为：一是对事物稳定的认识；二是对事物稳定的操作，而前者构成认识模式，后者则构成方法模式。所以，认识模式和方法模式才应当是教学模式的两层基本含义。由此可见，教学模式是教学形式与方法的统一体，其中，"过程的结构"是"骨骼"，"教学方法体系"是"肌肉组织"。

2. 体育教学模式

我们把体育教学模式的概念定义为：体育教学模式是蕴含特定体育教学思想，在特定教学环境下实现其特定功能的有效教学活动的结构和框架。教学模式是对教学经验的概括和系统整理，教学实践是教学模式产生的基础，但教学模式不是已有的个别教学经验的简单呈现。同时，教学模式被看作为沟通理论与实践的桥梁，既能用来指导教学实践，又能为新的教学理论的诞生和发展提供支撑，在两者中起中介的作用。根据对教学模式的认识，体育教学与其他学科教学相比，是一个比较复杂的教学过程。它与学习过程、游戏过程、训练过程等有着密切关系，因此，认知的规律、身体锻炼的规律、技能形成的规律、竞赛规律等都是体育教学过程中必须遵循的规律，体育教学模式必须反映这些方面的特点。

（二）体育教学模式的构成要素

体育教学模式的构成要素主要有五种，详细内容如下。

（1）教学思想。教学思想是构成教学模式的核心因素，也是其灵魂所在，体育教学模式构建时所应具备的理论和思想就是教学思想，也可以理解为，教学模式是需要以教学思想为理论支撑的，不同的教学思想理论会构建不同的教学模式。比如，1980年我国构建的愉快教学模式就是以同时期学生的实际需求为基础的，提高了学生的参与度，激发了他们的参与热情，与此同时，还有助于他们养成终身体育的良好习惯。

（2）教学目标。体育教学模式存在的意义就是促进教学目标的完成。倘若没有教学目标，那么，体育模式的存在也毫无意义可言。体育教学模式所能够达到的教学效果是体育教师对某项教学活动在学生身上将产生的效果做出的预测。体育教学主题的具体编写就是教学目标，教学模式是围绕教学目标存在的，同时，教学目标也会对教学模式的其他构成要素起到限制的作用。

（3）操作程序。操作程序就是教学活动中的环节和流程。体育教学工作中，按照时间顺序逐次进行的逻辑步骤以及各个步骤的具体执行方法就是操作程序。不管采用何种教学模式，操作程序都具有独特性。此外，操作程序并不是固定存在、毫无变化的，但总体而言，它具有相对稳定性。

（4）实现条件。实现条件，是对操作程序的补充，它主要就是教学模式中具体使用的方法和策略。实现条件主要有人力、物力、财力三方面的内容。进一步来说，也可以理解为教师与学校、教学内容与时空以及学校所具备的设施设备等。

（5）评价方式。不同的教学模式适用于不同的教学目标，并且在使用的程序和条件方面也是不尽相同的。所以，每一种教学模式都有与之相对应的评估准则和方法，并且相对应的评估准则和方法都是独立存在的。在实际的教学过程中，是不会采用完全相同的评判准则的，因为会导致评估结果缺乏合理性和科学性。

二、体育教学模式的特点

（一）整体性

体育教学模式是一个整体性的系统构成，在体育教学模式系统中，教学思想、教学目标、操作程序、实现条件、评价共同构成一个完整整体。

体育教学模式在体育教学实践中的实施，对体育教学效果的影响是教学模式的整体效应，而非教学模式系统内部的具体系统要素的作用发挥。体育教学模式的各要素结构组织不同，教学模式的类型和教学作用也不同。

教学模式的应用所解决的主要问题是体育教学的整个教学任务的完成问题，对教学过程中的微小细节问题不能一一照顾到。在体育教学活动开展期间，对于体育教学模式的选择必然是从教学宏观角度出发来选择相应的教学模式的，教学过程中，解决问题应着眼于整体的角度，而不能为了教学中的一个细小问题选择不合适的教学模式。

（二）简明性

体育教学模式为体育教学的开展提供了一个整体框架，使得体育教学设计能在框架基础上做到有的放矢。简单来说，教学模式是简化了的教学结构理论模型，它是从理论高度简明、系统地对凌乱纷繁的实际教学经验的理论化概括，是简单、易理解的教学模型，对体育教学具有提纲挈领的指导作用。

（三）稳定性

体育教学模式是对体育教学实践过程的高度概括，这种概括性和教学过程描述的简明性决定了体育教学模式的稳定性。体育教学模式构建之后，其结构是稳定的，体育教学模式适用于一定的体育教学思想，适用于多种教学内容、教学对象。不同的教学模式在教学操作程序、教学目标实现方面有所不同，可以很好地适应体育教学实践，能够结合具体的教学情况，解决不同的体育教学问题。体育教学模式自出现到发展至今，常用的总是经典的几个体育教学模式，有多个教学模式历经几十年依然在使用，在以后相当长的一段时期内，该教学模式还会被使用，这充分体现了体育教学模式的稳定性。

（四）针对性

体育教学模式的针对性主要表现在其选择依据方面，教学模式的选择不是随意的，必须是科学的，是与体育教学目标和教学对象相符的。

一是针对不同的体育教学目标，有不同的体育教学模式。如旨在促进学生自主学习能力的发展，发展学生的探索意识和能力，多采取探究式教学模式。

二是针对不同的教学对象，体育教学模式不同。例如，情境教学模式，通过故事形式，开展体育教学活动，适用于理解能力较差、体育基础不够的学生；快乐体育教学模式适用于一些简单、趣味教学内容的展示，更适合年龄小和刚接触体育教学的学生。

（五）开放性

体育教学活动的开放性决定了体育教学模式的开放性，体育教学模式的开放性表现在以下几个方面。

（1）体育教学模式结构稳定，但系统内部的各要素的情况是可以发生变化的，并且在体育教学模式的实施过程中，体育教学方法、手段等都具有多样性，可以随着教学需要发展不断丰富。

（2）体育教学模式程序固定，体育教学模式在结构上、程序上是基本固定的，而且教学程序是不可逆转的，但不同体育教学活动之间的内容比例、时间比例是可以灵活调节的。其中某些内容可以根据教学实际进行压缩、省略和重叠。

（3）体育教学模式的开放性更多地表现为结合体育教学需要的局部调整，体育教学模式的性质不会发生改变，体育教学模式的整体或细节的调节可以使体育教学模式更加与体育教学实际相符。

（六）操作性

教学模式具有操作性，任何一种体育教学模式都必须能在体育教学实践中应用，否则再好的体育教学模式如果只能停留在理论阶段，都只是空谈。体育教学模式的实施，能使体育教师非常清楚地知道在教学中应该先做什么，再做什么，最后做什么，并能为体育教学模式的实施创造必要的教学环境与条件，使体育教学模式具有可操作性。

三、我国新型高校体育教学模式的建构

（一）新型体育教学模式的理论基础

1. 新型体育教学模式的现代课程论基础

教学属于课程的一部分，所以，建立教学模式必须要以一定的课程理论作为基础。现代体育课程理论基础主要分以下几点。

（1）体育课程目标实现多元化。体育课程目标不但把增强体质、提高健康体质作为首要目标，而且注重培养学生体育文化素养，同时强调学生个性和创造力的培养，并主张结合体育课程内容的特点，把道德教育和合作精神的培养融合在体育教学过程中。在时间上，通过体育课程，教师不但要完成学生在学校期间体育知识的传授和技能的培养任务，还要培养学生学习体育的能力、兴趣、习惯，为其终身参加体育活动打下基础。

（2）课程内容注重学校体育主体需求。随着社会的发展，学生对体育的需求呈多元化态势。课程内容只有满足了学生需要，才能激发学生兴趣，使学生形成稳定的心理状态，实现终身体育。一是要重视传授终身体育所需要的体育知识，主要包括体育基础知识、保健知识、身体锻炼与评价知识等。二是竞技运动项目的教材化。

（3）现代体育课程论与新型体育教学模式。20世纪60年代以来课程理论出现两次世界性的变革：一是学科中心课程论，二是人本主义课程观。我国体育课程的体质、技能、技术教育思想正是学科中心课程在体育课程中的反映，至今仍影响着体育课程的改革。

①新型体育教学模式的目标取向。教学目标受课程目标影响，没有新的课程目标就不可能有新的教学目标。新型体育教学模式的目标不仅要求有运动技能目标，还有情绪、态度、能力、个性等目标。

②新型体育教学模式的价值取向。重视全体学生全面发展和个性培养相统一。学生发展离不开体育学科内容的学习，学生通过体育学习发展自己。

③新型体育教学模式的教学设计思想。课程的问题中心设计模式是新型体育教学模式设计的模式基础。问题来源于学生的发展需要和教学内容的需要。在教学设计中，要让学习者作为一个完整的个体参与到教学中来，让学习者在解决问题中学习掌握学科内容。

2.新型体育教学模式的现代教学论基础

教学论有许多流派，如探究发现教学理论、情意交往教学理论、认知教学理论、建构教学理论等。下面简要列举一些对建构新型体育教学模式有支撑作用的观点。建构主义教学观认为，教学的目标是充分发展学生的主动性、自主性和创新性，教学目标之一是培养学生"能够在现实的生活世界中应用知识的能力"。用通俗的话说，就是使学生学会学习，并能调控自己的学习。建构主义与以往的教学理论相比，更加突出表现出了三方面的重心转移：从关注外部输入到关注内部生成，从"个体户"式学习到"社会化"的学习，从"去情境"学习到情景化的学习。综观各个教学理论流派的观点，其共同之处，便是对"主体性"的追求。其中，学生的自主性主要指学生的自我意识与自我能力，包括学生的自尊、自爱、自信、自决、符合实际的自我判断、积极的自我体验和主动的自我调控等。创造性是学生的主动性和自主性发展到高级阶段的表现，它包括创造的意识、创造的思维和动手实践的能力。教师的教是外因，学生的学是内因，外因通过内因起作用。教学中尊重差异，才能使教育恰到好处地施加于每一个学生，才能发挥学生的主体作用。

（二）新型体育教学模式的性质与设计

1.体育教学模式的基本属性

根据对各种先行研究的归纳，提出体育教学模式的几个基本属性：理论性、稳定性、直观性和可评价性。

（1）理论性。指任何一个比较成熟的体育教学模式都必定反映了某种体育教学指导思想，都是一种体现了某个教学过程理论的教学程序。

（2）稳定性。一个体育教学模式的确立实际上是一个新型的体育教学过程结构的确立，既然是结构，就必然有相当的稳定性。

（3）直观性。直观性也可称为可操作性，任何一个新型的体育教学模式的建立，都意味着它和以往的所有体育教学模式是不同的。这就使人们可以根据其特定的教学环节和独特的教程安排来判断该模式是不是属于此种教学模式。

（4）可评价性。所谓可评价性是指任何一个相对成熟的教学模式确定，必有着与其整个过程相应的评价方法体系。因此任何一个教学模式都可以对实施这个教学模式的教师给予明确的教学评价，这不仅仅是对该教师对教学模式理解程度的评价，也是对教师参与、认识和学习能力进行系统评价。

2. 新型体育教学模式的特征

新型体育教学模式应具备如下特征：在教学指导思想上，将把社会需要的体育和高校学生需要的体育结合起来，以实现体育教学中满足社会需要与促进学生个性发展的和谐统一。在教学目标上，将围绕着 21 世纪对人才培养的需求、高校学生身心特点等方面加强对学生能力的培养。教学程序中，逐步融入运动目的论的思想，让学生充分体验运动学习的乐趣，引导学生充分理解和参与学习过程，改变过去教师划一化、统一化、被动性、机械性的做法；在教学方法上，以主体性教学观为视野，提供个别化和个性化的教学方法；在教学评价上，以学生生动活泼的学习、个性充分发展、兴趣习惯能力养成、主要学习目标的达成等作为基准。

（三）体育教学模式整体优化研究

1. 体育教学模式整体优化的原理和原则

系统科学整体优化原理：按照系统科学理论的思想和观点，任何事物、过程并不是各自孤立和杂乱无章的偶然堆砌，而是一个由各个部分组成的合乎规律的有机整体，而且它的整体功能要大于各部分功能之和。

体育教学模式整体优化的原则：①整体性原则。用整体的观点考察体育教学模式，有助于我们在教学实践中科学地把握体育教学模式的结构和活动环节。②综合性原则。体育教学内容的执行和体育教学目标的实现均建立在优选的体育教学模式基础上才能完成。

2. 体育教学模式整体优化的内容

影响体育教学模式结构的因素很多，包括教学思想、教学内容、教学程序、教学方法、教学条件等，在诸多的因素中笔者选择了教学内容作为逻辑起点与突破口，对多元体育教学模式进行优化。

（1）根据不同教学思想优化体育教学模式。体育教学思想是体育教学模式的灵魂，不同的体育教学思想赋予了具体教学模式生命力，使教学模式有了明确的方向，能最终去完成它预期的目标。为使教学思想条理化、明确化，使之从整体上符合学校体育指导思想的大方向，根据教材内容的不同性质，人们把它分为了精细教学型内容、介绍型内容。因此这类教材的教学模式应以情感体验类模式和体能训练类模式为主，让学生在无技术难度的宽松条件下，一方面提高身体素质，加大运动负荷，可选择训练式教学模式、自练式教学模式等；另一方面通过快乐学习、成功学习，体验运动的乐趣，可选择快乐体育教学模式、成功体育教学模式等。

（2）根据单元教学不同阶段优化体育教学模式。在精细教学类内容中，大纲规定了各个项目的学时，以确保各个运动项目单元教学任务的完成，并使学生能熟练掌握几项运动技能。在单元练习的最后一个阶段，由于学生已经基本掌握所学的运动技能，应进一步重复练习和巩固，并注意动作的细节问题，因而在此阶段应以能力培养模式为主。

（3）根据不同的外部教学条件优化体育教学模式。体育教学的条件分为两类：第一，固定的一些硬件；第二，不固定的硬软件。

（4）根据学生基础优化体育教学模式。教师是教学活动的主导，学生是教学活动的主体，主导与主体因素构成了体育教学活动的主要因素，因而在选用教学模式时，要考虑到师生的具体情况、具体特点。

第二节　常见的高校体育教学模式及应用

一、快乐体育教学模式

（一）快乐体育教学模式概述

1.快乐体育的定义

快乐体育教学模式指的是在以运动为基础的前提下，教学人员采用适宜的教学方法，一方面增加学生的体能，另一方面使学生从体育学习中得到快乐的体育教学模式。其指导思想是让学生在教学过程中，不仅能够学习运动技能、锻炼身体，还能够充分感受到快乐，进而培养学生终生进行体育实践的意识。

快乐体育教学中，一般会将游戏、比赛掺杂在教学工作中，采用初步体验—挑战学习—创造乐趣的模式进行。它没有固定的教学方式，经常会随着教学人员和学生的改变有所不同，但其最终目的都是相同的，就是让学生快乐地进行体育实践，实现身心的全方位锻炼。人民是国家的根本，国民身体素质对国家的发展至关重要，只有国民身体素质过关，才能投身于祖国的建设中，而快乐体育就是让国民快乐地、主动地进行体育实践，所以说快乐体育在我国社会主义建设中是不可缺少的。

2.快乐体育的起源

快乐体育思想起源于日本与德国，有着非常明显的时代特征。受德国、日本两国快乐体育的影响，我国的体育教学模式不断进行改进，快乐体育思想也逐渐影响了国人。体育教育工作者经过不懈的理论研究与实践探索，已经建立了自己的教学模式，由以前的以教学人员为主体的体育教学变成了现在的以学生为主体的体育教学模式。当前快乐体育教学模式已经在各地学校掀起了热潮，不仅反映了传统体育教学体制与方式的改革，也是我国对体育锻炼重新认识的反映。快乐体育出现的根本目的是在体育教学过程中通过激发学生的主观能动性，调动学生主动进行体育实践的积极性，使学生能够快乐地进行体育实践，并形成终身锻炼的思想。

（二）快乐体育教学模式的特点

快乐体育教学相对于传统的体育教学模式来说独具特色，它用一套完整的思想体系对体育教学工作进行指导。其在开展情感教学的基础上，对学生进行人格教育、身体教育，关注运动给学生带来的乐趣，充分激发学生的积极性。

1.全面加强的素质教育

首先，快乐体育教学方式的实施不会使学生单纯地进行体育锻炼，它会让学生们在快乐中进行体育锻炼，体会到运动的乐趣；其次，快乐体育教学模式能够帮助学生在体育锻炼中开发智力，形成一种体育能力；最后，有助于全方面地培养学生的素质，如审美能力、道德品质、个性发展等。

2.主观能动性的培养

在快乐体育教学中，真正的主体不是教学人员，而是学生，学生还是体育教学工作服务的对象，所以应当充分尊重学生的主体地位。传统的体育教学模式比较机械，忽视了学生的主观能动性，使他们一直处于被动接受的地位。每个学生都有自己的思想，快乐体育教学会让学生在一种愉悦的气氛中学习，有助于学生主观能动性的发挥以及思维的开发。此外，快乐体育教学相对来说比较灵活，不会让所有学生都朝着一个目标进行发展，教学工作人员会根据每个学生的特点及长处因材施教，使每个学生在进行体育锻炼的时候满足自身的需要，在全面培养基本素质的前提下使学生的个性得到发展。

3.主动积极的学习

主动积极的学习就是要调动学生学习的积极性，使其从厌学转变成乐学，这也是快乐体育教学的目标之一。主动与被动有着本质的区别，当学生被动接受某件事时，心情会非常糟糕，感到压抑；当学生主动接受某件事时，就会感到很愉悦。快乐体育教学就拥有这种魅力，它从根源上发掘快乐，使学生由被动变主动，充分调动学生主动学习的积极性。快乐体育教学模式只是教学中的一项，由快乐体育教学可以推及至其他课程的教学工作，只有学生主动积极地学习，才会让受教育这一过程变得快乐。

4.相辅相成的教学

体育教学与其他学科的教学是相辅相成的。快乐体育教学有助于学生形成健康的身心，有助于他们进行其他知识的学习。快乐体育教学主要以体育课堂为主，课间操以及课外其他体育活动为辅，当学生从体育活动中获得快乐之后，会更加高兴地接受其他课程的学习。

（三）快乐体育教学模式的优势

1.快乐体育是迈向终身体育的有效途径

快乐体育是指教师正确运用教学方法手段，在教学中营造一个和谐、平等、活跃的课堂氛围，缩短师生之间的距离，激发学生的学习热情、使他们能够积极、主动、快乐地参加体育教学活动，使他们能够得到成功、快乐的体验，以达到促进学生身心和谐发展的教学目的。因此，快乐体育的精髓就是寓教于乐。

进入 21 世纪以来，我国的学校体育教学与以前比虽然有了形式上的改观，但总体来讲其核心思想仍然是传统的"注入式"，从而出现了"貌合神离"的怪现象。一部分学校扛着"快乐体育、健康体育、终生体育"的大旗，却继续走在传统教学的老路上。一方面是由于很多体育工作者并没有真正领会快乐体育乃至终身体育的内涵，另一方面，将快乐体育的精髓融入各种复杂的教学环境仍然存在着很多的实际困难。快乐体育强调以学生的体育需要、情感需要和人格需要为出发点，强调学生的学习动机应该建立在自身的需要和对社会的责任感上，强调学生要用适宜的方法、顽强的意志和强烈的兴趣来调节自身的学习活动，强调把学习中的成功体验、锻炼中的乐趣作为追求的目标。这样才能真正地在教学中营造出和谐、愉悦、快乐的氛围，才能真正地使学生乐于学、喜欢学，才能真正地使学生自觉主动地发展体育能力、培养良好的思想品德和坚忍不拔的意志品质。我们有理由相信，随着学校体育各方面条件的逐步完善和我们体育工作者对"快乐体育"理性认识的提高，快乐体育必将成为学校体育教学的主导思想，也必将成为通向终身体育的桥梁。

2. 用快乐体育教育思想方法培养学生终身体育观

快乐体育的思想其实早在 20 世纪五六十年代就已经提出，经过教学实践，尽管很人对此思想仍有争议，但有一点是肯定的，快乐的体育课堂教学能让学生更好地掌握技术、技能。但快乐体育并不是一种教学方法，而是一种教育思想。快乐体育的指导思想，主张以全面育人为出发点和归宿，面向终身教育，以情感教学入手，强调乐学、好学、育体与育心相结合，使学生之间、师生之间在协调愉快的环境中，锻炼身体、磨炼意志、陶冶情操，使他们的身心得到全面和谐的发展。因此，在理论教学上，不仅要以体育科学、健身原理、身体锻炼的作用与方法去指导学生，更应从体育的实践出发，力求理论与实践的有效结合。如每次体育课前教师讲 1 ~ 2 个知识点，给学生介绍增长力量的最好方法是隔日训练，以及每次选用重量及组数等。如果学生按教师介绍的方法练习后效果很好，这样就能引起他们的兴趣，使他们形成经常锻炼的习惯。如果学生掌握了较为丰富的体育理论知识，不但能提高体育锻炼的动机，而且能增强他们的运动能力，又能使他们对自己的健康状况、体育锻炼效果做出自我评价，从而增强体育锻炼的兴趣和信心，使他们随着环境的变化和年龄的增长，他们很可能成为终身体育的受益者。

3. 快乐体育顺应现代体育教学改革模式

从教育理论上看，快乐体育认为情感是知识向智力转化的动力，是联系教师和学生的桥梁，是人格发展的有机组成部分。体育是满足人类个体及社会的物质需要和精神需要的实践活动。因此体育教学必须在学生自主学习、自觉学习的基础上，真正让学生成为课堂的主人，教师要尊重每个学生，要公平地对待每个学生；在教学中要善于启发、引导学生，做到学生的主体与教师的主导密切结合。这种新型的教学关系顺应了时代的发展，是打破教师单项"填鸭式"教学的必由之路，为体育课教学带来了新的理念。体育教学是实现学校体育教学目的的基本途径，基本组织形式是体育课，传统体育课形式较为呆板，要改变这一状况，就必须全面地贯彻新的教育观，把体育教育、健康教育、生活教育、保健知识教育等融为一体，改变旧的教学内容和方式，让学生在读书阶段学到终身受益的体育项目和相关的理论知识。如果学生在学校总是被动接受他们不感兴趣的体育内容和死板教条式的教学方法，他们就很难树立正确的体育观。

"快乐体育"则强调在体育教学过程中，采用多种方法和灵活手段对学生进行启发和引导，使学生由被动接受转变到主动追求，可采用讨论或游戏竞赛的方式进行，让同学们在充满欢乐和愉快的课堂气氛中完成课程内容，在一定程度上既满足了学生运动的欲望，巩固了学生的知识技能，又能使知识由过去的"单项传递"变为现在的"多项传递"，从而实现"寓教于乐"，变被动体育为主动体育，帮助同学们逐步形成自学、自练、自查的能力，成为一位真正的终身体育者。

4. 快乐体育教学思想寓教于乐实现玩中有学

快乐体育的教学手段强调教法的灵活多样性和学法的实用有效性，将"玩"融入体育课堂。爱动好玩是学生的天性，大学生兴趣广泛，好奇好动，常常以直接兴趣为动力，这就要求体育教学应多从学生的兴趣特点出发，采取灵活多样的"玩"的形式，既可提高学生参与体育活动的兴趣，又能在娱乐中反复出现体育教学内容，实现体育教学目标，完成学习任务。可以看出，将"玩"融入课堂，已成为提高体育教学质量的有效手段之一。求"新"、求"奇"是大学生的一大心理特征，教师应抓住这一特征，在体育教学手段上不断创新，让学生爱"玩"，创设教学情境，让学生敢"玩"。在学生心目中教师的形象是高大的，他们对教师是尊敬喜爱的，因而教师应主动与学生建立深厚的感情，和学生多在一起活动，一起玩。

5. 快乐体育的组织形式多样化的变革

快乐体育组织形式的多样化，能更好地促进学生个性的和谐发展。21世纪是一个色彩斑斓的时代，任何人或事物如果不求创新而故步自封，必将遭到社会的淘汰，学校体育教学自然也不例外。当代的高校学生是具有个性的一代，是追求个性的一代，这是社会进步的表现，我们不但不该将其个性抹杀，还应充分利用体育教学这种有利形势，去开发其个性，使其个性与正确的人生观、世界观相连接，最终成为创新型的人才。

在教学组织上，快乐体育遵循"严而不死""活而不乱"的原则，既有严密的课堂纪律，又不失生动活泼的教学氛围，并强调多向交流和教学环境的优化。随着学校体育场地器材的不断完善，用丰富多变的组织形式来引导学生，使学生的个性融入体育运动中，既满足了学生的好奇心，又使其个性得到了和谐的发展，在他们身体素质得到锻炼的同时，也培养了他们团结、求胜、坚强和拼搏的意志品质。快乐体育思想是时代精神的反映，是民主、和谐社会在教学中的体现，与我国政治、经济、文化的发展密不可分，与教育改革及体育改革联系紧密。"快乐体育"代表了"以人为本"的进步性，尽管在实施过程中由于受到许多主、客观因素的制约仍有许多不足，但我们相信随着国家经济的进一步发展、体育设施的逐步完善、人们认识的不断飞跃和广大师生的共同努力，我国教育和体育事业的明天必将更加美好。

（四）快乐体育教学模式的实施

"快乐"是一种愉快的情感体验，而乐趣则具有使人产生愉快情感体验的运动特性。所以"快乐体育"教学强调运动与生活的关联，体现主动、快乐和个性发展的效果。

1. 强调快乐体育的重要性

在传统观念中，体育课只是起到锻炼身体的作用，甚至有的老师认为体育课应该进行缩减，学生应该把重点放在文化课学习上。所以想要真正地实施快乐体育教学模式使其发挥作用需要做到以下几点：首先，在学校里先对所有教师进行培训教育，让教师先意识到快乐体育的重要性；其次，学校的管理人员在课程设置上需要有所调整，由原来的每周一节体育课改成每周两节或更多的体育课；再次，对体育教学工作人员进行严格筛查，招聘专业的体育人员，对他们的各方面素质进行考核，使其在体育教学工作中发挥积极的引导作用；最后，举办运动会，将快乐体育思想融合其中，鼓励学生积极参加。

2. 强调快乐体育教学工作中的主体

传统的体育教学模式强调教师在教学过程中的主导地位，学生只是处于被动接受的位置，这会导致学生丧失学习的主动性、积极性，一旦学习兴趣丧失就会导致学习效率下降。而快乐体育教学与传统教学最大的不同就是弱化了教学人员的地位，强化了学生在教学工作中的主体地位。只有受教育的对象能够从思想上、行动上接受某种教学模式，从中体会到获得知识的快乐，教学人员的工作才能事半功倍。并且，每个学生进行体育学习的基础、目标以及学习方式均是不同的，教学工作人员只有根据学生的实际情况和需求因材施教，鼓励并引导学生，才能取得良好的教学效果。

3. 建立和谐的师生关系

体育教学是一个复杂的活动，它要求在教学工作中，教师不仅要培养学生的身体素质，还要对学生的思想进行引导。在传统的体育教学中，教师占主体地位，在教学工作中发挥着关键作用，学生对教师除了敬畏外，甚至会有害怕的心理产生。而快乐体育教学则强调教学工作中和谐的师生关系是关键。和谐师生关系的建立是快乐体育教学关键的一步。首先，体育老师应该用自己良好的思想品德、高超的运动技巧、诙谐有趣的教学风格影响学生；其次，在快乐体育教学中，教师还需与学生建立一种亦师亦友的关系，让学生在课堂教育中感到轻松，真正做到在快乐中学习；最后，在课堂实践中，体育老师应该参与到学生中间，形成有效的师生互动，还需根据不同学生的性格特点进行个性化教育，鼓励学生有自己的想法，激发他们学习体育的兴趣，有助于他们进行终生体育实践活动。

4.有组织地进行体育教学工作

快乐体育教学的主要目的是以运动为基础让学生逐渐认识运动、爱上运动、终生运动。这就要求体育教师进行合理的安排。首先，要充分利用每节体育课，结合同学们关注的重点，增强学生对体育运动的认识；其次，通过在课堂上组织有趣味的体育游戏，激发学生对体育运动的兴趣，使他们在游戏中进行体育锻炼；最后，在运动技能的学习过程中，要考虑学生的情绪，做好引导工作，多鼓励少批评，让他们感受运动的快乐。

5.发掘学生的个性

传统的体育教学模式更关注运动对学生身体素质的改善情况，而快乐教学模式除此之外，还能够因材施教促进学生的个性发展，帮助学生挖掘某项运动的潜能。快乐体育的教学模式能够培养学生的独立创造能力，丰富其精神生活，促进其全面发展。

二、合作学习体育教学模式

（一）合作学习教学模式概述

1.概念

合作教学是一种与传统的教学观相对立的全新的教学观。它是由格鲁吉亚杰出的心理学家、教育家阿莫纳什维利提出的。合作教学实验的显著特点是：从尊重学生的人格与个性出发，建立新型的师生关系，将学生在游戏中固有的自由选择和全身心投入的心态迁移至教学过程中去，从而在师生真诚的合作中实现教学目的。

体育合作学习模式是在教学理论和实践中发展形成的、用以组织和实施具体教学过程的、相对系统稳定的一组策略或方法。体育教学模式是体现一定教学思想，并具有相对稳定的教学过程结构和教学方法体系的教学程序。合作学习是两个或者多个个体为了实现共同的教学目标而结合在一起，在小集体范围内进行思维碰撞、相互质疑、辩驳，从而取得共识、获得知识、发展思维、培养能力的一种学习模式。体育合作学习教学模式是指在教师的指导和学生的参与下，运用运动的手段，利用适宜的条件，创造一种较为复杂的运动环境，使学生通过个人的努力或与同伴进行合作学习，克服困难，完成任务，促进学生交流与协作意识双重发展的一种教学形式。

2.基本原理

①教学过程的发展性原理。合作教学认为，每个学生都具有无限的潜力和可塑性，教学与教师又能最大限度地发挥学生的潜能。②教育过程的人性化原理。合作教学提出教师要做到以下三个方面以保证人性化的贯彻与实施：第一，热爱学生；第二，使学生的生活环境合乎人性；第三，在学生身上重温自己的青春。③教学过程的整体化原理。教学过程就是要发挥学生的自然力与生命力。④教学过程的合作化原理。在现实社会中，常常会发生学生希望成长，但也想玩，愿意学习，但不想失去自由的现象，因此教师就要做到与学

生合作并从学生的立场出发组织教学。

3. 方法

合作教学需要有一种能激发学生兴趣的师生关系和一套能鼓励学生自愿参加教学活动的方法。具体方法如下：①教会学生思考。教学中，教师可以采用在学生面前一边出声地思考，一边解题，让学生耳闻目睹教师的思考和解题过程；或教师应该鼓励学生怀疑、反驳、论证此课题。②"夺取"知识。合作教学认为，教师不应把知识填入学生的头脑，而应当让学生与教师"夺取"知识，并在这种"搏斗"中体会成功的快乐。③充分利用黑板。合作教学认为板书是师生双方交流的主要手段。④学习书面语言。⑤说悄悄话。说悄悄话是课堂提问的一种特殊方法。教师根据学生答案对与错，给予奖励、安慰等评语，有利于保护学生的积极性与自尊心。⑥由学生当老师。合作教学认为，教师应当像演员一样，在教学中与学生一起做游戏，使学生感到自己从事的是自己愿意干的重要事情。

4. 体育合作学习的心理分析

苏联教育家苏霍姆林斯基曾说"没有这种自我肯定的体验，就不可能有对知识的真正的兴趣"。[①] 在体育合作学习中，每个学生既充当学习者，又担当教师角色，使每个学生在此过程中均有表现的机会，进而使其个人成就感和表现欲得到了一定满足。这种良好的学习体验会形成一种良好的心理感应，进一步激发学生的学习兴趣和求知欲望，并由此强化小组间的凝聚力，形成小组学生间踊跃参与的合作行为。从学生的体育学习心理看，大多数学生喜欢在宽松、有序的环境下从事体育活动，体育教学应该尊重学生这一心理特征，并为学生自主学习创设宽松、自由的学习环境，以培养学生体育学习上的组织能力，从而实现由"要我学"到向"我要学"的转变。

5. 体育合作学习模式的误区

体育课堂学习中学生之间的交流与协作，是集互动条件的共同利益与群体智力的合作和情感连锁反应。任何形式的体育合作学习教学模式都是有具体的、明确的小组和个人教学目标的，都是为完成集体和个人目标而设定的，也都是围绕着各类目标的达成而展开的。许多教师认为，体育合作学习教学模式与传统教学仅仅是在教学形式上不同，搞体育合作学习教学模式，不过是把学生重新编组，把学生分成一些小组，然后把原来的全班体育教学改为小组体育教学而已。这种简单化的想法常常导致许多教师按照原来的方式进行体育教学，这是体育合作学习教学模式流于形式的一个主要原因。

（二）合作教学模式的理论依据

人本主义教育思想。以马斯洛为代表的人本主义心理学所主张的教育思想，对当代学校教育产生了广泛的影响。它强调"以人为本""以学生发展为中心"，重视人的个性需要、价值观、情感、动机的满足，从满足主体生存需要的角度来发展学生的潜能。

---

① 苏霍姆林斯基. 给教师的建议 [J]. 教育研究, 1980(5):11.

人本主义教育思想在学科教学中体现的就是主体性教学思想，在教学过程中充分发挥学生主体作用，最大限度地调动学生的自觉性、积极性、创造性。体育是"人"的体育，是人类文化的积淀，也是人类精神的乐园。体育学习是学习者认识自我这个主体，尤其是对自我身体运动的认识，主动变革其身心的特殊的认识和实践过程。

学校体育为终身体育奠定了基础的体育思想。该思想强调学校体育要为人们的终身体育服务，要为终身体育打好身体、技能和兴趣与习惯等基础，让他们学会自主学习和锻炼，具有自主学习、自主锻炼和自主评价的能力等。认为运动兴趣和习惯是促进学生自主学习体育和终身坚持体育锻炼的基础，体育教学应基于参加者的需要、兴趣等进行。因此，培养学生的自我体育意识是实现终身体育的核心问题。无论有无他人的协助，一个人或几个人都能主动地诊断自己的学习需求，建立学习目标，确认学习所需要的资源，并评价学习成果，这种方式便是自主学习。

"自主—合"作学习理念。合作学习，是指在自主学习的基础上进行，学生在小组或团队中为完成共同的任务，有明确的责任分工的互助性学习，合作可以产生更多的灵感，获取更大的收益，得到更好的体验。体育学习需要自主、合作的学习方式，由于学生存在着身体、技能、兴趣和爱好等的异同，体育教学应给学生更多的自主、合作学习的机会，让学生学会自主地、生动活泼地与同伴合作学练体育，最终达成学习目标。

学生的学习是被教师承包的，从备课、上课到布置作业全都是教师根据自己设想的如何教而设计的，设计的思想及动机学生一概不知，学生就是被动观察、模仿、训练或练习，他们慢慢地越来越没有激情，越来越依赖教师，离不开教师。因此，要让学生做自己学习的主人，学会自主合作学练体育，就必须有一种适合自主合作学习的教学模式，使学生把握自己的学习，而不是由教师驾驭学生的学习。构建的方法：依据人本主义教育思想、终身体育思想和"自主—合作"学习理念，我们运用演绎法建构了"自主—合作"体育教学模式的过程框架，然后通过在高校公共体育课和高中体育课教学中进行试验、修正，逐步完成体育教学模式的构建。

（三）合作体育教学模式运用与检验

1.适用范围与教学原则

（1）适用范围。我们认为"自主—合作"体育教学模式需要学生具有较强的自我控制和自我管理的能力，体育教学要适应学生身心发展规律，我们利用自身教学的有利条件，在高校公共体育课和中学体育课教学中进行了实践，确定了"自主—合作"体育教学模式最适合的范围是高中生和大学生体育课。

（2）教学原则。教学原则是保证教学效果的基本要求，运用"自主—合作"体育教学模式除了应遵循一般的体育教学原则外，还应把握以下原则：①自主性原则。教师应尽量设法提高学生学习的自主性。②情感性原则。"自主—合作"体育教学模式更应重视情感教学，教师富有人情味的教学，可以促使学生更自觉地趋向学习目标。③问题性原则。教学必须带着问题走近学生，问题设计要针对学生的实际，要科学地动用教育学、心理学的理论分析课堂教学的各组成因素。④开放性原则。主要包括三个方面：一是课堂教学形式要有开放性；二是课堂问题设计要有开放性；三是由点到面，由此及彼去解决学习问题。

2. 运用合作体育教学模式应注意的问题

（1）教师要有足够的耐心和勇气。刚开始运用时学生不懂得如何进行自主学习、合作学习，表现出茫然、不知所措，不适应这种教学模式，是很正常的。教师的耐心就表现在敢于"浪费"时间，以足够的耐心和勇气指导学生逐渐学会自主、合作学练体育。

（2）关注学生已有的经验，重视问题情境的创设。学生的已有经验是影响自主合作学习的重要因素之一。一般来说，上课伊始应创设一些与学生已有经验相近的"问题"或"情境"走近学生，让学生进行一些相对简单的身体活动、思维活动，再将"问题"不断引向深入，促使学生在练习中思考。

（3）精选和改造教材内容，激发学生学习兴趣。如何精选和改造教材内容以激发学生学习兴趣，需要我们任课教师下大功夫去研究。

（4）学会做一个积极的观望者，适时适当地介入学生的活动。自主合作体育教学模式强调的是学生自主学习、合作学习，但"自主"不等于教师不引导、不参与。因此，教师要做一个积极的"观望者"，适时适当地介入和指导学生的活动，既不能过多地干扰学生的学习过程，又要能在学生需要指导和帮助时发挥作用，这是非常重要的。

3. 合作体育教学模式的意义

首先，"合作学习教学模式"以尊重的教育理念为指导思想，符合现代教学理论的基本要求，其实验研究从时代特征和学生的特点出发，具有一定的现实意义。其次，"合作学习教学模式"有效地利用系统内部的互动，使教学资源得到了开发和利用，提高了学生的参与意识，改变了以往传统教学中"讲解练习"的教学模式。利用组内成员的互帮互学，可以使学生产生愉快的心理体验，从而养成终身锻炼身体的习惯。"合作学习教学模式"鼓励学生一起去达到目标，增加同学之间的交往，有效利用竞争与合作，培养学生的集体责任感和荣誉感。

三、俱乐部体育教学模式

（一）体育俱乐部教学模式的概念

体育俱乐部教学是由学生自主选择教师，同时根据教学条件开设相应的项目，系统学习该项目的原理与方法、组织与欣赏等方面的知识与能力培养的方法，从而达到真正掌握一至两项终身从事体育锻炼运动项目的一种教学模式。体育俱乐部教学注重培养学生的体育兴趣，提高学生的体育能力，以教学俱乐部这种形式进行教学。这种方式的教学注重知识性和趣味性，将理论和实际相结合，发挥学生的主观能动性和创造性，让学生积极参与，使学生在体育锻炼中体验到快乐感、成就感，达到培养学生参加体育锻炼的意识，提高学生运动能力的目的。学校体育俱乐部式教学模式是以培养学生终身体育意识、习惯和能力为主的教学方式，它能够把学校体育与社会体育实现有效地衔接，并最终使高校体育向终身化方向发展。

（二）体育俱乐部教学模式的内涵

体育俱乐部教学是一种符合现代课程理念的新型教学模式，在课程的设置上注重过程结构的稳定性和教学方法的合理性。自 20 世纪 80 年代俱乐部教学思想传入我国，各个高校开始积极探索，并且部分重点学校逐渐开始实践这项新的体育教学模式。进入 21 世纪后，为了促进高校体育教学的改革，2002 年教育部还制定了一个纲要性文件对高校体育教学改革进行指导，即《全国普通高等学校体育课程教学指导纲要》。其强调学校体育课程的实施提倡以俱乐部形式进行，学校应当为学生开设多种俱乐部课程，使学生拥有较大的自由选择权，不受年级、系别和班级的限制，完全依照自己的需要和兴趣选择学习项目和授课教师。有的学校甚至不受学习进度的限制来保证学生的体育学习，但所有课程的教学和学习要遵循教和学的一般规律。在课余时间，各个俱乐部可以自行组织学习竞赛等活动，一方面是对体育课教学的补充，另一方面可以丰富大学生的课余生活。体育俱乐部教学注重学生体育兴趣的培养和运动技能的学习，学生在学习过程中占据主体地位，可以充分地发挥自己的主观能动性，还可以积极参与教学过程并在教师的指导下更好地学习体育技能；同时这种教学模式注重理论与实际的结合，使学生在体育锻炼过程中，学习到更多的生活常识，使学校教育与社会教育有机地结合起来；体育俱乐部教学更能够使学生在体育学习过程中体验到快乐和成就感，促进他们终身体育意识的形成。

采用高校体育俱乐部教学模式进行教学，高校首先要从自身的实际条件出发，建立适合自身师资力量、硬件设施、场地需求和满足学生需要的不同运动项目，然后由学生根据自己的兴趣和需求进行自主选择，系统地进行体育学习，进而有利于学生掌握一到两项受益终身的运动项目，养成良好的体育习惯。这种教学模式不仅是局限于学校教育的范畴，也是学校体育与大众体育的结合点，在俱乐部学习过程中学生可以提高自身的沟通、自信、社交等许多能力。对于学校来说，一方面可以避免资源的浪费，比如，传统体育教学中许多学生并不喜欢某一项目，课上总是只有那么几个学生在使用教学资源，而俱乐部教学完全是依据学生的兴趣而来，提高了教学资源的利用率，减少了浪费；另一方面，促进了教师专业能力的提高，因为学生是自主进行教师选择的，如果教师的能力不足，那么他的被选机会就会大大减少，这样可以间接地促进教师不断学习和完善自己。总之，体育俱乐部教学模式的主要功能体现在：一是真正突出了学生的主体地位，二是培养了学生的体育兴趣和运动技能，三是避免了高校体育教学资源的浪费，四是提高了教师的专业水准，五是促进了高校体育竞技水平的提高。

（三）高校体育俱乐部教学模式的特点

1. 参与的自愿性

许多学生喜欢高校体育俱乐部教学模式，他们认为这种教学模式能最大限度地尊重其个人发展的意愿和兴趣，在学习过程中他们的积极性可以得到充分的调动，教学手段和管理较为开放。同时在体育俱乐部教学过程中，同学们还可以获得充分表现自我、施展才华的机会，在体育学习和活动中每位同学都存在维持小群体利益的思想，这样有利于在教学当中保持利益小群体的存在，增强学生学习的积极性和主动性。

2. 目的的多样性

参与的目的多样性是体育俱乐部教学的另一大特征，有的学生喜爱俱乐部教学模式是为了满足自己的兴趣，而且能够进一步提高自己的运动技能；有的是为了缓解日常学习的压力，舒缓身心；有的是为了提高自身的沟通交往能力；还有一部分同学把参加体育俱乐部教学这一学习过程作为提高自身社会适应能力的一个良好机会。总之，体育俱乐部教学模式为每一个同学都提供了锻炼和提升自己的平台。

3. 内容的丰富性

各个高校的体育俱乐部教学都设置了诸多项目，比如足球、篮球、排球、乒乓球、网球、羽毛球、民族传统项目、新兴体育项目等，有的高校甚至根据当地的自然地理环境设置了具有当地特色的项目，比如攀岩、龙舟等。体育俱乐部是对传统体育教学的一种突破和创新，延伸和丰富了传统的体育教学内容，学生的学习热情和积极性得到最大的激发，因此也更有利于促进和提高学生身心发展水平，促进高校体育教学改革。

（四）高校体育俱乐部教学模式的优势

1. 有助于调动教师的教学积极性，提高其教学水平

体育俱乐部教学模式突破了课时的限制，实行互动、开放的教学，并很好地引进了竞争机制，将学生置于主体地位，学生可以自主选择自己喜欢的体育运动项目和体育教师，使教师在教学中更轻松，授课更生动。如此一来，就会在无形中调动教师教学的积极性，提高其教学水平，达到预想的教学目的。

2. 有助于实现体育教学的教学目标

体育是实施德育、智育、美育等的重要前提和基础。体育俱乐部正朝着"快乐化、生活化和终身化"的方向发展着，尊重学生个性的同时向学生传授体育知识，提高他们的体育技能，这正是当前素质教育背景下所积极倡导的。体育俱乐部教学模式的应用更有利于实现高校体育教学的健康、娱乐、生活、竞技等全方位的体育教学目标和教学理念。

3. 有助于提高学生的运动技能水平，帮助学生确立健康体育的思想

体育俱乐部教学模式在教给学生体育知识的同时还教给了学生体育运动技能，培养了

学生健康运动、终身体育的思想。体育俱乐部是以学生为主体的群体性活动，他们有着共同的爱好和兴趣，通过举办各种体育竞赛和趣味活动，让学生在交流中提高运动技能，拓宽知识面，建立健康体育、终身体育的思想。

4.有利于校园文化的建设

体育俱乐部是一种新型的校园体育文化活动，满足素质教育的要求，也符合当前高校的实际要求，逐步被高校师生所认同，同时也成为高校校园文化的热点。体育俱乐部的建立无疑给校园文化添上了浓墨重彩的一笔，它将许多兴趣爱好相同的学生融合在一起，集娱乐、健身、竞赛为一体，让高校的体育活动呈现出一派生机勃勃的景象。

5.激发学生对体育的兴趣，促进其个性发展

体育俱乐部教学模式给学生留下了根据自己的兴趣自由选择体育项目、自由选择体育教师的空间，这在很大程度上激发了学生对体育的兴趣，而且体育俱乐部教学模式也充分体现了素质教育促进学生个性发展的目标，在教学中将选择权交给学生，让学生择其所好、学其所能、展其所长，使学生的品格、智力、需要和自我价值等个性得到充分发展。

（五）高校体育俱乐部模式的实施

1.加强对学生运动安全的重视，完善急救应对思路

高校体育俱乐部的学生往往缺乏对安全的认识，在运动的过程中不能辨别危险，所以想要对教学模式进行规范化的建构，体育教师必须要加强对学生运动安全的重视，这既是责任，也是义务。具体地说，高校学生往往比较活泼好动，无论是打篮球还是跑步，抑或是打羽毛球等，都可能会出现运动损伤。由于他们对力度不能够进行准确的把握，再加上学生们的协调能力有好有坏，所以在参与各类具备一定强度的运动过程中，很容易会出现身体损伤，这是运动风险的一种体现。

如果在教学过程中出现了这种运动风险，高校体育俱乐部教师就必须要及时地对其进行识别，明确学生出现运动损伤的原因以及损伤的基本情况，如果受伤不严重，那么高校体育俱乐部教师就应该教会学生如何正确地参与运动，让他们能够明白自己做的一些动作是存在运动风险的，很可能会造成十分严重的后果。而如果受伤较为严重，教师就必须要及时地对其进行处理。总而言之，如果高校体育俱乐部教师加强对学生运动安全的重视时，那么学生就会在思想上认识到自身行为所存在的运动风险，进而减少体育运动中出现运动损伤的情况，从而为教学模式的规范化构建打下基础。

2.营造良好的校园体育氛围

从高校体育俱乐部教学模式规范化构建的基本情况来看，各个高校体育俱乐部的水平普遍不高，之所以如此，主要是因为校园体育氛围缺失。良好的校园体育氛围不仅可以对学生进行积极向上的性格培养，更能够对学生自身的积极意识进行激发。营造宽松的校园体育氛围，需要高校体育俱乐部教师对学生一视同仁，教师要学会关注每个学生，尊重每

个学生。对于在体育方面表现一般的学生，教师应该对其进行鼓励，及时发现他们的进步，长此以往，学生便会在校园生活中获得愉快的感受，从而为高校体育俱乐部教学模式的规范化构建打下基础。

3. 重视学生主体地位

对高校体育俱乐部教学模式进行规范化构建，需要满足课程改革的要求，使整体教学过程更加符合教学模式的标准。高校体育俱乐部教学模式的规范化构建，建立在高校体育俱乐部教学模式基本价值取向的基础上。在经过了数十年的发展之后，高校体育俱乐部教学价值取向基本合理，但仍然不完善，这也体现了高校体育俱乐部教学模式规范化构建的必要性。

高校体育俱乐部教学模式主要集中在促进学生体育水平提升、学生体育心理形成的方面，但并没有重视学生的主体地位。教师可能认为，自己的一切教学手段都是为了更好地符合高校体育俱乐部教学模式的价值观，这就可能导致学生的主体地位被忽略。对高校体育俱乐部教学模式进行规范化构建，需要在保证学生健康水平的基础上，重视学生的主体地位，了解个体差异，使学生更好地受益。

高校体育俱乐部教学模式的规范化构建能够确立正确的健康观，保证基本素质教育的价值取向。总而言之，高校体育俱乐部教学模式的规范化构建，能够让高校学生的体育水平得到提高，同时可以对其健康意识进行培养，最终促进其人格的完善，这也使得高校体育俱乐部教学模式的规范化构建具备了必要性。

4. 注重教学模式的实践性

在理论方面，想要规范化构建高校体育俱乐部教学模式，教师就必须要注重教学模式的实践性。在如今的情况下，体育教师必须要改进教学模式、扩大教学范围，除了在课堂上进行教学之外，还应该鼓励学生多多参与课外体育活动，将课外体育纳入教学模式当中。可以给学生下达课外体育学习任务，让他们自主地感受体育，消除对课堂内学习产生的被动情绪，化被动为主动。在实践过程中，教师需要争取做到将校内体育与校外体育相结合，改变把体育教学与体育课堂等同起来的观念，让学生走进体育实践，按照自己的理解，学习体育，掌握体育，领悟体育。

5. 保证教学过程的多样性

在实践方面，想要规范化构建高校体育俱乐部教学模式，教师就必须要保证教学过程的多样性。高校体育俱乐部教学模式的规范化构建，重点在于设立目标，对学生进行引领，让教师与学生都能够在具备多样性因素的教学过程中摆脱分段教学的束缚，提升学生的学习兴趣。如果没有兴趣，一切教育模式、所有教育手段都无法起到作用，而保证教学过程的多样性，恰恰可以解决这一问题。保证教学过程的多样性，要求教师在进行高校体育俱乐部教学模式的设计时，更多的是对体育教学进行延伸，打破课堂教学时空限制，以适应不同类型教学的要求。

第三节　高校体育教学模式的发展

一、应用型体育人才培养模式创新实践

（一）应用型体育人才培养的模式

应用型人才培养的主要目标着眼于服务、生产、管理、建设等方面，重视能力、素质、知识的全面发展。应用型人才培养的教育活动与课程设置都是围绕"培养应用型人才"的目标展开的。体育教学作为高校教育教学的重要组成部分，对大学生的身心发展具有重要作用。相较于其他学科，它具有鲜明的实践性和应用性。同时，当前社会经济发展需要大量应用型人才。因此，高校应当结合体育教学的优势特点和社会发展需求，革新体育教学模式，开展丰富多彩的体育教学活动，打破传统体育教学的框架，以学生的个性需求为出发点，切实做到因材施教，充分挖掘学生的体育潜能。此外，还应当根据就业导向，及时调整体育教学计划，制定应用型人才培养目标，提升体育专业学生的社会适应能力和就业竞争力。

（二）高校体育应用型人才培养的教学实践策略

1. 提升教师队伍素质

教师是应用型体育人才培养的重要因素，教师队伍素质的高低对应用型体育人才的培养具有直接影响。因此，若要提升应用型体育人才质量，就必须重视师资力量。应用型人才培养目标要求体育教师要摆脱传统体育教学模式的束缚，广泛调查和了解体育专业学生的学习兴趣、专业基础、实际需求等，并在实际教学中有机融合社会、心理、能力、人文等诸多领域知识，增强体育专业学生的综合能力。此外，应用型人才培养还要求高校体育教师要不断学习，丰富自身的知识储备，开阔自身文化视野，提升自己的组织、管理和设计能力，增强自身的综合素养。同时，高校体育教师还应当与其他学科教师以及教学管理者进行沟通，了解学生的实际情况，进而寻找合适的教学切入点。此外，高校体育教师还应当与其他高校的体育教师进行联系，及时了解最新的体育教学信息，以及社会对人才的需求，进而制定具有针对性的应用型人才培养计划，提高体育教学的计划性和系统性。

2. 完善教学评价体系

若要提高高校体育教学效率，就必须建立切实可行的教学评价制度，对体育专业学生的专业实践和学习成绩进行科学评价。高校可以记录体育专业学生在各个阶段的专业学习情况和实践成绩，并对其进行综合分析，在研究与思考的基础上，及时调整体育教学计划，并适时将分析结果反馈给学生，使学生在之后的体育学习中对自己的学习进行自我修正和

完善。需要注意的是，高校教师要及时向学生公布每个阶段和环节的量化分值，使学生明确自身的阶段性任务，并有计划地开展体育学习和锻炼。体育教学评价要求教师将过程性与结果性、理论性与实践性有机结合在一起，提高评价体系的科学性和公平性。

3.采用多样化教学方式

在培养应用型体育人才的过程中，教师应当充分尊重学生的主体地位，全面考虑学生的兴趣、能力、基础和性格特点，从学生的实际情况出发，并结合社会对人才的需求，创新多样化的教学方式。例如，可以举办体育文化节，以图片展示、知识竞赛等形式，帮助学生了解相关的体育心理、知识和技能；在专业之间、学校之间举办体育竞赛，一方面可以激发学生的参与热情，另一方面也能够增强学生的实战能力；可以结合社会实际举办针对体育专业的招聘会，帮助体育专业学生了解当前社会对体育人才的各种要求，以便他们进行针对性学习和锻炼。

4.丰富实践教学内容

传统的体育教学实践模式过于单一，这不但不符合当前的社会对人才的需求，而且不利于激发学生的参与积极性。因此，高校应当丰富体育教学的实践形式和内容，促使体育专业学生主动参与到实践活动中，并在实践中检验和巩固习得的知识，将基础理论知识转化为实际操作能力，使自己逐渐成长为符合当今社会要求的应用型人才。高校不仅要积极开展校内体育实践教学，还应当及时与校外相关企业和单位联系，加强校企合作，为学生提供更多的实习机会和平台。比如，组织体育专业学生到中小学进行体育教学，或到社区义务传授体育锻炼技能、在社区开展体育问卷调查等。丰富多样的实践形式一方面能够提高学生的参与兴趣，另一方面也能够从多角度提升学生的素质。

二、创新型体育人才培养模式的实践途径

（一）高校体育专业教学模式改革是培养创新型体育人才的有效途径

1.采用操作式教学，培养学生的实践能力

现实社会需要的人才，是能干事、会干事，尤其是能创造性地干好事的人才。因此，高等教育要面向社会，面向实践，更新教学理念，改进教学方法，培养创新人才。首先，课程设置要适应实践的需要。应当根据形势的变化、实践的发展、社会的需求设计课程，使学生所学为实践所需，达到学以致用的目的。其次，教材编写要紧扣实践。大学教材既需要有一定的理论深度，又需要紧密联系实际，要有更多有利于培养学生创新能力的内容、实例、方法和经验，使学生通过学习，掌握操作的理论与方法、过程与环节，既知其然，又知其所以然。最后，教师课堂讲解和示范要多方式、多手段、多角度，立足长远，着眼当前，把书本的内容具体、生动、形象地讲清楚，既注重对学生的能力培养，又注重实际操作，既注重课堂演讲，又注重实际示范，既注重理论阐述，又注重具体实践。

2. 采用开放式教学，培养学生的创新能力

在高校体育专业教学过程中，要建立民主、平等、和谐的师生关系，使学生大胆交流，敢于创新。教师是课堂气氛的调节者，在课堂教学中，教师应以平等的态度去热爱、信任、尊重学生，满足学生的发表欲、表现欲，鼓励学生大胆创新。在体育学习过程中，提倡自主学习、提供更多自主活动的时间和空间，使学生有机会创新。学生在学习过程中，不受教师"先入为主"的观念制约，有足够的思考时间，享有广阔的思维空间，不时迸发出创新的火花。教师在评价时，实施开放性评价策略，要树立发展性的评价观，多给予学生鼓励，挖掘学生内在的潜力，切实让学生体验到成功的快乐，通过激励使学生产生积极的情绪体验，保护其创新的热情。

3. 采用激发式教学，培养学生的探索能力

一是用目标激发。在科技竞争日益激烈的今天，高校培养的学生必须具有很强的探索创新能力，没有敢于思考、敢于探索、敢于领先的能力，将难以在激烈的竞争中找到立足之地，也难以在科技创新中有所作为。因此，高校体育专业要为学生确立一定的发展目标，按照设计目标的要求，制定具体的措施和办法，多方式、多渠道地加强对学生探索能力的培养。二是用形势激发。当今世界，谁在科技竞争方面占据优势，谁就在经济、科技和综合国力竞争中掌握主动权。因此，学校要充分利用这种形势，教育学生充分认识压力和挑战，不畏艰难，勇往直前，刻苦学习，大胆探索。三是用需求激发。一个国家要在激烈的国际竞争中占有一席之地，就必须拥有大批敢于探索的拔尖创新人才，使其在各个领域不断探索，只有这样才能促进国家经济的发展和综合国力的提升。因此，高等学校体育院系要教育学生树立强烈的使命感和责任感，树雄心立壮志，为了国家的发展而大胆探索，为民族的振兴而大胆创新。

（二）高校体育专业创新型人才培养的保障措施

1. 加强高校体育师资队伍建设

加强高校体育师资队伍建设，是我国高等教育整体发展战略中的重要组成部分。教师只有具备高素质，才有能力推动创新教育，只有具备创新意识和创新精神的教师，才能迎接 21 世纪的挑战，才能在教学中更好地对学生进行启发式、探究式的教育，培养学生的创新能力。因此，教师自身素质与教学观念决定着教育的质量和教育水平。为适应知识经济的发展要求，高校体育院系亟需建立一支知识结构合理、学术水平高、适应能力强和乐于奉献的师资队伍。

2. 强化学生创新精神的培养和创新人格的塑造

创新精神是创新活动的前提。一个人如果没有创新精神，就难以开展创新活动。强化创新精神教育，首先，必须强化创新动力观教育，要让学生认识到创新既是民族生存的手段，又是个体发展方式的导向，要克服甘于守成的思想障碍，培养学生乐于创新的精神。

其次，强化创新主体观教育，培养学生知难而进、敢于创新的精神。再次，强化创新价值观教育，正确处理个体价值、群体价值、国家价值的辩证关系，走出单一发展的思想误区，培养学生有效创新的意识。最后，强化创新协同观教育，培养学生合作创新的意识。创新人格是创新人才的情感、意志、理想和信仰等综合内化而形成的一种进取力量。这种进取力量通过自身的主观能动性的发挥，变为富有成效的创新实践活动。因此，在创新人格的培养和塑造过程中，要引导学生自觉培养自信，敢于迎接挑战的勇气，坚强的意志和能经受挫折、失败的良好心态。美国心理学家韦克斯勒曾收集了众多诺贝尔奖获得者高校学生时期的智商资料，结果发现，这些诺贝尔奖获得者中大多数不是高智商，而是中等或者是中上等智商，但他们的创新性人格却非常突出，这为他们开展创造性的工作提供了有力的保障。

3. 营造创新型体育人才成长的环境和氛围

创造性来自个人智慧和潜能的自由发挥。因此，要努力创设一种有利于激发高校体育教育专业学生创造动机，发挥他们创造性才智和潜能的民主、宽松、自由的学习环境；鼓励和倡导学生积极参与各种学术活动和体育教育改革；加强体育教育实践环节，除抓好实验课教学、毕业实习和毕业论文的设计和研究外，还应提倡开放办学，创造条件鼓励学生走出校门，参与社会体育实践活动，如各种体育竞赛的组织和裁判、中小学体育活动辅导和业余训练指导、参加中小学体育教学改革的有关观摩课和研讨课等，使学生在这些活动中，将理论知识与实践结合起来，增强他们的感性认识和对体育实践的敏感性，为他们将来创造性地开展工作打下基础；同时，要开展创造教育知识的讲座和竞赛，使学生了解和掌握创新的思维和方法，注意培养学生的创新精神和良好的创造品质；大力宣传、表彰具有创造精神的学生，宣传具有创造性的学习和科研成果。

4. 将创新意识和创造能力作为学生考核的重要内容

课程考试、教育实习和毕业论文是高校体育专业学生学业考核的三大组成部分。在课程考试中，要改革以往考核的方式方法，加强考题设计的灵活性，重视对学生比较、分析、综合能力及创造性思维的培养；在教育实习过程中，对学生在教学思路、教学设计、教学方法和教学组织等方面所表现出来的创新思想和创造行为给予充分的肯定和积极的评价；在毕业论文的选题和研究过程中，强调求新、求异、求实的思维方式，提倡不唯上、不唯书、不唯师，勇于开拓和探索的作风。

三、"五重型阶梯式"人才培养模式的体系构建

（一）"五重型阶梯式"人才培养模式教学资源体系的构建

1. 更新人才培养方案，建设特色专业培养方案

这就要求学校使核心主干课程更加明晰，"多能一专"特征明显，师范性更加突出。

新的培养方案一是突出了"多能一专"中的"专"的技能培养，新生一入学就开始进行专修；二是师范性的特征更为明显，增设了教师教育必修课程和选修课程模块；三是注重对学生实践能力的培养，教育实习由以前的 8 周改为 16 周，大大提高了学生的教学技能；四是实验教学改革特色明显。运用教育学、心理学以及体育教学与训练的基本理论，熟练掌握体育教学的基本方法与手段，培养教师具有良好的教师职业素养和从事体育教学、教学研究的基本能力。了解学校体育改革与发展的动态以及体育科研的发展趋势，使学生掌握基本的科研方法，具有一定的自学能力和体育科研能力。要求学生掌握一门外语，能阅读本专业的外文书刊，能掌握计算机的基础知识、应用知识和现代教学手段。主要课程设有田径、体操类、球类、武术、运动解剖学、运动生理学、体育保健学、学校体育学、学校教育学、心理学、德育与班级管理、体育课程与教学论、"三字一话"、教育见习、教育实习等。

2.依托实验教学平台，构建"立体交叉式"的实验教学改革体系

依托"双基合格实验室"的评估，通过"运动人体科学实验室""体适能与运动康复实验室"的建设等，遵循"自主学习、自我训练、自主设计、自主实施与自主评价"的自主创新原则，树立先进的教育理念，坚持"以人为本"，确定"以实验项目为载体，强化专业特色，重视过程培养、综合训练与自主创新"的改革思路与目标。"以实验项目为牵引，强化课程，重视过程、综合训练与自主创新"，通过集约式整合，将多门实验课程进行整合重组，构建"立体交叉式"的实验教学改革体系框架，实现"实验教学、创新教育与实践教育"三个平台及各个环节的相互交融。重视实践教学环节，逐步完善实验课程的建设。

3.依托教育教学实践基地，完善分阶段多形式的教育实践体系

根据体育教育专业学生成长规律，对学生的培养涵盖专业思想教育，包括理想教育、教学观摩、模拟实习、教育见习、技能训练、综合实践、教育实习和教育研习在内的实践教学内容体系，使学生通过系列实践，在大学四年期间每年均有不同的收获。逐步完善"循序渐进、逐步养成、四年阶梯式"的教育实践组织体系，同时建立稳定的教育实习基地，并强化对教育实习与专业实践的管理。

4.依托课外实践教学活动，完善全方位立体化素质养成体系

学生的自选实践活动包括专业社团活动（老年人保健协会等）与社会实践（例如，健身、休闲等机构的体育指导员、教练员）和实验室见习等，建立大学生创新研究会、老年人保健协会、青年志愿者协会、健美操健身俱乐部、街舞协会、体育舞蹈协会等学生社团。同时，组织学生到多个地方开展暑期实践活动，使学生逐步提高在实践中发现问题、解决问题的能力，逐渐完善和提高自身的综合素养。

（二）"五重型阶梯式"人才培养模式教学保障体系的完善

1.实施教师能力提升计划，促进教师教学水平

为了加强引领示范，造就一批过硬的教学队伍，要坚持以人为本的方针，采取有效措

施，鼓励和吸引高水平的教师进入教学队伍，努力优化教学队伍的年龄、知识、学历、职称结构，形成结构层次合理的高素质教学团队。支持年轻教师报考博士、研究生，加大对教学人员的培训力度，鼓励继续培训和教育，切实提高教学人员的综合素质和教学能力。同时，在政策和待遇上给予倾斜，造就一支高质量、高水平、结构合理、相对稳定的教学队伍。

2. 教学管理制度改革，教学管理队伍专职化

实现网上选课、挂牌上课制度，实现一人多课、一课多人、考教分离、教、学双方互评互查。教学管理部门每天进行教学检查，每月开展比课、查课、示范课、研究课活动，每年进行教学比武。教学大纲、人才培养方案、考试大纲、教案定期检查评比。规范学生本科毕业论文开题与写作，强化教育实习与专业实践管理。综合性、设计性和研究创新性实验的比例达到100%，实验室全部对学生开放。

3. 加强教材教学资源开发，建设优质资源

紧跟学科发展前沿，改革教材内容。通过更新、增设专题等方式，将学科前沿知识融入教材与教学过程中，重视提升体育教育师范生的学术性和专业化。学科专业带头人和骨干教师大多参与了国家和省部教材开发建设，经费资助立项编写与体育专业特色建设配套的教材。

4. 加强精品课程资源建设，推进网络课程开放共享

完善体育教育专业课程体系，夯实师范专业基础。按照专业、专项的结构，完善师范生应具备的基础课程、专业主干课程和模块方向课程，申请省级和校级精品课程。建设网络课程，其中涉及理论学科和技术学科。此外，成立了网络办公室，并购置了近百万的摄像、视频处理等器材，建成了一流的网络共享平台，能及时使各种信息资源达成共享。

第四节　运动教育模式引入高校体育教育

运动教育模式是一种目前在国外比较流行的新型体育教学模式，同时它也是一种课程模式。作为一种新颖的体育教学模式，运动教育模式被应用于体育教学实践中，对学生的身体、心理、社会性等方面素质的全面发展具有重要的促进作用，是被体育教学实践证明了的科学的、先进的体育教学模式，对于促进体育教学的教育功能发挥、促进师生的协同可持续发展具有重要的意义。在体育教学实践中如何构建科学的运动教育模式以促进体育教学各项工作的顺利开展并达成良好的教学效果是包括一线教师在内的体育教学工作者必须认真考虑的事情，本书对运动教育模式的基本理论知识、科学构建进行研究与探讨，以使体育教学者对运动教育模式有一个全面、深入的认识，为教育工作者科学设计、组织与开展体育教学提供理论指导和启发。

一、运动教育模式概述

（一）运动教育模式的概念及思想

运动教育模式是指在整个教学周期中把不同的教学单元扩展为不同的运动季，把学习成员划分为若干个实力相当的团队，以竞赛活动为主要载体，充分运用直接教授、同伴教学、合作学习、团队协作和角色扮演等形式，使学生体验并亲自经历真实而丰富的各种运动情景，把学生培养成为具有一定运动技能、运动热情和运动文化素养的人才的一种教育模式。

运动教育的思想主要来自游戏理论和游戏教育，人们经历了长达14年之久的理论探索和研究，终于于1982年在澳大利亚首次论述了运动教育模式的理论基础与应用框架，并指出其既是一种课程模式又是一种教学模式。又经过了几年的探索与实验研究，在1990年终于出现了运动教育研究的转折点，新西兰奥塔哥大学的实验最终显示运动教育模式能够有效激发学生的参与动机和学习热情，同时对学生运动技能以及人文素养等方面的提高均具有良好的教学效果。西登托普在1994年又出版了他的专著，此书汇聚了此类研究的核心内容和成果，为运动教育后续的进一步推广与发展奠定了坚实的理论基础。

（二）运动教育模式的理论基础

1. 团队学习理论

1994年美国倡导教育学者在教育过程中遵循固定的小团队原则，研究认为固定的学习小团队在学生学习成绩提高方面有着促进作用。同年，教育学者对小团队学习也进行了研究，教育学者认为，互帮互助、和谐、稳定的学习团队能产生高效的学习效果，相反，其结构的不完善、团队任务不一致则会阻碍学生的概念化学习。

西登托普则强调团队协作是运动教育模式中最重要的特征和理论基础的中心概念，团队成员关系也将从运动季开始保持到运动季结束，具有很强的稳定性。综上表明，运动教育模式的团队协作与稳定、和谐的团队成员关系在学生学习成绩提高方面有着积极的促进作用，且具有理论上的科学性。

2. 情景学习理论

情境学习理论是教育学者在1991年在一定社会和职业环境中学徒关系的人类学研究基础上发展起来的，它认为学习实质上是一个文化适应与获得特定的实践共同体成员身份的过程。学者将情境学习的这种过程称为"合法的边缘性参与"，这是情景学习理论的中心概念，同时学者还针对情景学习理论提出了"实践共同体"的概念，并把它定义为"一群追求共同事业，一起从事着通过协商的实践活动，分享着共同信念和理解的个体的集合"。运动教育模式则以比赛活动为工具，让学生置身于真实而丰富的运动情境之中，以固定团队为单位，通过自主学习与合作学习，完成学习任务并实现共同的教学目标。因此，运动教育模式也兼具情景学习的理论优势。

3.社会学习理论和建构主义学习理论

社会学习理论认为，人类的学习是与环境和其他人相互影响的。我们通常通过模仿他人、倾听他人、与他人交流来获得知识，这是以行为心理学理论为基础的，它特别强调他人在学习过程中的影响；建构主义学习理论则强调学习的过程，尤其是创造一个和谐与民主的环境，允许学生之间以他们已经掌握的知识为基础进行相互的影响。运动教育模式的一个重要特征就是学生在团队建设与合作学习中，通过在真实的运动情境中扮演不同角色，体验不同感受，使其能够相互促进与全面提高。此外，团队协作过程本身就是学生与学生之间相互交流与影响的过程。

（三）运动教育模式的结构特征

1.运动季

运动教育模式形象地把一个教学周期称为运动季，具体包括练习阶段、季前赛阶段、正规比赛阶段和季后赛阶段。它与传统的体育教学单元存在着不同，运动赛季的时间跨度较传统教学单元要长，一般是传统体育教学单元的2至3倍，原则上不应少于20课时，对它的具体阶段分析如下：

（1）练习阶段。运动季的开始阶段即为练习期，在这一阶段的教学，通常都是教师以用直接指导的教学方法为主，对学生在练习期所涉及的运动技能和理论基础（包括竞赛规则与裁判知识）进行系统的教学与示范演练等。

（2）季前赛阶段。通过第一阶段的练习后，学生初步掌握了相关运动技能的技术要领和基本的理论知识，随后便进入了运动教育模式季前赛阶段。在季前赛阶段，学生则通过合作学习、同伴教学等方法按照既定的学习进度与练习计划进行自主性巩固学习和各团队协作练习，模拟比赛环境进行内部比赛演练以及裁判员、记录员等角色的练习与实践，教师则在旁边适时对其进行指导和纠正。

（3）正规比赛阶段。当教学进入到正规比赛阶段之后，学生的主要学习任务就是按照练习阶段策划的比赛赛程进行正规的比赛活动，各成员扮演不同角色与承担不同责任，为了比赛的顺利进行与获得比赛的胜利而共同努力与协作。在正规比赛阶段，一切都是按照决赛要求进行比赛的，各团队为了获得比赛的胜利，也更加积极与主动地参与团队练习以巩固提升专项运动技能，在依据比赛规则的前提下，充分分析比赛对手并针对性地制定战略战术。最后，就是安排学生进行相关数据的收集与记录的操作性练习。

（4）季后赛阶段。通过竞赛阶段的练习与比赛，成功闯入决赛阶段的小组继续以团队为单位进行季后赛阶段的比赛（季后赛通常采用循环赛的方式，目的是让各团队与成员都尽可能地扮演不同角色、不同程度地参与到季后赛的比赛中），并排列出最终决赛的团队名次。

2. 团体联盟小组

在该模式中一个运动季开始之前会按照一定的要素（具体要素包括学生的自主选择、运动能力、性别比例、理论知识水平等）综合将学生划分为若干个整体实力相当的团队。在接下来的整个运动季中，学生们则以固定的团队联盟（或分组）来开展学习活动，并一起拟订学习计划、制订比赛策略并实施练习，创建小组的特色文化，体验成功与失败，捍卫小组的集体荣誉等。最终，这种团队联盟将有效地促进学生团队意识的形成。

3. 正式竞赛

运动季的整个教学过程都是以比赛活动为主线，正式竞赛则是其中最为重要的组成部分，它赋予运动季真正的含义。这种比赛活动将贯穿于不同练习部分与不同发展阶段中，其比赛形式多种多样，具体包括分组循环赛、对抗性练习、淘汰赛以及年级联赛等。

4. 角色扮演

在该模式的教学过程中，每一位学生都将充当或扮演着多种不同的角色，时而为学习者，时而又充当着团队的组织管理角色等，具体角色包括管理员、运动员、裁判员、记录员、啦啦队员等，这些角色的扮演将有助于发挥学生所长，并增强学生对角色定位的认识与理解。

5. 责任分担

该模式有一个明显不同于传统体育教学的特征，那就是团队成员之间的责任分担制。在小组中每个学生都有着不同的责任、发挥着不同的作用，大家都为小组的荣誉而共同努力。这种责任分担制，一方面能够有效增进学生与学生之间的沟通与交流，有助于联络学生间的感情和提高学生心理品质，另一方面则能够极大培养学生独立担当的能力，并增强其集体主义荣誉感。

6. 最终决赛

运动季的完成将以最终决赛的完成而正式结束，然而，该模式的决赛具备正式的比赛计划和团队分组联盟，这也区别于传统教学单元中的决赛。运动比赛的实质就是竞争，通过了前期不同竞赛阶段的比赛和专项运动技能的巩固与提高，决赛阶段将提供一次更具观赏性、竞争性以及充满战术谋略的竞赛机会。最终决赛的进行，将有益于强化运动季的重要性，并赋予整个运动季丰富的内涵，强调学生的全面参与性与欢庆气氛的营造，让学生能够体验到最终胜利的喜悦和接受比赛失利的坦然，与此同时，要积极引导学生认识决赛的快乐层面应超过竞争层面。

7. 记录成绩

在运动季的整个比赛阶段中，对竞赛中的各种技术参数进行记录与保存，当然，这些记录的形式是多种多样的，如比赛时间、地点、人物、获胜场次、总得分以及最终排名等。这些记录将为学生个人或团队提供充足的信息反馈，能够发挥激励与鞭策的作用，甚至在一定程度上还能够提升学生的学习经验，并丰富学生学习过程，为其以后的比赛提供经验参考。

8. 活动庆祝

在该模式中，学生与老师将通过各种形式与方法营创出一系列具有教育意义的庆祝活动，在这些庆祝活动中，将对比赛的习俗性与程序性进行重点突出与强化，对优秀团队与突出个人进行鼓励与表彰。最后，邀请嘉宾出席颁奖仪式以及拍摄影视资料等。这些庆祝活动一般都具有多重教育内涵，不但能够激发参与者的运动热情，而且还能提高参与者的运动文化素养。

（四）运动教育模式的目标

通过运用运动教育模式，使学生在较为真实而丰富的运动情境中得到充分体验与发展，最终把学生培养成为具有良好运动技能、高度运动热情以及良好的运动文化素养的人。

1. 培养具有良好运动技能的人

该模式的首要目标就是培养出具有良好专项运动技能的人，具体指能够熟练掌握与应用专项运动技术，拥有参与多种比赛的运动技能，能合理运用运动技战术，以及针对较为复杂的运动情境提出解决对策，且具有扎实而丰富的运动专业知识。

2. 培养有高度运动热情的人

该模式试图把学生培养成为一个具有高度运动热情的人，具体指受过运动教育的人不但应该积极参与和学习不同地区、不同民族的运动文化，以不同的视角去了解某项运动，提高自身运动文化水平，让运动成为日常生活中不可分割的一部分，而且还应该积极地继承、传播、创新和发展各种运动文化，对其表现出极大的运动热情，把运动参与内化成动力，并养成终生体育锻炼的习惯。

3. 培养具有良好运动文化素养的人

运动文化和人文素养的教育自始至终贯穿于整个运动教育模式的教学之中。具有良好运动文化素养的人则应更多地理解和尊重运动规则、礼仪及民族传统习俗，对于不同种类、不同形式、不同地区的运动文化都应通过直接或间接的方式参与到其中，且具备一定的认知辨识和观赏能力。

（五）运动教育模式的主要教法

西登托普在该模式的教学实施中，针对运动季不同阶段的教学有选择性地采用了直接指导、合作学习和伙伴学习三种不同的教学模式，将其综合运用融为一体。采用超大单元教学，为学生运动技能的学习、战略战术的运用以及团队管理等各个方面提供一个真实的、丰富的且多维立体的情感体验，形成一套具有独特效果的教学方法，从而增加学生的合作精神和责任担当。

1. 直接指导法

直接指导的教学方法在运动季的开始阶段，即练习阶段与季前赛阶段的前期，是教学最主要的手段。教师通过直接对学生进行教学内容的讲解与示范，使学生快速形成动作技能的抽象意识与形象概念，并伴随着练习逐渐掌握该专项技能的各技术要领，以及学会不同角色扮演及职责履行，这基本等同于传统教学方法中的教师辅导、学生学习与教授教学内容。

2. 合作学习法

为实现团队目标，队长及各成员则会共同协商并制订计划与分担责任，自然团队的共同合作与学习就显得尤为重要，营造出一个民主、和谐的合作学习氛围，避免分歧意见的发生，更不允许任何人有绝对权威，一切都在合作学习中成长与进步。

3. 同伴教学法

经过团队的建设与发展，各成员已经认识到团队要想获取比赛的胜利，必须提高小组的整体运动水平，因此，高水平的学生则需要帮助技术水平相对较低的学生，一起学习与进步，大家团结一致共同努力，方能在季后赛中获得最终决赛的胜利。

上述教学方法在整个运动季的教学过程中，随着阶段的不同，运用的比例也随之有相应的调整与改变，具体指：在教学前期即练习阶段与竞赛阶段的前期，教师的直接指导的教学方法占据着主导地位，而在教学的中后期即竞赛阶段的后期与季后赛阶段，以合作学习和同伴教学的教学方式为主。

二、我国高校体育引入运动教育模式的必要性和可行性

（一）引入的必要性

对运动教育模式进行分析后发现，该模式与我国高校体育教育思想和教学理念具有较大的一致性，基于这一背景，其较强的可操作性更易于实现教学目标，将为我国高校体育专业教学模式的改革提供启发与借鉴。

1. 操作程序化

运动教育模式的特点就是将教学目标合理设置到具体教学实践过程中，具有较强的可操作性。在其教学过程中，学生既是学习者，又充当着组织管理角色，通过探索与发现，同伴之间相互沟通与交流以及自主学习等共同完成所教授的学习任务。教师在这一阶段中主要进行引导教学、辅助练习和纠正错误，适时充当着教练员的角色。我国体育教学改革的目标主要包括运动技能、运动参与、心理健康、身体健康以及社会适应五个方面。其中教师最难把控的就是运动参与和社会适应两个目标，基于我国当下的实际情况，多元化的运动教学模式或许能为我们提供一些新的改革方向和教学启示。

2.目标多元化

运动教育模式的教学基础是运动技能的学习与掌握，教学目标的多元化更是其特色之所在，运动教育模式在实施教学过程中要求每一位学生都有自己所充当的角色，并担当角色所赋予的职责和任务。这些角色具体包括组织管理员、运动员、教练员、裁判员、统计员、宣传员以及发令员、记时员、啦啦队员等多种角色。组织管理员则要组织和统筹协调管理整个比赛活动，使比赛有序进行；运动员则要求学生不畏艰苦、勤奋努力、认真学习和掌握运动技战术；教练员则要部署比赛战略战术及选派队出场顺序与位置；裁判员则要熟悉竞赛规则，熟练比赛执裁，保障比赛的顺利进行；其他角色也都有与之相对应的职责和任务。与此同时，在运动教育模式的这种目标多元化教学过程中，每一位学生在体验所充当的角色时，可以适当进行角色的互换，从而调动学生积极参与的热情，培养学生的学习兴趣，发挥学生学习的积极性，使其技术水平在比赛活动中得到进一步的巩固与提升。

3.知识系统化

传统教育模式在教学过程中强调体育专业学生对运动技能的学习和掌握，对裁判、战术运用、比赛礼仪和体育文化等知识的教授不足，一般是在理论课程中穿插介绍，缺乏系统教学与实践操作的机会。因此，学生对所学专项运动的全面知识了解甚少，且未能在实践中进行运用和得到提升。运动教育模式具备一套完整的理论体系，通过整个运动季的教学比赛活动，他们得以学习更为系统且全面的运动知识。在运动技能学习与掌握的同时，引导学生进行对裁判员、教练员、记录员等不同角色的扮演，使他们更为深刻地学习裁判知识、竞赛规则、比赛技战术的制定及运用，让学生能在比赛中学会尊重运动规则、运动礼仪以及运动的传统习惯。这使得他们能够辨别运动行为的善恶，将来无论是参与比赛还是作为球迷、观众，都能够成为有运动素养的人，进而更为系统地掌握专项运动技能的知识。

4.社会适应启示化

在运动教育模式中，从运动季的开始到比赛的结束，整个教学过程都是以团队为单位进行比赛活动，学生通过这种方式来进行学习，且在团队中可扮演不同角色，担任不同职责。成员之间相互帮助与合作学习，使各成员的能力均有所提高。角色的扮演将有利于提高学生的学习效率和社会适应能力。整个教学周期，实际上也就是学生对社会角色的一个正迁移，在潜移默化地培养了学生对社会角色的体验和认识，并且在团队中锻炼了学生彼此交流与沟通的能力，提升了其组织协调管理能力等，这也将有利于增加团队成员的归属感和荣誉感。现阶段在我国学校体育教学体系中，值得尝试通过角色体验的教学形式来促进社会适应目标的实现。

5.教育人文化

运动教育模式在体育教学中给予学生直观且真实的运动情景，把学生培养为有运动能力、有运动热情和有运动文化素养的人。在实践教学中，创造出一系列具有文化教育意义的庆祝活动，通过文化素养的教学和实践的操作让学生增加对运动礼仪、传统习惯的学习，并强化文化意识，从而更好地理解和领会当代教育所赋予的含义，为我国高校体育教学提供新的学习视角。

（二）引入的可行性

1. 运动参与

在高校体育教学过程中，运动的参与是不可或缺的重要部分，同时也是体育专业学生发展运动技能、增强体质、增进健康和养成良好的运动锻炼习惯的重要途径。对此，在具体实践教学过程中，教师应高度重视学生积极参与活动，并引导学生投入到真实而丰富的运动情境中，从而提高学校体育教学的学生参与度，并使学生享受运动参与所带来的快乐与成功的体验，"人人参与""健康第一"的教学理念及原则正是运动教育模式所倡导的。运动教育模式在具体教学中强调，针对不同水平的学生设置与之相适应的教学内容及活动比赛，使学生全面参与到体育教学中，通过扮演不同角色，体验不同角色所赋予的责任与义务，最终让每一位学生都能体验到运动的乐趣，并得到不同水平的提高与发展，培养其运动热情，使其养成锻炼习惯。

2. 运动技能的发展

高校体育教学目标的实现以运动技能的掌握为衡量标准，体育教学区别于其他文化课程教学的重要特征就是运动技能。体育课程教学以体育锻炼和运动技能的掌握为主要手段，如果没有运动技能的学习，体育课程教学将失去它的教育价值，我国高校体育专业在终身体育意识的培养方面也渐行渐远。运动教育模式则将比赛游戏贯穿于整个体育教学过程中，且注重培养同学间的互帮互助意识，以赛带练，引导学生担当体育组织管理者及裁判员等角色，从而使其更加全面地学习与成长，提高其良好的运动热情和终身体育意识。最终，实现学生运动技能水平的提高、体质的增强以及终身体育意识的培养。

3. 健康心理的需要

我国传统的体育教学在凯洛夫教育理论的影响下，片面强调运动技能和以发展学生体质为目标，忽略了学生心理健康目标；片面地强调传统体育运动的认知和身体联系的过程，忽略了学生的兴趣爱好和情感需要。体育教学不但有助于增强体质，而且在保持心理健康方面有着积极的作用，这已是体育教育界不争的共识。运动教育模式在体育教学过程中非常注重学生个性化培养与发展，重视学生的心理健康与情感需要。

4. 社会适应能力的提高

体育教学活动因其自身的特殊性，既是一种身体活动、社会活动，又是一种心理活动，它不但能增强体质，增进健康，而且在社会适应和心理健康方面都有积极的作用。社会适应能力的高低也被视为评判一个人身体健康与否的重要标志之一，对此，可以通过体育锻炼来逐渐增强社会适应能力。

三、引入运动教育模式的重新构建

（一）理论基础的构建

1.哲学基础

哲学观认为，一切的客观事物都是运动、变化和发展的，客观事物存在着普遍性联系，并有着运动发展的规律。因此，在高校体育专业学生教学中借鉴运动教育模式时，也要运用唯物辩证法的观点对其进行对立统一的分析，挖掘其优势特点，摒弃其不足之处，并结合我国的体育教育理念和高校体育专业学生教学的具体特点对运动教育模式进行合理的引入与借鉴。

2.系统论基础

系统理论的原理认为，任何事物的发展过程都是密切联系和有序排列组成合乎规律的有机统一整体。任何系统想要实现整体功能的进一步优化，必须通过结构与各要素之间的优化递进方能逐步实现，因为一个完整的系统是由各组成要素按照一定方式联系而成的整体，其最大的特点就是整体功能大于各部分功能之和。依据系统论原理与体育教学特征，将可以其教学结构划分为五个层次，具体分为：体育教学指导思想、教学方法体系、教学过程结构、教学程序以及完成最终的教学目标。

3.教育学基础

教育学原理是教育学中的基础学科，为各级各类学科教育研究提供思想方法和理论观点，它广泛存在于人类生活之中，具有一定的稳定性与客观性，是教育、社会、人与教育各内部因素之间本质的联系和必然的关系。当代的教育以人本主义理念为核心，体现以人为本的价值取向，其教学目的是发展个性化教育，挖掘学生潜质，调动学生积极性，注重因材施教，强调学生自主学习和自我价值的实现，建立良好的师生、生生关系，并营造民主、和谐的教学气氛。

当今，以杜威实用主义哲学为基础的进步主义教育理论对我国高校体育传统教学产生了较大冲击与影响，它强调以课堂、学生及自主学习为主要教学特征。运动教育模式则以情感需要为基础，给予学生足够的活动空间，调动学生的学习自主性，充分发挥学生参与积极性，注重增强学生体质，提高学生技能水平，发展学生心理品质以及培养社会适应能力，让学生得到不同程度的成长与协调发展。因此，在对该模式进行重新构建之际，应注重以人本主义教育观为理论基础，对其原有的内涵进行修正和扩展延伸。

4.心理学基础

在我国高校体育教育研究理论中，以心理学为基础的研究自然也是必不可少，在体育教学的目标、内容、过程以及评价的制定与应用中无不以心理学为研究基础。与此同时，在引入运动教育模式之际，也有必要对其从心理学角度进行辩证的分析与审视。

从心理学角度对"兴趣是最好的老师"进行分析表明：人们对自己感兴趣的事物会产生强烈的求知欲，并会积极主动地在求知的基础上进行实践与探索。在高校体育专业教学中，培养学习的动机，也就是将学校给予学生的学习任务，转化为学生的个人行为要求，从而激发其学习动机，培养学生学习的积极性，主动参与体育锻炼。从中不难看出，学生如果从感兴趣的体育教学过程中从心理和情绪上体验到了愉悦感，将有利于形成稳定的心理倾向，并逐渐转化为习惯，并且为终身体育意识的树立奠定坚实的心理基础。运动教育模式在整个教学过程中结合游戏与比赛，强调学生的主体地位，呈现给学生一种具有趣味性、丰富性和体验式的教学活动，改良后的弱竞技性的运动项目使学生体验到成功的喜悦和自豪感，进而锻炼了其组织能力，提高了其创新能力和增强了其自信心，更坚定了高校体育专业学生学习的信心和培养了他们自主参与锻炼的运动习惯。

（二）教学目标的构建

运动教育模式与我国国情存在着一定的差异性，在引入或借鉴国外优秀的教学模式时，必须结合我国的国情和高校体育专业教学的具体特点，对其教学目标进行新一轮的重新构建，具体归纳如下：

1. 运动参与目标

运动教育模式通过体育游戏和比赛活动，能充分调动学生学习的兴趣和参与的积极性，使他们体验并享受运动教育的乐趣，从而提高学生参与体育运动的热情和使其终身体育锻炼的意识，养成其自觉参与锻炼的习惯。

2. 运动知识与技能目标

通过大单元的课程教学和不同周期的运动安排，学生拥有充足的课时来学习运动的理论知识，巩固提升专项运动技能，并能够熟练地掌握和运用运动技战术，积累丰富的比赛经验。对学生进行体育文化知识的教授，使其更为深刻地理解运动文化，尊重竞赛规则和比赛礼仪。通过团队的合作和同伴学习，共同制订学习计划与练习内容，培养学生的策划组织能力、沟通能力以及良好的团队合作意识。通过体验真实、丰富的运动情境让学生感受运动文化的氛围，使其学会如何欣赏体育运动比赛，并能读懂运动技战术在比赛中的运用。

3. 身体素质目标

整个运动季不同阶段的比赛活动，使学生在身体力量、速度、耐力、灵敏与柔韧性等方面都得到锻炼，从而增加学生体质，增进学生健康，强健学生体魄，并提高学生的综合身体素质，这也是学校体育教学的基本目标。

4. 心理健康目标

学生通过自主学习和同伴学习，在真实、丰富的运动情境中，体验运动所赋予的乐趣和成功的感觉，并能选择适合自己的方法与途径进行自我身心调节和转变情绪，从而改善心理状态，克服不良心理，形成积极乐观的生活态度。

5.社会适应目标

通过对竞赛活动、公平比赛的教学，学生能够正确地看待比赛的胜败，培养其竞争意识，同时也能使学生认识到比赛中既有竞争又有合作，以此形成良好的体育道德观。通过对比赛的记录进行总结分析，为学生的进一步学习积累经验，从而提高学生分析问题和解决困难的能力，使其更好地适应社会。

通过运动季中不同角色的扮演，增强学生学习的存在感和自身价值，同时使学生更具有责任感，增强学生的自信心，从而提高学生的社会适应能力。综上所述，运动教育模式在不同的教学阶段都有其特定的教学内容和与之相适应的教学目标，这些教学目标在实际教学过程中又是相互联系、相互影响且不可分割开来的，只有从整体上把握教学才能推进运动参与、身体素质、运动知识与技能、心理健康以及社会适应目标的实现。

（三）教学程序的构建

运动教育模式形象地把整个教学单元设计为一个运动季，教学程序以运动季为周期进行系统的教学，从而取代了传统的体育教学单元。西登托普认为一个运动季应该完整地包括练习期、季前赛期、正式比赛期和季后赛期，且每个特定的时期又由其相对稳定的教学内容组成。根据文献资料及高校体育教学的特点，我将运动季重新划分为"练习阶段""竞赛阶段"和"决赛阶段"三个部分。

1.练习阶段

练习阶段也可以理解为运动季的开始部分，其主要任务是做一些准备性的教学工作，具体包括：教师对学生进行能力评估和团队分组建设（队名、口号、队标及团队文化）；学生自荐和教师指导各队成员角色分配与职责划分；教师介绍和安排整个运动季的教学内容及目标任务（运动技能的掌握、理论知识的学习以及专项运动的相关裁判与文化学习等）；最后，教师采用直接教授法（练习阶段为主）进行方法与内容的教学，然后督促学生根据整个运动季的竞赛计划进行自主性学习和同伴合作练习，教师适时给予指导与纠正错误。

2.竞赛阶段

竞赛阶段也可以称为运动季的主体部分，其主要任务包括：教师对运动技能理论、技战术及裁判应用等内容的教授，并指导学生进行练习；进行正式比赛前的巩固性练习和正式比赛，提升学生的专项运动技能；学生多重角色（运动员、教练员、裁判员、记录员、啦啦队员等）的扮演及战略战术的策划与实施，培养其具体实践操作能力和比赛观赏能力；最后，巩固专项运动技能的掌握和竞赛战略战术的运用以及积累比赛经验，为最终的决赛做全方位的积极准备。

3. 决赛阶段

决赛阶段是运动季的结束部分，其主要任务具体包括：对于比赛活动进行最终的总决赛，以此来结束整个运动季的教学，自我总结与反思以及交流比赛经验，为进一步的提高做经验积累；最终比赛需要营造出欢庆、轻松、和谐的节日氛围，与全体成员共同参与和感受运动文化，邀请相关领导颁奖庆祝并合影留念。

（四）教学条件的构建

既能完成学科教学所设定的目标，同时又能为教学效果发挥其辅助性的作用，这就是模式教学中的教学条件。运动教育模式的教学条件将从教师主导、学生主体、教学课时以及教学环境方面进行分析和重新构建。

1. 教师主导

教师在运动教育模式中占据着主导的地位，但绝非是传统体育教学模式中教师为主体的概念，在运动教学周期中，教师是整个教学过程的引导者，并扮演着教学内容的策划与设计者。运动教育模式的教学特点要求从事教学者（即教师）具备一定的运动教育模式理论知识、专项运动技能、裁判以及运动文化，以备在实践教学过程中能更准确地、全面地阐述教学内容，帮助学生理解和执行角色任务。教师在具体教学的不同阶段，扮演着不同的角色，在运动季的练习阶段，更多扮演着教师的本色，引导和启发学生学习。然而当进入到竞赛与决赛阶段，教师则充当着教练员的角色，鞭策学生进行自主性学习和运动技术的实战运用与执行。所以，影响教学效果与质量的关键就在于教师能否准确理解和把握运动教育模式的内涵以及教师自身的教学能力是否强大和经验的积累是否丰富。

2. 学生主体

运动教育模式倡导以学生为主体，教师为主导的教学模式，强调学生在学习过程中开展自主性学习。在教学过程中，学生通过自主性、独立性的探索与实践，增强了学习积极性，激发了主观能动性；学生同时扮演着多重角色，时而是学习者，时而是决策者；团队成员间也相互交流与合作，共同制订学习计划和练习方案，增强学生与学生、学生与团队间的情感交流，培养其团队意识和集体主义精神，进而使其获得自身的发展，提高团队协作能力，共同完成学习内容和教学目标。因此，这种教学模式要求学生具备一定的自觉性、合作性、自我管理能力以及对所教授的运动项目有过基本的了解与学习。

3. 教学课时

专项运动技能的熟练掌握和教学目标的实现都要建立在充足的教学课时基础上，而运动教育模式具有大单元、多课时（原则上应不少于20课时）的特点，为学生专项运动技能的熟练掌握与巩固提升提供充足的时间，符合高校体育专业教学的学期学时的设计与课程安排的要求。

4.教学环境

教学环境原本是一个由多种不同要素组成的复杂系统，而本书中将所指的教学环境界定为：影响班级教学的相关因素与条件，具体包括硬件设施、学习氛围和师生关系等。

（1）硬件设施。在运动季教学周期中，经常会安排团队进行分组练习和比赛，这对运动教学中的硬件设施和场地器材提出相应的要求，为满足其正常的教学开展以及课余时间学生自主练习提供设施保障，同时也促进了校园教学资源的合理开发与利用。

（2）学习氛围。运动教育模式倡导一种民主、和谐的学习氛围，教师在教学过程中应建立良好的教学作风，为学生树立学习的榜样与楷模；学生之间也应互帮互助，团结友爱，运动技能掌握好的带动相对不足的学生一起学习，以达到共同进步的目的；团队之间也更应该积极沟通，相互交流，使学生具有良好团队意识和合作精神。

（3）师生关系。在运动教育模式中强调学生的主体地位和教师的辅助角色，并形成和谐互助的关系，倡导教师在讲授教学内容的过程中，逐渐将教学主导权下放给学生，让学生通过自主性学习和同伴合作学习，共同完成教学目标。在这期间，学生既是学习者，又是组织管理者等角色，教师则在重、难点方面给予指导和纠正错误，最终师生在和谐、愉悦的氛围中共同完成学习内容并实现教学目标。

（五）教学评价的构建

教学评价是指在一定时间范围内，对学生整体的学习状态给予真实性综合评价。运动教育模式则注重对学生的学习行为与学习态度、专项技能掌握的熟练程度、运动技战术实践运用以及团队间协作精神等进行综合性评价。运动教育模式中在对学生进行学习评价时，首先，应从教师角度对学生的参与积极性、运动水平和学习态度等进行诊断性评价；其次，从学生学习的专项技能、运动技战术和自主性学习等进行形成性评价；最后，以团队的合作意识和集体荣誉感为出发点对其进行终结性评价。因此，在不同阶段，面对不同对象时，应采用个性化的评价方式对其学生进行有效的综合性评价。

四、应用运动教育模式的注意事项

（一）重视课堂常规的建立

运动教育模式在开展教学实践的初期，为实现对中、后期的课堂管理和教学质量的把控，建立良好的课堂规则与形成民主、和谐的学习氛围，具有十分重要的必要性。课堂常规通常包括：了解班级学生组成的基本情况（性别比例、生源地域性、班级积极分子以及有无特殊学生等）；向学生介绍该模式，让大家认识与了解其指导思想、教学目标、教学特点以及相关责任与义务等；发放诊断性问卷，收集教学分组所需的参考数据，并整理存档。这一阶段的主要任务就是向学生介绍该模式具有游戏性、比赛性和自主性的教学特点，从而预先调动学生的参与积极性与激发运动兴趣，端正其学习的行为态度，共同营造出适合教学的运动文化氛围，积极准备迎接即将到来的正式教学周期与比赛赛季。

（二）科学分组，团队建设

分组合作是运动教育模式开展教学的一个基础条件，同时也是后续教学能够顺利进行的重要环节。在一个运动教学周期的开始之前，科学的分组是前提，团队文化的建设是保障，只有通过合理的分组和团队文化的建立，才能将学生合理分成若干个总体实力相当的团队，才能培养学生组织管理、交流合作、团队协作的能力以及促进教学目标的实现。对此，我们归纳总结出三种较为科学与合理的分组方案：一是采用异质分组原则，以前期测试数据为依据，按照性别比例、运动水平高低等因素合理搭配组建学习小组，从而人为地控制与缩小各小组之间的水平差异。二是教师选拔或学生自荐组成学生代表小组（参考指标：男女代表、运动水平高低代表、课堂积极分子代表等）与教师共同讨论分组，既能体现分组的民主性，又能做到相对均衡与合理地分组。三是根据体育统计学原理，首先在班级内进行随机分组，分组后允许学生在以均衡分组为原则的基础上进行适当的调整，教师在综合考量后确定最终的团队分组。科学分组后，各成员就以团队为单位，自主设计与制作队名、队服、队歌、队旗以及口号等，建立团队文化。但需要注意的是，学生一旦确定分组，在接下来整个运动季的教学过程中他都将属于这个团队，从而培养其团队意识和集体主义观念。

（三）合理划分学时比例

运动教育模式在教学实践中，把一个教学周期定义为一个运动季，根据不同运动专项的项目特点（项目竞技性的比重、技术难易度以及文化因素等）合理划分运动季各不同阶段的教学学时。对此，强调两个要点：第一，在运动教育模式中的教学学时比例并不是完全固定与不可变动的。第二，根据不同运动专项特点，为其量身划分教学学时比例，可进行弹性的调整。对于运动技术复杂、动作难度大，以及战术要求高的专项运动，则建议适当延长其教学学习的练习阶段，给其划分相对较多一点的教学学时，为学生更好地学习与掌握运动技战术提供充足的时间；反之，则适当削减练习阶段的时长，让学生在竞赛阶段有更加充足的教学学时进行运动技能的巩固演练和技战术的实战运用，积累实战经验，为决赛阶段打下坚实的基础。

（四）竞赛激烈程度的合理掌控

运动季竞赛阶段的激励程度的把控，应根据教学对象的年龄阶段、生理状况以及心理特点等具体情况进行合理的划分，若划分的不合理，就会对教学对象的参与积极性与自信心产生消极的影响，情况严重者，甚至可能使其产生抵触情绪或出现放弃学习的行为。因此，在进行运动教育模式教学实践时，必须认识到竞赛设置的用意是为了激发学生参与比赛活动的积极性和为学生提供一个真实的运动情境实践，所以，合理掌控竞赛激励程度具有十分重要的作用与意义。

（五）适用项目的选择性

运动教育模式的适用项目在理论上具有一定的普遍性，由于该模式更多地倡导学生进行自主性学习和合作性学习，因而，一些危险系数相对比较大的运动项目（攀岩、潜水等极限运动）、相对独立且闭塞的个人运动项目（传统武术套路、有氧瑜伽等）以及对场地设施要求比较苛刻且不易于在课外进行练习与比赛的运动项目（击剑、射击等），均不适合运用该模式进行有效的教学。一些比较特殊的体育运动项目一定要选择专业性强且操作经验丰富的专门性人才或教师进行相关内容的教学与指导。

第八章 高校课外体育教育管理与创新发展

第一节 高校课外体育活动的任务与管理

一、高校课外体育概述

（一）高校课外体育的形态及特点

1. 休息、锻炼、娱乐交融的课间活动

课间活动一般包括在两节课之间利用 10 分钟进行的学生自由活动。课间活动可使学生在保持紧张的坐姿后的身体各部分得到舒展和活动，调节身体姿势，消除局部疲劳，促进血液循环，调节精神，提高学习效率。课间操一般采用以班级为单位进行活动的形式，也可采用集体进行或学生自由进行活动的方式。课间活动一般在室外进行，学生能够呼吸新鲜空气并接受阳光的照射，有利于身心的健康发展。每节课后 10 分钟休息的时间，虽未规定组织体育锻炼，但一般高校可根据实际情况，根据场地器材的安排采用可集体与分散相结合的方式，在内容上以锻炼、娱乐为主要形式，可开展徒手体操，如 2 分钟的简易广播操、眼保健操、素质操等，也可开展慢跑和轻松的游戏活动。这样，学生在课间活动中，精神上处于"放松"状态，学生身心都得到调整。时间较长的课间活动，近些年也被称为"大课间"。大课间将原有的课间操时间进行调整，一般为 30 分钟左右，其活动内容较为广泛，通常以广播体操为主，也可根据高校和学生的实际情况，开展校园集体舞、耐力跑、跳绳、踢毽、球类等活动，或高校自行开发的形体操、健美操、韵律操、武术操，以及一些新兴运动项目，如跆拳道、搏击操。这些项目的引入，给大课间活动注入了新的活力。有些高校根据自己的特色，在乡土体育上做文章，开发当地富有特色的乡土体育项目作为大课间的主要内容。随着阳光体育运动的深入开展，各地高校借大课间活动这一平台，构建高校体育特色，开辟运动健身角或快乐体育园地，大大丰富了活动内容和锻炼手段，有效提高全员参与水平。但是，大课间活动在开展过程中也遇到了一些问题，如场地、器材不够，指导教师缺乏，活动内容有待进一步开发等。这些需要我们在实践中深入探索，同时要加强运动场地设施的建设，为学生提供足够的运动器材。

2.锻炼、教育和教学共在的课活时间

高校在没有体育课的当天要安排一节课外体育活动课，确保学生每天有1小时的锻炼时间。课外体育活动可以采取集中与分散相结合、规定与自愿相结合、班级与个人相结合的组织形式，在体育教师或班主任的指导下，在班干部或小组长的带领下进行体育活动。

课外体育活动课在整个高校体育中具有举足轻重的地位。据计算，学生每周在课内锻炼时间累计不超过三个小时，这远远不能满足锻炼时间的需要，再加上一些客观因素的影响，体育课不能如期进行，更加缩短了学习时间。因此，课外体育活动承担了拓展和延伸体育课的学习任务，学生在课堂内学习到的运动技术，可以在课外活动中得到巩固和提高，同时获得成功的实践体验，以增强下次的学习动机和兴趣。体育教师在课外活动中的角色是巡回指导和技术顾问，主要解决技术问题，起点拨和指导作用。课外活动还有一个主要目的是增强学生体质，因此，有些高校通常将课外活动分成两个部分，一部分是以提高学生身体素质为主的锻炼内容，如耐力跑、上下肢力量练习等，这是提升学生整体体质的有效手段，班主任和任课教师组织监督，成为活动质量的中坚力量，体育教师只起到整体统筹、规划和监督作用；另一部分是自由锻炼时间，按照班级定场地、定内容、定器材，由班主任组织管理学生进行有序锻炼，体育教师巡回指导，高校领导参与监督检查，以提高活动质量和效果。

课外体育活动的主要问题还是高校场地、器材的科学合理的划分和利用，以及及时、准确的指导和监督评价机制的建立。

3.班级、年级的体育联赛

班级、年级体育比赛是一种有效促进高校体育发展的手段，它不仅能提高学生参与锻炼的积极性，对体育教学和课外活动是一种很好的促进和检验，同时，还能在潜意识中培养学生集体主义精神和团队荣誉感。一般基层高校大型的体育赛事是春、秋季节的田径运动会，也会定期举行小型班际联赛，有的高校每月一次小型比赛，如拔河、跳绳、篮球、排球、广播操、趣味运动会等，还可以根据高校特色组织特色项目的比赛，多以体育节、文化艺术节等活动为载体提高学生的参与意识，做到全员发动，人人参与。这些小型比赛有效地推动了课外活动的开展，提高了学生和教师参与课外体育活动的积极性和凝聚力。这些比赛往往也利用课外活动的时间，以赛带练，以赛促练，既丰富了课外体育活动的内容和形式，又能逐渐形成高校的体育锻炼氛围，形成一种特有的运动文化。

4.活动课和专长教育结合的运动俱乐部

校园内的运动俱乐部是近年来出现的课外体育活动组织形式，分单项俱乐部和综合性俱乐部两类。学生根据各自的兴趣爱好等需求自愿加入俱乐部，参加符合自己特长和要求的体育锻炼活动。其中有一部分是带有课余性质的，有一部分是为了提高技术水平，还有一部分则纯粹是为了娱乐。它的特点是有组织，有管理，有专人指导，有经费支持，具有一定的导向性，活动效果好，深受学生欢迎。

5.检验、娱乐和文化兼得的高校运动会

运动会是高校内部自行组织的，以院系、专业、年级、班级为单位举行的竞赛活动。竞赛活动一般由多个运动项目组成，并在同一时段进行。目前最常见的形式是田径运动会，或篮球、排球、足球及田径等多个运动项目组成的综合运动会。

运动会是对学生整体的运动水平的检验，除较为正规的运动会以外，为了检验更多学生的运动水平和让更多的学生参与竞赛，可以将田径运动会改成达标运动会，竞赛的项目则是达标的项目。也可以在原有竞赛项目设置的基础上，将教育部《国家学生体质健康标准》（2014年修订）的部分项目纳入竞赛中，并增加一些娱乐性项目。全校每个学生均可自愿选择其中几项参加，将参赛的人数与竞赛的名次累计并计算出团体与个人名次。这不仅使不同层次的大多数学生有机会展示自己，同时还促进了学生的锻炼。同时，运动会的赛前口号征集、班徽设计、开幕式筹备、板报设计，比赛中的征文活动、广播宣传时的知识普及等，对学生来说都是体育文化、校园文化的熏陶。但是，运动会的科学设计一直是需要解决问题中的重点，如能否使各水平层次的学生都能真正体会到参与的成就感和快乐，如何真正体现竞赛的公平性，如何将思想教育内容有机融合到竞赛中，等等。

6.提高、普及和宣传运动训练的意义

运动训练是在高校体育教学和课外体育活动的基础上，为提高高校运动技术水平，推动高校群众体育的发展，在课余时间里对具有一定体育特长的学生进行有组织、有计划的运动训练的一个过程。高校课余运动训练是高校课外体育的组成部分，是培养优秀体育后备人才的形式之一，是基础训练的一种组织形式。抓好高校课余运动训练，不但可以促进学生全面发展，而且在培养优秀竞技体育人才方面起到基础性作用。开展高校课余运动训练，推动了高校体育教学和群众体育活动的开展，活跃了校园文化生活，提高了教师和学生的生活质量，增强了凝聚力，丰富了高校的社会形象，提升了高校的社会声誉，加强了高校精神文明的建设，对全体学生积极参与体育运动，养成终身体育习惯起着有效的宣传、推动作用。

（二）高校课外体育的意义

1.课外体育是体育锻炼习惯的养成途径

体育锻炼习惯是人们经过长期体育实践巩固下来的终身从事体育活动的行为特征。体育锻炼习惯的养成，依赖于体育意识和兴趣的培养，以及持之以恒的意志努力，并有一个从不自觉、不习惯到自觉、习惯的逐步培养过程。体育意识的培养，主要依赖于有关的体育基本理论知识的学习和对体育实践的情感体验。课外体育实际上是为学生提供了一个学习与运用体育知识、技术、技能的大课堂，有关的知识、技术和技能，都能够在这个大课堂中得到应用、深化和巩固。同时，学生参加课外体育活动可以根据自己的兴趣、爱好自愿选择活动的内容、形式、方法，活动富有吸引力，能引起学生浓厚的兴趣，满足愉悦身心的情感体验。不断的练习、强化、巩固和提高,对学生体育特长的形成与保持十分重要。体育锻炼习惯一旦养成,体育活动就成了日常生活中不可缺少的重要内容,这样学生就比较容易持之以恒、坚持不懈地参加。持之以恒地参加课外体育活动本身就是体育锻炼习惯养成的途径。

2. 课外体育是校园文化的主体构成部分

校园文化是校园内具有教师和学生特点的一种精神环境和文化氛围,是以高校师生为主体的具有一定特性的文化潮流,课外体育活动作为高校课外活动的重要形式和内容,始终在校园文化建设中,担任着重要的角色,它是校园文化的主体构成部分。课外体育有助于提高校园文化的生动丰富性,增强校园文化的凝聚力和吸引力。高校学生最富有朝气和活力,他们不但需要课堂学习,而且需要娱乐,需要友谊,需要发展自己的兴趣爱好,需要情感和精力的宣泄。而课外体育活动恰恰是能满足高校学生这些需要的最有效方式之一。因此,课外体育活动能够丰富校园文化建设,提高校园文化的多样性,营造丰富而生动的校园文化氛围。

3. 具有与体育课不同性质的教育形式和效果

课外体育和体育课两者相互联系、互相补充。体育课为课外体育的开展奠定一定的身体和技术基础,为课外体育提供有关的知识和技能准备。课外体育为学生提供了一个实践检验体育课学习效果的活动条件;相关体育知识技能要靠学生在课外体育活动中去体验和运用、掌握;勇敢顽强的意志品质、优良的体育道德作风更需要学生通过在课外体育的实践中去磨炼和培养。因此,课外体育活动能够补偿学生在体育课运动中的不足,它是体育课堂教育的延伸,是体育教育的第二课堂。

但是,相对体育课来说,课外体育又具有自己的体系和相对的独立性。由于课外体育的“课余”性,它具有如下特点:

(1)形式更加多样和灵活。与“课内”相比,“课余”不拘一格,形式也灵活生动,丰富多彩,讲求实效。

(2)内容更加开放并贴近生活。与“课内”相比,“课余”不受课时、教学计划甚至校园围墙的限制,其内容和形式更开放,也更贴近生活。

(3)教育意义更加丰富和综合。“课内”教学是按学科进行的,而“课余”活动则是以活动为中心进行的。因此它具有教育的综合性,能为学生提供同时运用多种学科知识、发展多方面智力才能的机会。

(4)学生参与更基于自身的兴趣、爱好。学生参加“课余”活动时,大多数情况下能根据自己的兴趣、爱好自由选择,其活动内容、形式也更多由学生自主选择,因此也就更能引起他们的兴趣。

(5)学生的活动更具自主性。与“课内”相比,学生在“课余”活动中,具有更大的自主性。可以说,课余活动是学生自己的活动,他们是活动的主人,教师只起到指导作用。

由于课余活动具备"课余"的特点，因此，课外体育活动学生参与的积极性高、锻炼效果明显，对培养学生的个性有独到的作用，有利于学生终身体育习惯的养成。

4. 高校课外体育是体育教育的另一主阵地

高校的体育教育不仅有课内教育，还包括课外教育。课外体育是课外教育的重要组成部分，是高校课外教育的一种形式，更是课内体育教学的延伸和拓展。课外体育是学生在课余时间里，运用各种身体练习方法，以发展身体、增强体质、活跃身心、提高运动技能和丰富业余文化生活为目的而进行的体育教育活动。它主要包括早操、课间操（大课间活动）、课外体育活动、高校运动竞赛、高校运动队训练，以及各种体育兴趣小组（俱乐部）等多种组织形式和内容。

课外体育中的教育价值是鲜明的，它可以使学生在灵活、轻松、愉快的氛围中学习或巩固体育的基本知识、基本技术和基本技能，培养学生优良的品质，发展学生的个性。课外体育对学生身心的改善有着比课内体育教学更优越的条件，其时空的广延性与灵活性，运动内容、形式与方法的主体自觉性，为充分实现个体的体育教育提供了便利。社会的发展，生活方式的改变，赋予高校课外体育的积极因素越来越丰富，对学生身心发展的影响作用越来越明显。因此，课外体育在高校教育中具有重要的地位，是高校体育教育的另一主阵地，它与体育课内教育相互配合、互为补充，构成了完整的高校体育课程体系，能够促进学生的全面发展，成为实现高校体育教育目标的基本途径之一。

5. 高校课外体育与社会家庭有更多连接点

随着现代体育发展的进一步社会化，课外体育已大大打破了高校的时空界限，扩大到家庭和社会，使家庭体育、社会体育融为一体。社区体育的优势在于业余自愿、开放性强，但受成员的复杂性、分散性、缺乏指导性等局限；家庭体育的优势在于具有早期启蒙性、强烈的感染性和天然的连续性，家庭体育是终身体育的一种形式，是终身体育的起点和归宿，但是有封闭性和随意性的局限；高校课外体育具有法定性、规范性、教育性、指导性强的优势，但又有近期性、阶段性的局限。所以需要将高校课外体育、社会体育、家庭体育有机联系在一起，三者相互作用、相互协调、相互促进。

由于社会在政治、经济、科技文化诸方面迅速发展，高校、家庭、社会三位一体的终身体育教育体制将逐渐建立。家庭是体育教育的起始环节，高校是中心环节，而社会则是延续环节。终身体育观念将课外体育与社会家庭体育紧密连接起来，有教育的全员性、教育过程的连续性、资源的共享性等诸多内在连接点，使高校课外体育与社会体育、家庭体育的发展必然是三位一体有机结合，形成以高校体育为主，以家庭、社会体育为辅的一体化模式。

课外体育改变了单一的模式，把娱乐体育、保健体育、生活体育、竞技体育等纳入课外体育活动体系中；要突破封闭的形式，向社区和学区、家庭、居民开放，打破高校体育和社会体育之间的界限，开展多种形式（如参加社区体育、俱乐部、运动协会、爱好小组等）的学生课外体育活动，使其更好地与社会、家庭体育衔接，这些都已经成为课外体育的发展趋向。

二、课外体育活动的任务

学校课外体育活动是现代学校教育不可缺少的重要组成部分，其主要目标是，它同现代学校的其他环节相互联系、相互促进，共同完成现代社会对学校提出的、培养现代社会所需要的、能适应现代社会环境的人。这可以说是现代学校教育的终极目标和总任务，是学校各组成部分共同奋斗合力的总成效。现代社会对人才复合性水平要求较高，现代学校也在不断的进步与发展中，使自身的结构与组成不断完善与合理化，学校教育的不同组成部分，特色各异，学校所赋予的主要功能也各有不同。尽管不同组成部分有相互联系与促进的共同特征，但必然各有区分。学校课外体育活动，概要地说就是要达到锻炼学生、培养学生的目的，具体如下：

（一）主要任务

1.为适应社会打下良好的身体基础

学生无论在学校，还是走出校门，压力只会越来越大。学校课外体育活动不仅要通过丰富的内容、多样的形式，完成促进学生身体正常、良好发展的传统任务，更重要的是，要在现在以至将来很长一段时间内，纠正学生因课业负担造成的不良身体习惯，并消除其对学生身体成长、发育的不良影响。这也是当前学校教育不同组成部分之间相互抵触的不良结果，和学校课外体育活动的又一新任务。学校课外体育活动不仅要增强学生自身对于这些影响的抵抗能力，还要提高学生对这些不良影响纠正与消除的能力，从而更加重了学校课外体育活动任务的繁重和艰难程度。

2.培养学生积极的运动爱好

众所周知，兴趣作为一种心理活动，是对事物特殊的认识倾向，当这种认识倾向发展成为爱好时，就成为一个人的较长久且相对稳定的行为倾向，影响着人们能力的发挥。兴趣和爱好是积极性的来源，它以认识和探索某种事物的需要为基础，是推动人们认识事物、探求事物发展规律的一种动力，是人们活动中最活跃的因素。有了对某项事物的兴趣，就能在行为中产生极大的积极性，激发个体强烈的活动热情，推动人们积极愉快地从事某种活动。凡是符合自己兴趣的活动，都容易提高人的积极性，研究表明，兴趣比智能理性更能促使人们从事某项活动。

对学校课外体育活动而言，虽然兴趣是学生的"原动力""催化剂"，对学生的体育活动具有内驱力的作用，但是，运动兴趣同样会随着人的成长、环境的变迁而有所改变，所以，要使学生长期甚至终身从事体育锻炼活动，在兴趣爱好的基础上，持久性和稳定性也至关重要。

3.培养学生较强的运动能力

一定水平的运动能力，是学生自觉、自主地从事运动锻炼活动的基础。而运动能力则是在体育教学中获得的运动知识、运动技术以及方法等的基础上，进行以下方面的锻炼及提高：

（1）运动技术的巩固与提高。体育教学中获得的基本运动技术并不一定稳定和成熟，要想灵巧、自如地运动，必须在学校课外体育活动中，在时间充分、条件相对宽松、运动相对自主的环境下，进一步巩固和提高，不断提高熟练化水平，以达到灵活自如地运用运动技术的目的，为成功地自主运动奠定基础。

（2）体能的锻炼与提高。体能是人体运动能力的重要构成部分，其锻炼与提高是一个长时间的系统过程，需要循序渐进、坚持不懈，在基础教育阶段，其锻炼与提高只能在课外体育活动时间中完成，因而它成为学校体育课外活动必然的重要任务之一。

此外，现代社会对人的生长、发育水平提出了较高的要求，不仅需要人们具有承受较强工作量的体能水平，还需要人们具有较强的抵抗、释放焦虑的能力。完成这一任务，其实也是将学生课外体育活动纳入学校教育计划的重要原因之一，只是随着社会现代化发展与提高，该任务的重要性越来越突出。

（3）运动智能的锻炼与提高。运动智能是较强运动能力的又一重要构成，需要长期、多元运动的系统锻炼造就，也是现代学校体育课外活动的另一重要任务。此外，还有较高层次的心理能力等，它们都是良好运动的习惯养成，以及最终的运动锻炼生活化的基础，需要在长期、不懈地运动锻炼中完成。

（4）培养学生良好的运动习惯。运动习惯的养成不仅需要体育认识、兴趣爱好、运动能力、运动中的愉悦体验，长期、规律的运动经验等积累，还需要关键发展时期的强化养成。基础教育阶段，作为高校学生后天学习、成长的关键时期，对人生运动基础的奠基十分重要，学校课外体育活动对良好运动习惯的养成起决定性作用，将直接决定着人生运动生活化的水平。

（5）培养学生较强的集体意识及协作能力。集体意识是现代社会对社会成员要求的基本素质之一，良好的协作能力是现代社会对人才质量和规格的一项基本要求。坚强集体的力量是巨大的，而坚强集体的形成和保持，则取决于每一个成员是否具有强烈的协作意识和群体精神。在目前各学科明显呈现既高度分化，又相互渗透；既高度综合，又纵横交错的新态势情况下，各项科学研究和研究成果的形成，也越来越趋向于向学科交叉的方向发展。因此，要求每一个参与者必须具备与他人协作的能力。协作意识是体育意识的基本内容之一，学生协作意识的形成，需要学生长期参与多种有机结合的体育锻炼活动，不断地重复磨炼，在潜移默化中，逐步培养与增强这种协作意识，并使之"生活化"，进而才能使其融入日常的工作学习之中，改善人们的社会适应性。体育锻炼以其明显的特殊交往方式，培养着每一位锻炼者的协同配合能力、待人接物能力、豁达坦荡的心胸和涵养。这些在人际交往中的协作能力是奠定人们走向未来、成功的阶梯和基础，也成为当代学校课外体育活动的重要任务之一。

（二）次要任务

次要任务即基础教育阶段完成的教育目的及任务，非学校课外体育活动独立完成的，而又必须在活动中加强的目的及任务。

1.培养学生较强的竞争意识及能力

强烈的竞争性是体育运动的重要特征之一，具有竞争性的体育锻炼活动更具魅力，且对高校学生更具吸引力。当今高校学生多有竞争意识，但往往缺乏耐力，开始做某件事情时，信心十足，斗志昂扬，但一遇到困难、失败，又失去勇气和信心。在学校课外体育活动中，应充分运用体育运动竞争性的特性及功能，积极培养学生的竞争意识、竞争精神，充分激发学生个人的潜力，培养学生敢于冒尖、敢为人先、努力向上、永不自满的能力，从而促进学生进步，增强学生实力。

2.培养学生的社会性、角色意识及较强的社会交往能力

个性，作为一个人比较稳定的心理素质和社会行为特征的总和，是一个人能否适应社会或能否被社会接受的关键因素。它需要在个人生理和心理素质的基础上，在一定社会环境条件下，通过实践锻炼和陶冶而逐步形成。体育锻炼通过其过程的特殊性，以及期间一些非常感受的出现，促使参与者不断调整，进而形成和发展个性。锻炼过程中，参与者受到不同程度团队活动的约束与限制、团队活动的督促与激励，为了能够适应群体的需要，心甘情愿地接受来自群体的约束，不断地改变自己的某些特性。锻炼参与者体育活动的自我意识感、群体约束感和主动积极感，激励着参与者以高度的责任感与同伴合作；以约定俗成的道德规范着自己的行动；以执着的追求感，驱动着自己竭尽体力、技术和全部能力来实现自己奋斗的目标；以复杂而快速的转移感，领略着成功的欢欣或失败的痛苦。体育活动中产生复杂多样的情感体验，不断丰富着个性体育运动，同时为人们学习社会角色提供优越的环境与适宜的条件，为人们提供尝试社会角色的各种机会。

活动中，参与者既有遵守体育、技术、道德等规范的义务，又有运用规则允许范围内的技术动作行为获胜、获奖等的权利。参与者通过群体内的角色或位置，相互关联，在群体的关联中，获得信赖及各自的角色地位，理解社会角色与人的社会地位、身份相一致的权利、义务的规范与行为模式，经过个人努力成功扮演各种角色，从而体验到人的主观努力是改变社会地位的重要途径。体育运动作为一种独特的社会活动，是人们以一定的方式结合起来共同进行的，是人类社会的缩影，良好的交往能稳固或改善人际关系，进而使其在某一特定的情景下发展得更完美。体育活动是在学校教育环境下，高校学生人际交往的一种非常有效的手段，它既能进行良好的人际沟通，又能满足自身的多种需要。学生在相

互交往中能实现对自己的调节，满足自己各方面的需要，同时在交往中也能建立各种社会关系。学校课外体育活动中的交往，使学生在信息交流和感情的沟通上更符合其从事的体育运动的要求，充分发挥体育的社会功能。通过体育锻炼高校学生不但强健了体魄，而且维持了正常的人际交往和形成了良好的人际关系，实现了心理保健的功能。而通过体育锻炼这种活动，学生可以逐步掌握正确处理人际关系的技巧。

学生坚持体育活动的另一个重要原因，就是为了与他人交往或参与群体活动。布拉尼认为，个体之所以为群体所吸引，主要有几个原因，即群体认同、社会强化、体育活动的刺激性以及参与活动的机会。所以，对于高校学生而言，坚持体育活动者要比中途退出者更能与人形成亲密关系。

三、课外体育活动的管理

由于课外体育活动具有业余性和自愿性，它尤其需要加强管理，以达到系统化、规范化和制度化，否则只会流于形式或成为散乱随机的盲目活动。因此，有必要对课外体育活动实行网络化管理，既要有相应的管理机构，也要有相应的制度和促进开展活动的机制。

课外体育活动的管理机构，应采用校级、系级、班级一条龙的管理体制，应以高校体育教学部为主导，联络各系部班级，形成有机的网络系统。这一网络系统在管理上应具备相应的管理措施和制度，以保证系统正常的运转。这些措施与制度应包括以下内容：对常规活动（如早操等）实行必要的考勤制度，定期组织可行的较大型的活动（如冬春季长跑、球类和棋类比赛等），组织达标测验，在奖学金等奖励项目上也可相应地加入课外体育活动成绩等。

（一）课外体育活动目标管理体系及选择

目标管理是一种科学的、有效的管理理论与方法，它已成为现代高校管理的重要方法和技术。面向 21 世纪的高校课外体育活动，目标管理就是根据 21 世纪的新趋势，树立课外体育活动的目标，并以此来指导实施目标，进行检查评定管理，它体现了高校体育课余活动的系统论和控制论的思想。在课外体育活动中进行目标管理就是要把课余活动的形式内容和教师学生相统一，既注重人的主观能动性，又重视科学管理、分工和协作，能实现"自我管理"和"自我控制"。高校课外体育活动目标管理要面向 21 世纪形势发展的要求，作者认为要以三个阶段和三种模式来建立课外体育活动的目标管理体系。

1. 由体育部规定课余活动是现阶段课余活动目标管理的主要模式

目前，高校课外体育活动管理体系还不健全，主要还是由体育部根据高校体育工作的有关规定而制定的一些规定来进行管理，虽然通过行政规定可以达到课余活动的管理目标，但其实质并不符合目标管理的原则，缺乏系统的目标管理体系，具有一定的随意性，学生往往是被动接受，不能发挥学生的主观能动性。显然，这对 21 世纪的高校体育课余活动的进一步发展是不利的。一方面我们要充分发挥体育部在行政管理上的优势，另一方面我们必须配以其他的管理模式来改变这种单一的状况。

2. 社区与体育部共同组织课外体育活动的过渡阶段的目标管理模式

从目前高校的实际情况来看，要改变这种状况以适应新世纪的要求，还得另辟蹊径。学生社区与体育部共同组织的课外体育活动已在部分高校取得了成功经验。学生社区是指学生日常生活中的后勤管理部门，学生社区组织的体育活动具有多方面的优势，学生参与性高。由社区组织协调，体育部负责指导、检查、评定的目标管理模式不失为当前高校体育课余活动管理的有效方法。

3. 以俱乐部模式开展课余活动的新阶段目标管理体系

要真正实现高校学生课外体育活动的目标，我们还得跨出更大一步，就是在高校各部门的配合下，在现有的场地设计条件下，适当增加投入，创办高校各种体育活动俱乐部，并配备专门的教练和辅导员，以其先进的设施、丰富多彩的内容和系统的指导来吸引大学生投身于课外体育活动中。这种体系也有利于构筑高校体育文化环境，激发学生对体育文化现象的内在心理感受，培养现代大学生积极的体育文化心理素质。并且可以推向社会，形成高校的体育产业，有利于实现学生课外体育活动的社会化和开放化、产业化和服务化。

高校课外体育活动目标管理乃是课余管理活动的程序和过程，要求组织课余活动的各级组织，包括校级运动会、中间的体育部、各学院、系的体育分管组织、高校社区管理部门、专项体育协会或俱乐部以及学生个体共同商定课外体育活动的目标，并以此决定各自的责任和分目标，把这些分目标作为课余活动的开展、评估和奖励的标准。它具有三层含义：①课外体育活动的目标是组织部门与参与的学生个体共同商定的，不是由体育部或上级管理部门单方面下达的规定和指标；②依据课外体育活动的总体目标制定各组织部门及教师学生个体的分目标，并以此确定各自的责任；③一切活动都围绕达成这些目标而展开，并以此作为评估的标准。

在实施课外体育活动目标管理时必须抓住两个实质：①重视学生个体能力。课外体育活动目标管理是一种学生参与的、民主的、自我控制的管理制度，是把学生个体需求与体育活动目标相结合起来的管理制度。因此我们必须重视学生对体育活动的兴趣和价值取向，努力培养学生享受体育活动给予的满足感和成就感，只有这样才能使课外体育活动的目标得以完成，才能真正使学生课外体育活动实现终身化和自主化，这是实施目标管理的前提。②建立课外体育活动的目标锁链和目标体系。在确定课外体育活动目标时必须要有层次，且相互配合，方向一致，同时各分目标要具体化，并具有可实施性。既要兼顾学生课外体育活动的现代化，又要做到活动内容的多样性。这是目标管理成功与否的根本保证，二者缺一不可。

（二）课外体育活动目标管理的实施

1. 建立课外体育活动目标体系

（1）校体育运动委员会和体育部共同预设课外体育活动的总体目标。可以由校级体育主管领导和体育部领导根据新世纪学生课余活动的新特征以及学习实际情况预定目标，这一目标是暂时的、可以改变的，也可以由学生或教师提出，由目标实施部门及最终的学生个体经过共同商量然后确定出清晰的目标体系。目标要具有长远的意识，尽量避免目标管理具有短期行为的缺陷。另外任何层次的目标都要具体明确，最好能数量化，可以被检验。目标应具有的内容为：学生体育达标率、出勤率、校内外群体活动和运动竞赛计划目标，以及高校体育文化环境（硬件如群体活动的场地设施，软件如体育活动的宣传和引导）的建设目标等。由校级领导或体育部单方面决定课外体育活动目标，强迫下级和学生接受的方法不是目标管理。

（2）审议各体育组织部门责任分工。目标管理要求每一个目标和分目标都要成为某一个人的确切责任，明确每个人的职责分工、目标实施与完成时间，并尽可能做到某个目标只属于一个主管、一个部门，需要跨部门配合的目标也要明确谁主谁从。

（3）确立各级分目标以及学生个体参与课外体育活动的个人目标。根据课外体育活动的总体目标确定各下级部门（体育部、学院、系、学生社区管委会、卫生科等）分目标，体育部主要负责制定和实施校外群体竞赛和全校性群体活动的目标，学生社区主要制定各种小型多样的群体活动目标，俱乐部主要担负专项体育群体与竞赛目标的确定与实施。同时，不能忽视确立课外体育活动的学生集体和个人目标，我们可以通过各种途径由体育任课教师、辅导员、管理员以及俱乐部教练根据各自的分目标帮助学生树立自己的个人课外体育活动目标，从而使外在的目标转化为学生内在的目标，让学生真正明确达标的意义和作用，使目标成为学生的一种愿望和需要，并让学生根据个体差异及高校总体目标制定个人努力方向，使各自目标既具有挑战性，又要有实现的可能性，利用总目标的导向作用，充分调动学生锻炼的积极性和主动性。

（4）建立考核评价与奖惩制度

建立课外体育活动考评小组以及奖惩制度，在达到阶段性预定目标之后，对课外体育活动目标完成情况及时作出考评，决定奖惩，对目标重新进行分析调整，开始新一轮的循环。

2. 课堂教学与课外体育活动一体化

所谓课堂教学与课外体育活动一体化，就是把课堂教学看作体育理论与技能的学习，把课外体育活动看作体育的实践来进行组织与管理，以运动项目为主线，打破常规教学班的限制，在专职教师的带领指导下开展课外体育活动。

3.充分发挥学生社区的组织管理优势

小型多样的校内与校际群体性比赛是搞活学生课外体育活动的有效手段。传统的以学院、系、年级、班级为单位的校内比赛通常是一些体育技能较好的学生的事情，对许多学生来说，他们只是旁观者。相比之下，学生社区管理下的以寝室、楼层为单位的校内或校际群体比赛更能动员大多数学生参与进来，而且也更容易组织与管理。

4.建立体育活动俱乐部

发展学生课外体育活动的另一个重要环节是活动的内容要能吸引广大的学生积极参与，不仅要在活动形式的广度上加以扩充，还要在内容的深度上予以深化。在现有的学生单项体育协会基础上，借助学生自身的人力和物力，并尽可能利用社会的参与和赞助，在软硬件上增加投入，建立校内形式多样、能吸引学生兴趣的体育活动俱乐部，配备专职教练和管理人员，以及建立一些特例的管理制度。

（三）提高课外体育活动的管理效益

体育竞赛既是课外体育活动的一种重要形式，又是促进课外体育活动的开展和提高其质量的保证。一方面，参加比赛需要一定的竞技水平，而且它也是对锻炼效果和竞技能力的充分展现和发挥，因此对广大课外体育活动者具有极大的吸引力；另一方面，体育比赛的组织和激励，能极大地促进赛前体育活动的开展。所以，比赛是广泛开展课外体育活动的必要手段。

为了搞好体育比赛，应做好相应的规划并制定必要的措施。首先，体育活动应制度化、多样化，要合理分配学期时间，定期举办各项比赛并要求学生广泛参加；其次，竞赛过程应规范化、科学化；最后，让学生参加竞赛的管理工作，使学生通过参与增长体育知识、提高体育素质以及欣赏品位。由此，可提高学生对体育的兴趣及参加课外体育活动的自觉性。

为了保证课外体育活动的质量不断提高，应对活动的内容、形式、方法以及锻炼习惯的培养等，制定相应的评价标准体系及管理规则，并讲求管理效益。首先，应以必要的形式对积极参与课外体育活动者予以一定的奖励。如对某些集体活动的全勤者进行奖励，并使其参与体育课成绩的构成，同时也可作为评比先进个人或集体的必备条件。其次，拓宽锻炼时间范围，充分利用场地器材，合理安排课外活动时间，使学生学习锻炼两不误。再次，加强课外活动的辅导时间和辅导内容，建立辅导流动站，定时定人进行辅导和培训。最后，改革活动形式，可根据学生不同的爱好和特长划分训练小组，也可让学生自由地选择辅导老师，还可增设必要的项目。

总之，通过一系列有效的管理，不但能有效地促进课外体育活动广泛深入持久地开展，而且能不断地提高学生锻炼水平和效果。

第二节　高校课外体育活动管理的实施

一、当代课外体育活动的特点

要依据课外体育活动在学校教育中的地位、作用，区分它与其他学校教育活动的组成部分，并遵循体育活动自身特色。当代中国基础教育学校课外体育活动应具有以下主要特点。

（一）全体性

学校课外体育活动，首先必须面向全体学生开展，要求全体学生参加，可以自主选择多样形式，方法可以灵活多变，而不能以个别代替全面。比如，代表队的训练，虽属课外体育活动之列，但它并不能代表和顶替学校的课外体育活动。这既是当前中国社会、教育现实向学校课外体育活动提出的基本要求，更是当前我国学校课外体育活动的基本特色。其次，当前学校课外体育活动，已不仅仅是体育教师的工作和任务，而是整个学校、教育部门甚至社会的重要工作任务。因而，在学校，从校长、行政管理人员到班主任再到其他任课教师，都应广泛动员，积极参与组织、管理及开展。

（二）时间规定性

学校每天的学生课外活动时间，不但应在作息时间、课程表中进行严格规定，而且每天不得低于一小时。这是国家中长期教育改革和发展规划要求，也成了学生当代课外体育活动的校园特色。

（三）多样性

当代学校课外体育活动应具有丰富的内容和多彩的形式，但运动性应是其主要形式和特点。尽管课外体育活动内容丰富，形式和方法灵活多样，但当前我国学校课外体育活动必须以学生的运动为主要表现形式，以调动学生充分活动为主要目的和特色。不能调动学生的运动积极性，使学生得到身体锻炼，以及不能对学生运动习惯养成等起到积极作用的课外体育活动，不论项目、内容以及形式与方法，都不能推崇。

（四）自主性

学生对运动项目、参与形式等选择应是自主的。当代学校课外体育活动的开展是以促进学生积极参与，使学生得到有效锻炼为重要目标的，并要充分发挥学生的自觉性与积极主动性，而对于丰富的运动项目、多彩的运动形式，学生在心理倾向、个性爱好、运动特长等均存在较大差异。动机强、兴趣浓厚，参与的积极性较高，活动过程才能更理想，活动的锻炼效果才能更明显。所以，从促进学生积极、主动地参与，追求良好运动效果的角度出发，学校课外体育活动必须给予学生充分的选择自主性，不得给出限定。

学生对运动项目、参与形式等的自愿选择，不仅是当代学校课外体育活动开展的需求，更是其组织、管理人性化的特点的体现。

（五）人文性

当代中国学校课外体育活动，就是要以学生的健康成长与发展为本，不仅要以使学生具有健康的体魄，更要以使学生有健康的生活、习惯及能力为目的任务，从而使课外活动的内容、形式、组织及管理等充分体现出以学生的健康成长、发展、生活为本的"人性化"特色。针对我国学校课外体育活动，"人性化"不仅是目的、任务等表象的特色，更应是思想认识转变，以及方式、方法、手段、措施、管理改进的特点，要充分体现理解、认同、尊重、关爱等极具人性化的要素。

教育要为国家服务，为社会发展服务，学校教育更要紧随国家、社会发展的需求，学校课外体育活动作为学校教育的重要组成部分，必须听从国家、社会发展的要求，在保持教育、体育自身特色的基础上，更应具备时代、教育发展需要的特征，才能服务好社会与国家。当然，时代在进步，社会在发展，教育也在不断进步，学校课外体育活动也应当紧扣时代脉搏，与时俱进，充分发挥教育、体育的时代特色，更好地服务于国家、社会的发展。

二、课外体育活动理论基础的构建

学校课外体育活动理论作为学校课外体育活动"理论与实践研究"的理论基础，是相对而言的，其理论的建构与研究还需以多元的、多层次的元学科理论为基础。学校课外体育活动的理论依据主要在心理学、社会学、教育学、体育学等科学理论之中，它们不但比学校课外体育活动理论要成熟，而且比学校课外体育活动理论更基本，更具有普遍性，是学校课外体育活动的理论和观点得以建立的基础科学和理论源泉。学校课外体育活动理论中一些最基本的原理、观点，并不是学校课外体育活动理论，甚至不是课外活动理论原本就有的独特理论。许多理论最先是作为哲学范畴以及心理学研究、教育发展等问题提出来的，并从多维的角度来认识的。所以，所谓学校课外体育活动的理论基础，主要是指学校课外体育活动所阐述的各种理论、观点所来自各种元学科。正是依靠了这些基础学科，学校课外体育活动理论才得以形成，理论体系才得以建立，学校课外体育活动中的思想和理论才能在理论上、基本观点上得以树立起来。

（一）心理学基石

心理学作为一门重要的元基础理论学科，一直是教育学、体育学等多门类学科的理论基础，为其理论建构与研究等提供了丰厚的理论基础，尤其是心理学研究发展过程中的"活动理论"，更是奠定了学校课外体育活动坚实的理论基石。

1. 关于"活动理论"

"活动"最初是以哲学范畴的概念而被提出的。"列昂捷夫活动理论"将哲学范畴的"活动"概念引入心理学,对于理解人的意识的产生、发展、结构、历史等问题具有真正关键性的意义,显示了在活动基础上建立统一的科学心理学系统的可能性。其基本观点可以概括为:①活动的对象性。活动总是要指向一定的对象。对象有两种:一是制约着活动的客观事物;二是调节活动的客观事物的心理映象。离开对象的活动是不存在的。②活动的需要性。活动总是由特定的需要来推动的。当相应的客体出现时,需要便立即转化为动机,由动机推动人的活动改变客体使其满足自身的需要。③活动的中介性。正是在活动中,人实现着对客观现实的心理反应,被反应的东西转化为主观印象、观念的东西,而观念的东西转化为活动的客观产物、物质的东西。人对客观现实的积极反映、主体与客体的关系都是通过活动而实现的,活动在主客体相互转化过程中起着极其重要的中介桥梁作用。内省心理学脱离活动去研究意识,行为主义心理学则脱离意识去研究行为,都不能得出科学的结论。④内部活动和外部活动。活动可以分为内部活动与外部活动。从发生学上来说,外部活动是活动的原初的、基本的形式,内部活动起源于外部活动,是外部活动内化的结果。内化是内部活动形成的机制,内部活动又通过外部活动而外化,这两种活动具有共同的结构,可以相互转化。列昂捷夫认为,心理学既要研究内部的心理活动,也要研究外部的实践活动,两种活动都应成为心理学的研究对象。⑤活动和意识的统一。活动和意识的统一意味着,每一个心理过程都是在某种实践或理论活动中进行的,人的心理、意识是在活动中形成与发展起来的,通过活动,人认识周围世界,形成各种个性品质。与此同时,活动本身也受人的心理、意识的调节。心理过程本身也指向达成一定的目的,借助不同的方式实现,自身也表现为心理活动。⑥主导活动观。在人的心理发展的不同阶段总有一种活动起着主导作用,根据主导作用的不同可以对人的心理发展进行阶段划分。

2. 运动心理学的发展与当代学校课外体育活动

随着运动心理学学科的确立及快速进步与发展,其研究领域不断扩展与深入,锻炼心理学的研究与发展也逐渐展开,高校学生锻炼心理学、老年锻炼心理学等针对不同人群、层次的锻炼心理学的研究也相继展开,并不断被深化,这些研究使得心理学的发展更加具体与充实,不同学科领域的理论支撑更为坚实。随着现代社会的发展,人们对生活的关注、对健康的追求、对体育运动的热衷,促成了心理学理论研究的不断深化和具体。进入二十一世纪以来,随着中国社会、经济的发展,人们对学校课外体育活动的认知水平不断提高,对加强学校课外体育活动发展的动机越来越明显和突出,学校课外体育活动理论研究对心理学发展成果支持的需求更为迫切。同时,心理学研究对参与运动的自我完善、心理健康、社会互动等主题的不断深化,尤其是高校学生心理学研究的发展,将为当代学校课外体育活动理论的完善、深化、提高,奠定更为坚实的理论基础。

（二）社会学阐释

体育作为人类特有的一种社会文化现象，在跟随现代课外体育活动以另一教育形式进入学校教育开始，其在学校教育中的价值、地位、意义、功能，以及形式、内容、方法、手段等，即与现代社会的发展变化紧密联系，并被赋予了新的教育领域的社会学阐释。18世纪中叶，在"身心二元论"思想为主导的社会中，体育只是锻炼身体的一种手段，使一个人具有强壮的身体和良好的运动能力是体育的目的。在这种思想指导下，人们探索怎样更合理地、更有效地去达到锻炼身体的目的，在研究人体的结构和机能的"解剖学"和"生理学"等基础理论的指导下，学校课外体育活动的价值意义难以得到教育与社会的认可。进入20世纪，随着教育理论的发展和心理学的发展，更由于学生课外体育活动的轰轰烈烈的发展，社会发展需求对学校教育提出的培养目标依赖传统学校教育难以达成。于是，社会开始关注、研究学生的课外体育活动，以及学生课外体育活动中的许多新的社会问题，并开始把学生的课外体育活动纳入学校教育计划。从此人们开始认识到，体育的作用不只是能够促进人的肌体的发展，更能借此以培养出身心协调发展、更能适应社会的人。20世纪中叶以后，世界发生了巨大的变化，科学技术飞速进步，一些发达国家的社会也发生了很大的变化，被称为"第三次浪潮"的新的科学技术革命出现在人们的面前，社会的激变及社会的复杂化对教育提出了新的课题，并引起了世界范围内的教育改革。"培养适应新社会发展的人才"成为现代教育的新的目标，体育问题的社会学研究得到人们的广泛重视，在一些发达国家，创立了体育基础理论新的学科——体育社会学。体育社会学的出现为人们更全面地理解体育与其他上层建筑的关系及体育的地位和作用，更全面地理解体育教育中人与人、人与集团、集团与集团之间的相互关系提供了新视角，使人们对体育的目的、内容、方法的存在和发展能有更全面的认识，这一时期被称为体育基础理论发展的一个新的阶段。在学校体育中，各种体育活动不但可以为学生提供适应社会生活所需要的行为能力、行为方式、行为准则和行为规范等，而且还可以使他们学习、掌握并运用其他社会生活领域中的规则，特别是对高校学生来说，体育还可以使他们学会互相尊重、互相理解，养成良好的社会态度，发展自主性和对社会道德标准的判断力，促使他们良好个性的形成和发展。体育社会化，不仅能促进学生对自身的认识和对体育教育价值观的形成，还可以在提高竞争意识、规范道德水准等过程中，使其对社会活动的重要意义有明确认识。

在我国当代学校课外体育活动理论的发展及完善中，如何使学校体育在适应社会进步中和谐地改革与发展，如何优化新的社会环境下的学校体育的目的及任务，如何成就生涯（终身）体育问题，如何解决好学校课外体育的人文关怀与满足教育、社会发展需求的关系问题，课外体育活动在学生社会化中的作用及新的任务、功能，课外体育活动中学生的参与动机、环境的社会影响因素问题，学校课外体育活动的社会性等系列问题，需要新的学校体育社会学阐释。

（三）教育学论证

　　培养全面和谐的人是世界教育的普遍追求，教育的目的更在于促进人全面和谐地发展。随着社会现代化进程的不断推进，教育必须适应它对人的素质和能力的高要求，尽力促进人的全面发展。为适应我国社会主义社会的建设与发展需求，培养合格的社会主义建设者，新中国教育始终以"培养体力劳动和脑力劳动相结合的劳动者""培养德、智、体、美全面发展的建设者"等为教育目的，建构社会主义教育理论体系，指导教育实践过程。教育学进一步阐释：受教育者的全面发展，包括生理和心理两个方面。生理方面的发展主要指受教育者身体的发育、机能的成熟和体质的增强，心理方面的发展主要指受教育者的德、智、体、美几方面的发展。它们既各有特点又相互联系，都是受教育者不可或缺的素质，统一组成受教育者完整的素质结构。教育学理论进一步论证了人的全面发展是由德、智、体诸方面的发展构成的，以促进人的全面发展为目的的教育也就包含了德育、智育、体育等方面，它们共同构成了全面发展的教育。其中，体育授予学生健身知识、技能，发展他们的体力，增强他们体质的教育。我们培养的建设者必须有健康的体质。现代社会生活节奏的加快对人的身体素质、灵敏度、适应自然和社会环境变化的能力都提出了更高的要求。高校学生正值长身体的时期，应特别关注他们身体的生长发育，使其能精力充沛、高效率地投入学习。否则，不仅会直接影响他们德、智的发展，甚至还会造成一生难以弥补的损失。

　　德育、智育、体育、美育和劳动技术教育是我国教育目的规定的全面发展教育的有机组成部分，是对人类长期教育实践中积累的培养人的经验的抽象和概括。五育各有自己的特殊任务、内容和方法，对个人发展起着不同的作用，同时又相互依存、相互渗透、相互促进。只有把五育作为一个统一的整体，才能使受教育者形成合理的素质结构，培养出符合社会要求的全面发展的人才。

（四）体育学来源

　　学校课外体育活动作为学校体育的子系统，从属于教育与体育两大系统，既是全面发展教育的组成部分，又是现代体育的组成部分。所以，现代学校课外体育活动理论有着现代教育和现代体育的双重背景来源。

　　从宏观角度而言，学校课外体育活动是学校课外教育的重要组成部分，是课外教育活动的重要形式和内容，是实现学校教育目的的重要途径，是实施素质教育的重要内容和手段。所以，在理念、指导思想、方针、政策等方面，必须服从国家教育目的、培养目标、培养任务等基本要求。

　　从另一角度来讲，学校课外体育活动更是学校体育的重要组成部分，与体育课共同构成了学校体育的整体，二者相互配合，形成一个有机的整体，共同实现学校体育的目标，是实现现代学校体育目的的重要途径。学校体育又与社会体育、竞技体育紧密结合在一起，成为培养全面发展现代化建设人才的重要途径之一。学校课外体育活动必须与体育课相互配合，共同实现现代学校体育的目的，促进现代体育的发展。同时，学校课外体育活动作为开展高校学生健身活动的基本组织形式，为在高校学生中广泛开展体育健身活动，提供了最基本、最便利的组织形式，更是发现和培养运动后备人才的重要渠道。学校作为培养人才的基地，优秀运动后备人才的发现与培养，同样是学校体育责无旁贷的任务之一，这一任务必须依靠学校课外体育活动才能得以实施。在发现人才、培养人才、输送人才方面，学校课外体育活动将成为现代体育发展的最主要渠道之一。学校课外体育活动跟随学校体育，成为现代体育的重要组成部分与发展形势，体育学则是其基本理论的直接来源。

三、课外体育活动管理的实施策略

（一）正确把握理念、指导思想及价值取向

对于当代学校课外体育活动实践而言，正确的理念是启迪，科学的指导思想是导引，合理的价值取向是驱使，实践中需要准确把握、合理运用。

1. 把握正确的学校课外体育活动理念

我国当代学校课外体育活动，需要牢牢把握的正确理念应当是：课外体育活动不仅是学校教育的重要组成部分，更是当代中国学校体育价值诉求的主体。当代学校课外体育活动作为学校教育的重要组成部分，不仅需要使学生体育实践技能及社会适应能力得到锻炼和培养，更需要使学生体质及健康水平得到增强和提高。

加强学校体育工作，必须开展好学校课外体育活动，学校体育工作成效将以活动的成果作为主要体现形式。学校课外体育活动不能处于学校体育的次要地位，更不能是学校教育的边枝末节。

2. 把握科学的学校课外体育活动指导思想

我国学校课外体育活动，应当正确把握的指导思想是：保证学校课外体育活动过程中学生的自主性、自愿性、自组织性。自主性，即学校课外体育活动是以学生自主性活动为主的；自愿性，即学生对活动内容及方式的选择是自愿的；自组织性，即学校课外体育活动的组织、管理是以学生自组织为主体的。

自主性活动是学生课外活动的本来特色，正是自主性课外活动内容及形式的丰富多彩、自我发展的繁荣昌盛，引起了教育者、学者的关注与研究，从而在学校教育中得到了更为突出的价值体现。学生对活动内容及方式的自愿选择既有利于学生个性与特长的发挥，同时更是教育"人性化"的重要体现。自组织性则更有利于学生运动技能以及社会适应等各方面综合能力的锻炼与提高。

3. 把握合理的学校课外体育活动价值取向

当代学校课外体育活动，需要合理把握的价值取向是：追求学生体育运动及锻炼活动的"生活化"。"生活化"作为学校课外体育活动的终极目标、终身体育的最理想状态，只

有在课外体育活动中以此为价值取向，才能促使学生体育兴趣、运动习惯、运动技能以及其他各方面能力与水平的有效锻炼与提高。

（二）健全制度保障体系

改革开放以来，我国学校体育立法虽然取得了显著成绩，学校体育法规体系已初步形成，但是还不够完善。为促进当代学校课外体育活动快速、富有成效地开展，必须首先从法制建设的角度，建立有效的保障体系。

首先，从结构上尽快改变现有法律、法规分布的不平衡现象，逐步健全上下有序、内容全面、形式完整统一的学校体育法律法规体系。一方面，要加强学校体育法规横向覆盖的完整性，尤其在学校体育实践中急需的法律法规应尽快出台。例如，如何保障学校体育的经费问题，如何保障学校体育场地不被随意侵占的问题，如何有效保障学生体育活动时间的问题，如何保障学生充分有效的课外体育活动等问题，急需有法可依。另一方面，完善学校体育法律、学校体育行政法规、地方学校体育法规、部门学校体育规章和地方学校体育规章的体系。加大学校体育国家层次的立法力度，加强学校体育行政法规、部门体育规章以及相关细则规章的建设，尽快形成层次配套，网络疏而不漏，能使法律顺利实施的、层次排列有序的、学校体育的完善的法规体系。

其次，加强学校体育法律、法规的可操作性，提高法律、法规的执行效力。从全国人民代表大会、国务院制定法律法规，到学校体育行政法规、部门体育规章，应层层细化条文，上下对应，责任明晰。并加强监督与督查，在有法可依的基础上有法必依、违法必究。坚决杜绝随意侵占、挪用学生体育活动场地、经费、时间，不开展课外体育活动等行为，追究事件相关人员的法律责任。

（三）健全"多方关注、齐抓共管"的督导、检查体制

1.完善学校自查汇报制度

教育行政部门应要求学校针对课外体育活动，形成定期自查、总结活动成效的制度，并将自查、总结结果如实上报备案。各级学校要正确对待自查、汇报制度，严格要求，高效自律。

2.完善政府督导、检查制度

政府应建立督学，教育行政主管部门实行不同分工、不同侧重、不同形式的、定期或不定期的、针对学校课外体育活动的专项明察或暗访体制，以及相应的奖惩机制。通过政府部门的定期的教育联席会议，总结各校课外体育活动情况，汇总结果，参照奖惩条例，严格奖惩，并向各学校公布结果。

3.建立社会监督、检查制度

政府应把学校课外体育活动作为重大教育任务，充分面对社会监督，通过邀请家长协会等社会力量，监督、反映各校开展状况，形成社会调研制度，定期调研。政府应邀请社

会专业评估机构，针对学校课外体育活动，形成定期开展专业检查、评估的制度，并将评估结果向社会公布，使学校进一步接受社会监督。

　　总之，针对学校课外体育活动，要形成社会、政府、学校等多方面的共同关注，学校、政府、社会共同监督、管理的体制，能有效保障学校课外体育活动的积极开展，有力促进学校课外体育活动成效的提高。

第三节　高校课外体育活动管理的创新发展

　　这个时代的学习空间呈现多维变化趋势，学习资源形态变得多元化，学习场景亦从固定场所拓展到了指尖上，学习方式更加凸显出主动化、个性化、创新化的特点，主动式学习逐步取代被动的学习方式，移动学习、泛在学习扮演着越来越重要的角色。"互联网＋"日益渗透到我们学习生活的方方面面，其优势愈加凸显，大数据、云处理的信息技术手段，高效、便捷、共享的特点也在不断地影响着人们的体育参与方式。高校课外体育活动管理亦应推陈出新，这个时代要求我们要用创新的思维和手段化解课外体育活动管理中出现的各种矛盾，从而提高课外体育活动质量。

一、互联网背景下高校课外体育活动创新的必要性

　　任何一种改革创新都需要有内外部的推力，新的管理模式是在传统管理模式与先进的社会发展理念相互碰撞中产生的。传统管理模式组织结构较为松弛，职能部门功能模糊，体育俱乐部管理模式因场馆需要经费维持运营，固定场所运行，限制了学生自由的课外体育活动的参与。时代发展，学生更加崇尚自由、开放个性化的课外体育活动体验。传统管理模式的时间和空间限制、个性化无法满足学生要求的问题被逐步放大，过去学生参与课外体育活动监管难度较大，管理者不能时时监督学生活动状况，现在采用"互联网＋"手段，记录学生运动情况，这些信息根据相应的评分标准就会生成相应的分数。由于信息技术不断革新、不断完善，获取信息也会更加全面细致，那么课外体育活动管理标准也应不断完善。不论是体育俱乐部的签到盖章、指纹签到系统、人脸识别系统、校园卡签到系统还是智能穿戴设备，都是对课外体育活动管理模式的一次又一次顺应时代潮流发展的创新。

　　当代大学生擅长学习新知识新技术，接受与掌握能力比较强，他们通过网络获取新闻信息，学习新知识，进行网络社交，已成为使用互联网的中坚力量。智能手机成为大学生的"标配"，学生生活学习已完全离不开手机，学习类、娱乐类、健身类软件不仅改变了生活方式，更改了变人们的思想观念。互联网的开放性、便捷性和隐匿性等特点与大学生人群讲究学习高效性、追求个性、对新鲜事物具有新奇性等特点完美契合，这使得网络可

以而且应该被用来作为满足大学生提高身体健康需要的手段和途径。大数据的潜力不断被挖掘，高度发展的数字技术使得计算机不再固定，它跃到了我们的指尖。"互联网＋"的思维模式也逐步被提升到国家战略层面，对于大学课外体育活动的管理工作，传统的课外体育活动管理模式已不能满足"互联网＋"背景对于课外体育活动管理精简化、便捷化、高效率的需求，这要求我们创新管理手段与方法，更新管理模式。"互联网＋"新思维、新技术正在助力高校课外体育活动的管理者构建新模式，实现课外体育活动管理智能化。管理模式的变革并不能仅仅停留在与互联网或科技产品的简单相加层面，不能仅仅将网络化作为管理模式中的一种手段，应充分挖掘互联网数据处理资源、整合信息、信息共享的潜能，重构管理模式的新格局。

（一）为管理者减负，节省人力资源

传统的课外体育活动管理模式不符合"互联网＋"开放高效的要求。在当今信息和数据大爆炸的时代，"互联网＋"技术几乎覆盖了各行各业的管理和工作模式的变革创新。但是高校课外体育管理仍然闭门造车，在其他行业逐渐实现现代化、机械化、智能化的情况下，大学课外体育活动管理部门的体育教师日常工作量大，必修课、训练队、学生体质测试、科研工作使其分身乏术无暇顾及学生的课外体育。如学生长跑测试，现场测试，记录成绩，测试完成后，需要手动将成绩输入学生成绩管理系统，无形之中又增加了老师的工作负担。结合"互联网＋"新技术，一方面避免了高校课余体育锻炼传统考核手段所带来的纷繁手续，为体育锻炼管理者减压减负，另一方面使体育锻炼管理者对课外体育活动的参与者能够进行有效的监督，促进学生参与体育锻炼。并且有利于提高课外体育活动考勤管理的科学性、准确性以及规范性等。从学生锻炼到教师评价，全自动的评价体系提高了教师的工作效率，终端管理软件的使用减去了教师统计、评分的工作负担，它能将学生的锻炼情况自动记录，通过计算机自动生成每学期的锻炼情况，并给出客观的评价，从而为体育成绩的评估提供数据依据。

（二）拓宽锻炼时间范围，合理利用场地设施资源

"互联网＋"的自动化与数据化为学校管理提供了有效的手段，通过手机客户端、服务器终端与后台管理软件的无缝对接，实现了学校体育资源的合理配置。以往由于必须在固定时间到固定场地进行锻炼，往往会造成部分场地过于拥挤而部分场地闲置的状况，影响学生的锻炼效果，同时也存在着一定的安全隐患。智能化的管理模式不对学生锻炼做固定的时间锻炼要求，学生可以合理安排自己的课余体育锻炼时间，根据自己课余时间及手机移动端可查询的场地信息情况进行合理安排，缓解有些场地、设施不足的矛盾。从时间维度、空间维度来看，都是对传统的管理模式的突破，学生在任意时间、任意地点进行锻炼，这也符合学生碎片化的时间管理。

（三）利益最大化的受益者——学生

高校课外体育俱乐部的智能化管理并非是学校利用行政权力，单方面采取的强制性管理措施，而是基于目前学生普遍采用的体育锻炼辅助方法，利用统一的系统平台进行管理，最重要的是能给学生带来最大化的利益。

首先，能调动学生的锻炼积极性。课外体育活动与课堂教学不同，体育课堂是有组织、有计划的教师教、学生学的活动，然而课外体育活动没有各种硬性规定，学生在进行课外体育活动时拥有较大的自主权，学生出于某种动机坚持体育锻炼，基于自身条件选择项目。由于许多客观因素的限制，学生会选择放弃锻炼，久而久之会形成锻炼惰性，因此，借助智能化的管理手段对其进行监督，利用外部手段提升学生参与积极性不失为一个好办法。

其次，可提高学生的人际交往能力。课外体育活动实际上是一个为学生提供多种形式、多样内容的交流平台，它是体育课堂的延伸，能够拓展学生的人际交往领域，体育课堂上不同专业性别的学生交流时间是有限的，然而课外体育活动能够使不同性别、年龄、专业的同学通过这一平台结识有着相同体育爱好的朋友，活动中的交流能够提升学生运动技术水平，使学生掌握运动技能，可以满足学生健康信息传播需求。互联网盛行的时代，健身类信息不胜枚举，健身信息在社交媒体上的分享助推了网络健身的广泛传播。而且针对当下学生"刷个存在感"的需求，锻炼后的数据可以截屏分享到社交平台，增强了课外体育活动的趣味性，同时也通过"连接一切"的互联网平台将高校体育教育融入社会，扩大了学校体育的社会影响力。

最后，学生形成课余体育锻炼的兴趣，具备相应的体育知识与运动技能，对于学生终身体育学习将大有裨益。实施课余体育锻炼智能化管理，一方面能够保证学生课余体育锻炼的时长；另一方面能够帮助学生学习到更为丰富的运动知识与技能，调动学生锻炼积极性，使学生在学习中相互促进，促使学生形成融洽的人际关系，营造出良好的锻炼气氛，进而为其终身体育带来积极的影响。因此，智能化管理模式应该说为高校课外体育活动管理工作的开展提供了一个新的契机。

（四）产业发展的长新路径——市场与科技

当前，"产学研一体化"已经成为各大高校走出象牙塔，是与社会发展对接的重要理念。市场作为最终目标，各种科学技术通力合作，将科研、技术、产品市场连锁，研究新型产品，普及科研成果就是"产学研一体化"。因此，高校课外体育活动的智能化管理也是实现"产学研一体化"的一次有效尝试，为创新驱动中的体育产业发展提供了契机。首先，市场为高校服务，要充分开发市场潜力，利用公司运作、广告赞助为学校体育俱乐部提供"免费的午餐"，解决资金链的来源、流动、管理等问题，利用科技公司的技术资源为高校体育教学提供便利；其次，数据为科研服务，充分利用"互联网+"时代大数据、云计算的科技资源，在学生管理中充分挖掘有效的信息，为高校体育教学、运动训练、学术科研提供支撑，促进体育科学的发展，并且能够有效集中相关领域的专家，为市场提供技术指导，开发更有针对性的社会体育市场，为推动"互联网+"时代社会体育产业的发展奠定强大的学术基础。

在互联网大数据时代，一种依托于"互联网+"信息科技的数据信息采集、存储、处理、深度挖掘并及时分析研判为管理层做出管理决策、提供数据支撑，对学生课外体育活动实时动态监控的智能课外体育活动管理模式呼之欲出。新的管理模式必将革故鼎新。

二、高校课外体育活动管理的发展趋势

（一）全面覆盖化

"互联网+"背景下课外体育活动管理应该秉持的首要理念是全面覆盖化。全面覆盖化具有多重内涵，一是在课外体育活动管理过程中覆盖的学生面广，即活动能够满足大部分学生的锻炼需求。全校范围内统一实施，执行管理，能够涵盖学生喜闻乐见的项目。跑步项目是学生参与面广，简单易行，投入成本较低，收益较高的且不需要运动场地与器材的项目。其他项目可通过在运动场地设置运动监测设备，实现场地信息实时上传、学生运动状况实时监测。二是参与主体能够通过系统平台全面参与到课外体育活动管理中，"互联网+"背景下，新技术的涌现推动网络多样化的呈现，课外体育活动有了更加广阔的信息传播与交流平台。教师与学生之间协作，教师制订计划，学生负责执行，在系统交流互动中完成评价与反馈，每个成员从多种途径全面参与到活动中来。三是信息资源的全面覆盖，通过网络的有效整合力，集成各种资源信息，优化资源配置，节约成本，实现体育信息资源共享。一方面，借助信息平台，提高信息传播速率，增强时效性；另一方面通过互联网进行大数据分析，能够及时有效反馈活动状况，为决策者提供合理化建议。四是深化监督全覆盖，监督全覆盖，采用"互联网+"信息技术，实现对学生参与活动状况的监督，一方面节省教师大量的管理工作，另外一方面对学生的锻炼自主性有极大的提升。

（二）时空全息化

所谓全息，本意上是指媒体信息的格式多元，如文字、图片、音频、视频等。这里指学生活动的时间与空间信息不受单一条件限制，对于时间空间运动信息进行全面记录与监督。以往由于必须在固定时间到固定场地进行锻炼，往往会造成部分场地拥挤不堪而部分场地闲置的状况，影响学生的锻炼效果，同时也存在着一定的安全隐患，新的管理理念要求时间可自选，具有延时性，不对学生锻炼做固定的时间要求，学生自主安排锻炼时间、自由选择锻炼项目，缓解场地与学生锻炼需求之间的矛盾。学生在任意时间、任意地点进行锻炼，符合学生碎片化时间管理，能克服学生课余时间不统一的困难。学生根据自己课余时间及手机移动端显示的场地信息情况进行合理安排，缓解场地供不应求的矛盾。学生参与课外体育活动时间的不固定性、活动项目的不确定性对课外体育活动的监测与评价提

出了要求。未来课外体育活动管理模式通过平台系统记录学生锻炼情况，突破时间、空间的限制，学生锻炼时进入管理系统，记录自己的运动情况，同时对新技能的学习可也参考相关教程，这样能使锻炼真正融入学生生活当中。同时，教师的课外体育活动管理也从运动场跃到了指尖上，教师对学生锻炼大数据进行分析总结，针对学生锻炼行为习惯，实时优化目标设置，调整锻炼计划，随时与学生互动，对学生进行过程性评价与结果性评价的结合。教师的管理工作更加轻松，更加自由，教师能够从传统繁忙的管理工作中解脱出来。从学生锻炼到教师评价，突破时间空间限制的管理减去了教师统计、评分的工作负担。时间维度、空间维度以及学生自由度方面较之以往都有巨大的提升，学生随时能进行各种形式的锻炼活动，拓宽了学生的锻炼机会，这样大大增强了学生锻炼的积极性和热情，增加了学生的锻炼的时间，从而全面促进学生身心健康。

（三）信息符号化

信息符号化是将虚拟消息转化成视觉符号的设计，信息传播也从电脑屏幕拓展到智能手机交互信息符号。信息符号化就是要将课外活动中的虚拟信息通过"互联网＋"技术收集、整合、处理转变成为有意义的数据，升级服务功能，提升课外体育活动管理效率，优化课外体育活动管理格局，促进校园体育发展。现代社会的一个重要特征就是信息化，互联网的快速发展极大地冲击了人们生产生活方式。各种活动产生大量信息资源，互联网与课外体育活动管理相结合，产生信息。以一卡通为例，在锻炼场所设置刷卡机，刷卡机记录刷卡数据，记录的数据就能够实现课外体育信息化的管理，管理者将学生体质信息（BMI、身高、体重、肺活量等）、基本信息（性别、院系、年龄等）、活动信息（参与项目、活动时间等）建成数据库，以了解学生课外体育活动情况，掌握学生个人或者班级锻炼动态，包括锻炼时间、锻炼次数、锻炼项目等，对收集信息做数据处理分析，得出数据处理结果，为课外体育活动指导及体育课程改革做参考，为决策者提供决策，提供依据。

（四）主体互动化

信息技术革命推动社会信息化持续发展。"互联网＋"思维管理能够突破以往单向沟通的局限性，关注活动的信息多渠道沟通。学生教师管理员（个人机构）通过网络进入信息交互的过程中。多元合作型管理主体之间实现互动，首先是教师与学生之间的互动，教师通过与学生交流沟通，选择合适的评价方法帮助学生构建适合自己的锻炼方法，端正学生锻炼态度，树立其正确的锻炼意识，养成其正确的锻炼习惯。其次是教师与管理平台的互动，依托管理平台进行管理，教师在实际操作过程中针对学生运动情况实时与管理平台互动，反馈学生遇到的问题，及时处理与解决数据有效性问题，增强反馈机制运行，最快效率解决活动过程中的问题。再次是学生与管理平台的互动，学生通过平台系统直接反馈管理过程中遇到的问题。最后是学生与学生之间的互动，依托课外活动管理平台，学生在锻炼过程中加强互动，增强运动氛围，学生可线上约跑友、约球友，运动后发布动态查看运动排名，学生之间相互交流运动心得。将活动融入学生生活，既能保障活动正常运作管理，同时又加强了不同主体之间的交流互动。多元主体管理之间相互合作、团结协作，管理运行平级之间与自上而下、自下而上相结合，简化活动管理流程，减少活动管理的诸多繁琐步骤，实现活动管理零距离沟通。

（五）服务智能化

基于课外体育活动管理平台的课外体育活动，要求平台服务功能更加智能化。服务平台在网络、大数据物联网和人工智能技术的支持下，具有能够满足学生全部锻炼需求的特性。一方面平台服务能够智能监督与控制课外体育活动情况，实现运动数据分析、预测以及运动信息精准化推送，另一方面在学生用户体验方面，基于大数据算法，实现学生运动信息反馈，用于提升学生运动体验。教师基于学生运动历史数据，作加权平均计算，得出相对精确的未来预测值，评估学生个人运动情况、班级成员运动情况，根据相应预测值，调整运动锻炼计划。毋庸置疑，除了监测应用功能外，更应实现其他服务功能的智能化。课堂服务功能发布信息通知、场馆查询预定服务功能、拓展体育知识趣味课堂、制定运动处方，同时依托管理平台作为赛事宣传与活动宣传的主渠道。智能化的服务功能建立了学生与教师之间、教师与学校之间的平等对话、互动的关系，从而实现指令性与自主性融合的、计划性与灵活性协调的、考核性与激励性结合的课外体育活动管理。

三、高校课外体育管理新型理想模式的构建

"互联网+"提供的不仅是先进的科学技术，更多的体现在变革性的思维方式。未来高校课外体育活动管理模式的构建有别于传统的管理模式，在遵循新的未来管理理念要求基础上，结合"互联网+"理念，充分利用现代化信息技术，全面克服活动时间不自由、资源利用不充分的问题。教师能够摆脱传统管理监管工作，最大程度上实现资源的合理配置。新型管理模式是以满足学生锻炼需求为核心，以学校为引导，管理系统为督导，学生自主参与管理的合作型的三位一体的框架。框架构建与实施的路径具有多元化的特点，从管理机构设置、相关制度的制定与完善、软实力硬实力统筹发展以及完善课外体育活动的组织形式入手，其中制度的制定与完善是管理实施的重要保障，包括管理办法的制定，经费保障机制、监督管理机制、评价与反馈机制以及激励机制的确定能够保障新型管理模式顺利实施。管理系统具有智能服务的特点，"互联网+"依托管理平台对学生课外体育活动进行监督管理，系统平台智能化服务能够更好地合理控制活动规模。新型管理模式具有全域化的特点，不仅能够全局合理配置活动资源，满足学生自由化活动时间，还具有线上线下相结合的活动形式。作者具体将从管理模式架构、实施路径、系统特征及模式特征对其进行深入分析。

（一）管理架构科学化，三位一体好运行

"互联网+"与传统行业相结合创造新的发展态势。大学课外体育活动管理是为了提升学生身体素质，促进学生身心健康，满足学生锻炼需求而进行的教师学生多方参与的活动。"互联网+"管理模式是以满足学生锻炼需求为核心，运用"互联网+"时代信息技术深度融合学校课外体育活动管理，形成以学校课外体育活动管理为引导，以通过"互联网+"信息技术手段监管学生课外体育活动参与为督导，学生自主参与管理合作的三位一体管理模式。宏观上构建三位一体的管理模式，在这个管理模式中，学校方面是推动者，学生是基础，"互联网+"技术是依托，三者之间协同合作，以促进学生身心健康发展，提升学生身体素质为目标，共同推进高校课外体育活动管理建设。

具体来讲，新型课外体育活动管理模式的构建主要包括以下四点：第一，满足学生锻炼需求，提升学生身体素质，促进学生身心健康，培养学生锻炼习惯，树立学生终身体育意识是三位一体管理模式的共同目标。学校行政管理、学生自我管理、"互联网+"系统平台的监督管理都是围绕这一目标共同发挥各自职能。第二，学校体育部门以学校行政管理的方式统筹体育的课内外一体化发展，科学规划学校体育发展布局，为学生参与课外体育活动提供重要的制度保障与必要的活动环境。第三，让学生自主参与管理，每位学生既是活动的参与者又是活动的管理客体，对参与的课外体育活动具有直接的发言权，对课外体育活动进行科学自主化的自我管理。学生通过自主化的科学管理，不断提升身体素质，促进身心健康发展，为终身体育意识的培养打下基础。第四，以通过"互联网+"信息技术手段监管学生课外体育活动参与为督导，结合"互联网+"思维，采用技术平台对课外体育活动进行监管，实现活动管理的全面覆盖化，增强主客体之间的互动，最大化实现资源的合理配置，极大地满足学生锻炼需求，同时将体育教师从繁琐的监督工作中解脱出来。

1.以促进提升学生身体素质、促进学生身心健康为核心

课外体育活动是指学生利用课余时间，以锻炼身体、愉悦身心为目的的体育活动。国家层面出台政策推动学校课外体育的发展，学校层面不断制订相关计划，用以提升学生身体素质，从这个角度来说，学校课外体育活动就是在学校体育发展的基础之上，为了提高与满足学生更高的锻炼需求而进行的，学生的锻炼需求是课外体育活动发展的重要特征。促进学生身心健康是活动的出发点与归宿。课外体育活动管理模式的构建目标仍然沿袭这个终极目标，通过提出一个促进课外体育活动发展的行之有效的解决方案，既简化管理者的操作流程，又增强活动趣味，满足学生健康发展的现实需求。

2.学校课外体育活动管理为引导

学校作为学生活动的主要场所，承担学生的日常学习与生活的重要功能，它的职责是为学生提供良好的发展空间，创造良好的发展氛围。学校在学生课外体育活动管理中行使宏观管理职能，制定相关规定，并且以行政方式予以学校体育部门政策支持与资金保障。

学校体育部门通过整合校区体育资源，以最低的成本支出向学生提供最优质的资源服务。学校体育部门对学生课外体育活动进行有组织有计划的规划，并且组织教师进行监督评价，运用自上而下的行政管理办法督导学生参与课外体育活动。学校体育管理部门是构建课外体育活动重要的推动者，构建了学校课外体育活动管理体系，为新型课外体育活动管理模式提供了重要的制度保障。

3.学生自主参与管理

学生在课外体育活动中是主要的参与者。在新型课外体育活动管理中，学生自觉参与活动，自主参与管理过程是基于学生自我发展、自我提高的自我管理的方式。学生自发组成的活动小团体一般不具有行政管理职能，而是辅助课外体育活动管理部门进行管理。在活动管理过程中，学生自主安排活动时间、活动项目，选择活动地点，摆脱传统课外体育活动在时间空间上的协调问题，减轻活动管理者工作量，减少活动管理成本，精简管理流程，实现与管理者的零距离沟通。

4."互联网＋"信息技术手段监管学生课外体育活动参与为督导

要发挥"互联网＋"时代信息技术平台的作用，"互联网＋"课外体育活动管理平台是激发新的管理形态的有效途径。以新一代信息技术的创新为引领，为传统管理方式赋能，并且促进各类新技术、新产品、新模式的探索。"互联网＋"课外体育活动管理平台以创新为引领，以数据为驱动，构建开放的价值生态。知识传递从主要依靠人的大脑来记忆变成人的创新与机器智能相结合，使以经验判断为主的锻炼方式逐渐变为数据辅助下的科学判断为主的锻炼方式，封闭、独立的锻炼方式逐渐转变为合作、多元化锻炼。数据驱动的"互联网＋"课外体育活动管理平台大大增加了学生与学生、学生与教师之间的沟通交流，各种体育知识传播突破传统教育时间、空间界限，大大增加了学生参与锻炼的积极性。当代学生的课外体育参与行为已发生改变，我们要顺应时代潮流，根据学生特点，坚持以人为本的理念，用智能化的方式对学生的课外体育活动行为进行鼓励、支持、监督与评价。可以与相关科技公司合作，研发适合本校的学生课外体育活动管理系统，搭建智能管理课余锻炼信息运营支持平台，促进学校课外体育活动管理工作的推进。

（二）实施路径多元化，服务学生达目标

1.管理机构设置

组织形态精简化，减少沟通层级，首先，有助于改进各个管理机构之间沟通质量、提高沟通效率；其次，能够降低管理费用，合理配置人力资源，提高人员自我管理能力；最后，能实现与学生的零距离沟通，快速响应学生需求。高校课外体育活动发展要完善优化课外活动的组织结构体系，高校各部门应该重视课外体育活动，应将课外体育活动作为学生的第二课堂。积极响应国家号召，落实相关政策规定，合理建立符合规定的课外体育活动、体育社团、俱乐部等体育组织，积极开展有特色的、多样性的课外体育活动，增强课

外体育活动的趣味性，营造良好的体育锻炼氛围。课外体育活动管理结构协调配合，每个部门可下设秘书组配合其工作，各部门各司其职，分管合作，共同致力于课外体育活动目标制定、实施执行控制与评价等管理活动。

　　组织体系构成是课外体育活动管理的基础。权责明确的组织管理机构是应用"互联网＋"管理模式的首要前提。①决策机构。管理委员会是由学校课外体育部门负责人直接领导的，其以全面贯彻执行学校体育目标为出发点，负责审议活动相关制度、方案，是课外体育活动计划制订、执行评价等管理活动的最高管理机构，同时负责审议与批准"互联网＋"课外体育活动管理系统的实施与应用。定期组织召开学校课外体育活动管理会议，决议与协调各管理环节出现的问题，也对管理工作的执行具有监督职能，以确保最初目标的有效落实。管理委员下设专门履行日常工作的办事机构。全面预算管理委员会办公室负责协调和推动课外体育活动每学期学习计划的制订、目标的设置、计划的执行实施监督、最终学生的成绩评定与反馈等工作。②监控机构，是为保证课外体育活动工作执行情况，设立的对参与主体进行监督与控制的机构，主要负责对学生参与活动次数、时间等做相关记录，对学生课外体育活动情况、执行情况进行监督与评价。依托"互联网＋"课外体育活动管理系统对学生进行课外体育活动执行情况的监测，大大减少了相关工作者的工作量。监督管理部门人员同时也要对"互联网＋"课外体育活动管理系统定期做质量评估，并及时形成意见报告，汇报管理委员会。考评机构以管理委员会制定的考评制度体系为准绳，负责审批与课外体育活动考核相关的制度和机制。依据管理系统记录学生活动数据，根据相应评价标准，对学生与学生课外体育执行情况进行考核、评价与奖惩。③执行主体。执行主体主要是学生，一般根据管理委员会制定的活动目标与要求进行活动，执行主体依据不同项目合理制订符合自己实际情况的运动计划，每位课外体育活动参与者，依据目标执行课外体育活动计划。机构各司其职，共同协调运作，共同推进学校体育工作的管理。

　　2.规范完善课外体育活动管理制度

　　宏观上，政府对于学校体育发展进行宏观把控，下达相关政策指令。学校积极响应号召，依据自身情况完善建立健全普通高校课外体育锻炼各项规章制度。参照学期计划，由主管领导组织相关部门制定与完善学校课外体育活动的有关制度和相关规范，并纳入学校体育管理工作进行科学管理，从而保证各项制度与规范能够有效地实施与操作，完善"互联网＋"课外体育活动管理办法。管理办法的修订要以教育部、体育局颁布的各种法律法规为参考，要与学校的发展层次相适应。

　　（1）完善课外体育活动经费保障机制。这是学校课外体育活动管理可持续发展的支撑，学校课外体育活动经费的供给依赖于政府的财政拨款，资金投入不足会影响活动的组织与实施效果，因此需要不断拓展体育经费来源渠道，实现资金来源渠道的多元化。首先是政府财政拨款支持，其次是学校体育对外联络部门与外部企业公司建立合作伙伴关系，公司进行赞助，学校对公司进行宣传。当下，"产学研一体化"已经成为各大高校走出象牙塔，与社会发展对接的重要理念。合作促进"产学研一体化"发展。市场作为最终目标，各种科学技术通力合作，将科研、技术、产品市场连锁，研究新型产品普及科研成果就是产学研一体化。高校课外体育活动的管理也是实现"产学研一体化"的一次有效尝试，为创新驱动中的体育产业发展提供了契机：首先，市场为高校服务，要充分开发市场潜力，利用公司运作、广告赞助为学校体育俱乐部提供"免费的午餐"，解决资金链的来源、流动、管理等问题，利用科技公司的技术资源为高校体育教学提供便利。其次，数据为科研服务，充分利用"互联网+"时代大数据、云计算的科技资源，在学生管理中充分挖掘有效的信息，为高校体育教学、运动训练、学术科研提供支撑，促进体育科学的发展，并且能够有效集中相关领域的专家，为市场提供技术指导，开发更有针对性的社会体育市场，为推动"互联网+"时代社会体育产业的发展奠定强大的学术基础。"互联网+"背景下，大量科技公司也在谋求自己的生存之道，在广阔的市场中拓展一席之地，学校运用科技产品，支持公司运作发展，公司提供服务，树立自己的品牌，实现双赢。最后，共享型体育发展也是学校体育发展的主流。高校体育场馆设施应满足学校师生的锻炼需求，学校也应密切联系外部环境，谋求场馆运营的更高效益，学校通过场馆共享，与相关企业互惠互利，为学校体育发展谋求更好的经费保障。

（2）建立基于互联网的课外体育活动管理监督机制。传统课外体育活动监管的实现得益于以班级为单位的考勤、以运动项目分类的学生考勤，以及学校体育主管部门委派人员的考勤。考勤方法主要涉及点名、盖章、刷卡等。互联网课外体育活动管理机制则运用课外体育活动管理系统对学生运动情况进行监管，减少人力物力开支，使教师从繁重的考勤工作中解脱出来。通过运用统一管理软件加强对课外体育活动的实施以及学生参与课外体育活动行为的监督管理与引导，实现活动前、活动中以及活动后的全面动态监督，使学生真正养成课外体育活动的习惯。

（3）健全学校课外体育活动管理的评价与反馈机制。课外体育活动管理评价是为了加强学校课外体育活动发展，优化资源的合理配置而采取的措施。进行定量的考核，宏观上学校运用行政管理手段，硬性规定学生课外体育活动必须达到的运动目标，如运动次数、运动时间、运动距离等，将"互联网+"课外体育活动管理系统所记录的学生运动情况作为学期末课外运动成绩评价的依据，此部分考核成绩按照相应比例加入学生体育课程中，并且与学生体育课课程、评奖评优等相挂钩。课外体育活动组织形式较为丰富，增加了学生课外体育活动评价的难度，结合互联网，场地的使用率、器材的使用率皆可作为间接参考依据。通过系统平台知晓学生预约场地，扫描器材专用二维码，获取体育锻炼者的相关信息，有助于间接评价学生锻炼情况。"互联网+"与课外体育活动管理相结合，创新课外体育活动监管方式，课外体育活动管理评价方式亦有所转变，依托"互联网+"课外体育活动管理平台对管理过程进行协调与控制，不断增强管理的时效性。双向制约督促学生积极开展课外体育活动，促进学生进行科学化规范化的锻炼，使学生养成锻炼习惯，树立终身体育意识。反馈机制的完善能够推动管理工作的开展，反馈方案的制订与执行具有不同层次、不同等级的管理主体与管理客体之间的反馈、管理者与管理系统运营商的反馈、管理客体与运营商之间的直接反馈，利用"互联网＋"技术实现在线反馈调节，提升管理服务的时效性。

（4）加强学校课外体育活动管理的相关激励机制。调动学生参与课外体育活动积极性是学校体育管理工作者思考的薄弱环节，激励制度事实上是不可或缺的重要手段，运用激励手段能够大大提高学校课外体育活动管理效益。一方面适当给予参与者实质性的奖励，如课外体育活动开展较好的班级或者学生参与学校"体育运动班级""体育运动达人"评比，由校体委统一颁发证书，并有机会参与当年学校年度班级、人物评比，同时将对体育运动达人多的学院、班级及任课体育老师进行奖励。另一方面给予学生精神上的嘉奖与激励，教师口头表彰嘉奖，鼓励学生多参与，不断提升自己运动能力。激励机制能够不断增强学生及教师的工作积极性，也是提升他们工作效率的重要途径。完善管理办法是制度执行的前提，制度执行是制度建设的重点。学生是执行制度的具体个体，然而制度的执行不是依据单个个体的付出就能够起到有效作用，而是有赖于全体学生的共同努力。

3. 活动管理建设软硬实力统筹发展

"互联网＋"大学课外体育活动的管理需统筹发展软实力与硬实力。从软环境建设方面来说，更新管理者的管理理念以及学生参与活动理念，新的发展形势下要实现智能化和信息化管理，加强高水平师资队伍建设是前提，不断提升管理水平，管理水平要以管理人才为支撑，因此要提高管理人员综合素质，加强管理者的互联网媒介素养教育。实现新型管理是一个动态发展的过程，在完善管理设计的基础上，加强对管理人员的培训。管理过程中，要求管理人员树立服务校园、服务学生的管理意识，利用技术实现创新发展。为满足智能管理的人才的需求要招聘不同的专业优秀技术人才和管理人才，结合高校管理工作，展开课余体育锻炼管理建设，从而促进课余体育锻炼信息的智能管理的整体构建顺利进行。另外还要加强学生网络素质培养，营造健康的网络环境，首先要引导学生正确使用锻炼软件，在锻炼过程中拒绝营私舞弊的行为，其次要加强学生的网络语言行为的规范教育。曾国藩说，"舍礼无所谓道德"，人们需要知礼、行礼、倡礼，用礼来修身，成就自己的风范，学生应当知礼、懂礼、守礼。在此基础上，不断树立互联网思维，加强学生学网、懂网、用网意识，不断增强其网络媒介素养。

从硬实力发展来说，体育教学设施的配置作为学校体育必备条件彰显了学校体育发展的特色，学校体育教育理念、体育文化等软实力能表现学校课外体育活动整体水平。硬件设施方面，学校要完善体育场馆的建设，为师生员工的体育锻炼提供可靠物质保障。在信息化智能化管理实施过程中，要增设智能监控设备，同时还需配备与之相匹配的智能化管理系统在内的一系列材料和硬件设备，迈出体育锻炼智能管理和建设的第一步。加强体育场地器材建设维护保养管理。"互联网＋"时代，面对日新月异的信息革命，高校的课外体育活动管理需要充分利用互联网连接一切、开放、自由的特性，丰富实践形式，来满足学生的课外体育活动的多样化需求。高校体育场馆建设器材维护等问题一如既往，追根溯源，一方面是因为高校扩招，学校体育场馆建设与器材的添置速度不成正比，另一方面是因为体育器材没有物尽其用，未实现资源的最大化利用率。近些年有不少文章对与高校的体育场馆的智能化管理系统作出了翔实的描述，对于场馆的智能化管理不少学者做了专门研究，因此针对体育场馆的智能化管理这里不多做赘述。提供以下几点，仅供参考。首先，场地器材的设施要尽量能够满足师生教与学及学生课外体育活动需求，即所谓的硬件先行、保证达标。其次，保证学生参与较多的项目的场地器材的提供，辅之以学校开展的特色项目场地供应，即全面性与特色性相结合。再次，要保障场地设施的实用性，即年久失修的场地、不达标的器材，要尽早修缮，保证学生课外体育参与的物质基础，降低运动参与的客观风险。最后，加强校内校外联络度，对于校外企业利用场地举办赛事在一定程度上予以支持，争取实现资源共享，加强学校体育整体运作的资源保障。

4. 以点带面，推动项目发展

学校以课外体育活动改革作为重点突破口，探索多元化资金来源，争取多方支持协助，顶层设计确立以"打造活力校园，营造健康环境""优化健康服务，提升健康素养""满足学生个性化需求，培养终身体育意识和能力"为三大目标，通过课内外一体化落实学校体育个性化发展的要求。结合互联网，完善各类单项体育竞赛、体育社团，以此带动课外体育活动发展。相较于综合运动会，单项体育竞赛是学校群众体育活动的重要组成部分，必须在扩大和规范学生体育社团以及课外体育俱乐部组织建设的基础上，结合互联网，增强活动项目的趣味性，充分发动学生，调动他们参与各类体育活动的积极性，从而实现学校阳光体育运动的长效机制。学校选择一些娱乐性、趣味性较强的群体竞赛项目通过与互联网相结合，改善其原有参与方式，线上线下相结合，号召广大学生参与。学校可组织集体校园跑步赛事，赛事组织形式多样，如校园马拉松、团队定向越野等。增设或创新便于开展的小型项目的比赛，如身体基本素质达标赛、轮滑、流行街舞和越野跑等，与大型比赛彼此呼应，穿插进行。通过系统平台，社会团体可向校内大学生发出适合学生参与的运动邀请，如足、篮、排、乒、羽、网等球类项目与舞蹈表演，马拉松等火爆赛事。学生线上互动线下参与更能增强学校体育文化影响力，积极带动社会体育发展活力，促进社会体育的快速发展。学校将力争要把现有的学生体育社团和课外体育俱乐部建设成为高标准高质量的校园体育组织，开设多样化的体育热点课程，拓宽学生课外进行体育运动学习的渠道，将实体学习与线上学习相结合，提供体育与健康线上课程资源，广泛吸引学生参与。学生通过参与活动，加强技能巩固，丰富课外文化生活，同时提高自己的社会适应能力。

（三）服务功能智能化，分散集中总相宜

"互联网+"与课外体育活动管理系统是一种学习环境的构建，它建立的基础在于云

计算、大数据、人工智能等技术的开发与应用，使线上线下全局的构建具有智能化特征。"互联网＋"课外体育活动系统依托于经济基础提供的物质保障、政策支持、文化引导与信息技术的发掘等元素相互作用形成。系统应用包括运动数据生成、运动数据处理、运动加工、运动数据流通与数据应用各个环节。

新型管理模式是利用现代信息技术，根据高校课外体育活动现状、学生特点等运动数据生成数据来源。课外体育活动中，学生通过移动终端登录系统平台，学习运动技术，对课外体育活动情况进行监督记录，同时线上学习支持搜索、社交及其他门户的学习。实体学习则是指通过移动终端或者其他移动设备直接记录运动生成的数据，监测学生课外体育活动状况。泛在学习指利用任何时间，在任何场合，如教室、宿舍、食堂、运动场等获取学习资源并且进行学习的过程。泛在学习在这些场合发生后，其产生的数据便被记录，展开数据流动。锻炼生活化是指学生参与非校园内课外活动，学校外部组织的体育竞赛、体育活动。通过数据的感知、记录汇集及处理，数据加工系统依据学习者认知水平、兴趣爱好、学习特征等条件，可以为学习者提供个性化推荐、学习策略、运动处方等。大量应用产生的数据进行流通，同时为管理者评估学生运动状况提供参考依据，数据处理与优化促使教学、科研、学习管理、生活效能不断提高。系统对数据的捕捉能力极强，实体学习数据、泛在学习数据能够有效捕捉，分散数据及大量集中产生的数据，依托强大的云处理技术，也能够瞬间捕捉。

建立相应的数据库，结合相应的监测设备，对学生的课外体育活动进行智能监测。高校课外体育活动管理依托智能化管理系统，不断拓展课外体育活动的时间和空间。首先校方联合相关技术公司与之合作，公司开发符合学校需求的手机软件，并实现与安卓、iOS等手机系统以及穿戴设备兼容，以保证全校学生的使用，同时要配备相应的网络服务器及后台管理软件，用于学生数据的存储、管理、分析、应用，管理系统要与学生校园身份数据相对应，做到精准覆盖、无缝对接。完成后在局部区域内进行测评，对漏洞进行优化，然后将其推广到学校范围内。

学生通过登录学校统一的运动平台进行运动打卡，如打卡设备、指纹识别设备等。学生可依照自身兴趣参与活动，在运动场地的智能监测设备进行打卡。学生可以通过个人的智能终端（手机）、智能设备（运动手环，运动手表）等进入学校指定的"课余锻炼 App"进行课余体育锻炼，学生通过输入个人信息登录到学校的课余体育锻炼管理系统。系统依据数据指标，判断学生的身体状态，并匹配与之相适应的运动强度。系统通过对学生使用前进行 GPS 定位，监测学生运动情况。学生可根据实际情况自由选择。锻炼过程中依托智能手机的处理计算功能，实时记录学生的运动时间、运动强度、消耗热量等数据，移动终端通过服务器，将学生锻炼信息数据传输到体育管理云平台，系统依托计算机强大的运算功能及大数据处理对比分析，生成具有指导性的锻炼建议，并给予相应的语音提示，辅助学生进行实时的运动控制。针对不同的锻炼方式，智能监测有不同的检测评价指标，能对学生的课外体育活动进行有效的监督。

管理者通过学校管理后台可以直接查看学生参与运动的项目、人数、学生有效体育成绩，各院系班级的具体参加人数、排名等信息。管理者可对学生的数据进行分析、使用，优化学生数据管理格局，节省人力，提升管理效率。教师通过学生个人纵向体育锻炼信息记录的运动项目偏好、个性化锻炼时间（早中晚、每周运动次数、学期运动次数）等信息分析学生运动行为习惯，为体育锻炼指导与设定课程目标提供依据。横向信息数据对比，按照年级、性别、专业分别统计活动项目、时间及频次，获取交叉数据，对比了解学生不同年级、不同性别、不同专业学生运动项目偏好、活动时间分布及活动频率状况。这些大数据为课外体育活动制度的制定与决策提供支持，为教师提供学生锻炼指导信息，为体育场地设施资源的合理分配提供依据。

系统平台可根据学生情况提供技术指导等相关服务推送，通过互联网开辟日常体育课之外的"小课堂"，如技能教学视频、运动健康知识等，为学生提供指尖上的体育课程。通过这种方式来监督学生的课外体育活动情况，不仅涵盖的范围广，还可兼顾学生的个体差异性、运动时间与运动项目的灵活性，能够促使学生形成自主锻炼的能力，增强学生锻炼积极性。这种管理方式改变了以往传统的管理方式，使学生独立运动、集群运动能够得到有效监督，大大提高了管理效率，而且不用再像以往人为去对每个学生监督，节省了大量的人力、时间，并且这种管理更加具有时效性、真实性。

（四）管理特征全域化，校内校外相勾连

"互联网+"课外体育活动管理结合现代化信息技术改变人们对课外体育活动数据信息的采集、整理分析的传统方式。课外体育活动管理特征朝着全域化方向发展，通过对资源的合理配置、资源共享化，实现校内校外相勾连的开放型的管理特点。

信息资源的全域化即"互联网+"课外体育活动管理平台，优化传统学校课外体育活动的监管方式，通过虚拟化的网络监控，提供开放式的活动环境，同时对体育信息资源加以整合，实现系统平台内的以及现实资源的共享，拓宽课外体育活动资源利用的深度与广度，全面实现对体育资源的合理配置，开拓了课外体育活动的新态势。时空的全域化即学校对于课外体育活动进行顶层设计，全域统筹，结合"互联网+"信息技术，拓展学生课外体育活动时间范围，根据以人为本的理念，从学生现实需求出发，不对学生锻炼时间做特殊要求。让学生根据自身需要，合理安排活动时间，根据场地器材情况择优选择运动项目，最大限度满足学生锻炼的个性化需求，实现资源的最大化利用效率。教师不用对学生课外锻炼情况进行考核监督，便捷化的动态监管能时时为管理者提供学生运动参考数据，为评估学生运动情况提供依据。管理者的评价流程精简化、评价过程便捷化、评价空间自由化。时间上不再局限于某一时间段，空间上也不受限于办公室办公，实现时间空间的全域化。活动形式的全域化即结合"互联网+"的课外体育活动，组织形式更加丰富，活动

规模更加灵活，活动趣味性更强。学生参与活动线上线下相结合，竞赛具有更多的趣味性，更多的科技感。并且活动内容不受限于课堂传授，活动组织也不限于校内，为学生创造多样化的参与方式，创造更加安全和谐的锻炼环境，营造更加良好、融洽的锻炼氛围，增强活动趣味性，提高学生运动积极性，为学生终身体育意识的培养打下良好基础。

参考文献

[1] 王志斌，张扬，陈荣．高校体育理论教程 [M]．南昌：江西人民出版社，2019．

[2] 龚婉敏．高校体育理论建设与实践新思路 [M]．北京：现代出版社，2019．

[3] 董艳芬．高校体育文化理论与实践研究 [M]．北京：北京工业大学出版社，2019．

[4] 王俊鹏．高校体育教学理论与实践研究 [M]．长春：吉林科学技术出版社，2019．

[5] 谢权，李灿，赵晓炜．高校体育教学理论和实训导论 [M]．西安：西北工业大学出版社，2018．

[6] 张遥，李刚．高校体育人才培养理论与实践研究 [M]．北京：新华出版社，2018．

[7] 孙越鹏，宋丽丹．高校体育教学理论及改革创新研究 [M]．北京：新华出版社，2018．

[8] 苑晓平．现代高校体育健康理论与体育保健的科学研究 [M]．北京：中国纺织出版社，2018．

[9] 梁慧，宁军．现代高校体育运动理论与项目实践研究 [M]．延吉：延边大学出版社，2018．

[10] 苏楠，王慧玲，陈星全．当代高校体育教育训练学理论与实践研究 [M]．长春：吉林大学出版社，2018．

[11] 吉丽娜，李磊．高校体育教学与训练理论实践探究 [M]．北京：地质出版社，2017．

[12] 张微，都达古拉，杨君．现代高校体育综合课程理论与实践研究 [M]．北京：九州出版社，2017．

[13] 刘海军．高校体育教学理论的定位与思考 [M]．长春：吉林大学出版社，2017．

[14] 李忠，陈玉璞，王志英高校体育教学理论与改革探析 [M]．长春：吉林大学出版社，2017．

[15] 吴海池，郭娟，展烨．高校体育运动训练理论与管理研究 [M]．青岛：中国海洋大学出版社，2017．

[16] 李志伟．现代高校体育与健康教程 [M]．天津：天津大学出版社，2019．

[17] 张京杭．高校体育教学方法实践探索 [M]．北京：现代出版社，2019．

[18] 陈轩昂．新时期高校体育教学的改革与发展 [M]．北京：航空工业出版社，2019．

[19] 温娇．高校乒乓球运动教学创新与运动队建设研究 [M]．北京：中国原子能出版社，2019．

[20] 易锋，刘德华．体育健身原理与方法 [M]．苏州：苏州大学出版社，2019．

[21] 徐勤儿.大学体育 [M].苏州：苏州大学出版社，2019.

[22] 肖洪凡，刘晓蕾.休闲体育课程建构理论与实践研究 [M].石家庄：河北人民出版社，2019.

[23] 鲁长春.高校田径教学与训练实践研究 [M].沈阳：沈阳出版社，2019.

[24] 孔宁宁.高校竞技健美操体能训练与健康教育 [M].延吉：延边大学出版社，2019.

[25] 余丁友.现代篮球运动教学与训练研究 [M].北京：冶金工业出版社，2019.

[26] 吴叶海，刘明，金熙佳.定向越野 [M].杭州：浙江大学出版社，2019.

[27] 曾伟.体育科学与运动文化 [M].北京：中国书籍出版社，2018.

[28] 孙强.篮球运动与体育健身研究 [M].广州：广东旅游出版社，2018.

[29] 赵金林.休闲体育文化多元解析与运动方法指导 [M].北京：中国书籍出版社，2018.

[30] 张义飞，刘俊，孙江副.大学体育 [M].长春：吉林大学出版社，2018.